变构与生成

学校转型中的教师知识景观

朱园园 / 著

江西教育出版社
·南昌·

赣版权登字-02-2024-192
版权所有 侵权必究

图书在版编目（CIP）数据

变构与生成：学校转型中的教师知识景观 / 朱园园著. -- 南昌：江西教育出版社，2024.5
ISBN 978-7-5705-4090-7

Ⅰ.①变… Ⅱ.①朱… Ⅲ.①初中 - 中学教师 - 教学能力 - 研究 Ⅳ.①G635.1

中国国家版本馆CIP数据核字（2024）第047076号

变构与生成：学校转型中的教师知识景观
BIANGOU YU SHENGCHENG：
XUEXIAO ZHUANXING ZHONG DE JIAOSHI ZHISHI JINGGUAN

朱园园　著

江西教育出版社出版
（南昌市学府大道299号　邮编：330038）

出 品 人：熊　炽
责任编辑：苏晓丽
美术编辑：张　延

各地新华书店经销
江西赣版印务有限公司印刷
710毫米×1000毫米　16开本　17印张　230千字
2024年5月第1版　2024年5月第1次印刷

ISBN 978-7-5705-4090-7
定价：58.00元

赣教版图书如有印装质量问题，请向我社调换　电话：0791-86710427
总编室电话：0791-86705643　　编辑部电话：0791-86708350
投稿邮箱：JXJYCBS@163.com　网址：www.jxeph.com

序

　　教师知识与学校变革的内在关系是教育研究中的一个经典问题。提及这个问题，人们难免会在两者之间建立一定的因果关系，即教师知识是影响学校变革成效的重要因素。这种因果假设应该不需要进一步论证，但如何理解教师知识，学校变革中教师的哪种知识最重要却是需要进一步论证的。对此，学者们也有多种看法。如著名学者李·舒尔曼（Lee Shulman）认为教师的学科教学知识（Pedagogical Content Knowledge，简称PCK）是最重要的知识，有的学者认为"教师实践性知识"最为重要，有的学者认为教师的教育专业知识最为重要，还有的认为教师的缄默知识也不可忽视……这说明学者们从不同维度看到了教师知识构成的复杂性。然而，这些维度的教师知识与学校变革之间并不存在必然的联系，一般教育情境下也需要这类知识。因此，我们有必要进一步探讨指向学校变革过程中的教师知识是什么样的，它是如何影响教师对学校变革的理解，以及相应行动的。因此，朱园园博士的这本书以"教师知识景观"作为关键概念和核心问题来探索，可以说是一次大胆而富有新意的尝试与突破。

　　总体上看，这本书有几个方面是值得肯定的。第一，它从生态系统论的视角探索了"学校变革中的教师知识景观"，把学校变革这一特殊背景凸显了出来，让教师知识与学校变革处于互动与生成的关系状态，彰显了教师在学校变革过程中需要处理的各种复杂情境，并发现学校变革过程中教师的知识由变革性知识、专业知识和身份知识构成。这一方法论和发现是富有创见性且具有启发意义的。第二，它采取叙事探究法将教师身处学校变革中的复杂关系生动而细腻地呈现了出来，读者可以从中了解21世纪中国教师在学校变革过程中的所思、所想、所为，以及他们所处的复杂关系。朱园园博士为了生动呈现这些方面，收集和运用了大量田野研究资料，或许在多年之后，这些都是宝贵的研究资料，后人可通过此了解21世纪前20年中国学校的生活场景和教师生活形象。第三，它表面上似乎是在回答学校变革之所以不成功是因为"教师知识景观"的复杂性与挑战性，其实是在揭示中国学校变革的复杂性。也就是说，教师知识与学校变革之间不是简单的因果关系，在某种意义上，"教师知识景观"是学校变革过程中应当被充分关注的对象，需要变革领导者给予有意识的培养和引领；此时的教师知识已经不再是因，而是条件与目标了。这是此研究的又一独特贡献。基于以上，我对这本书的即将出版表示祝贺！相信它作为教育学术领域中绽放的一朵小花，会散发出独特的芬芳！

朱园园博士是"生命·实践"教育学派的第二代学人。她在从事这个主题的研究时，深入"新基础教育"实验学校开展田野研究，和老师们共同研究教学，赢得了老师们的喜爱和欣赏。因此，我相信，她的成长不仅体现在这本小书上，还体现在她理论与实践的"对话"与转化能力上。这是"生命·实践"教育学派研究者应有的研究风格与研究素养。因此，我为她的成长感到骄傲和自豪！

卜玉华
2024年3月10日于上海寓所

目 录

第一章 导论 / 001

    第一节 研究的问题与背景 / 001

    第二节 研究思路 / 017

    第三节 方法论与研究方法 / 024

第二章 教师知识景观研究的理论基础 / 044

    第一节 教师知识景观的内涵 / 044

    第二节 教师知识景观的影响因素 / 053

    第三节 教师知识景观的研究脉络 / 057

第三章 教师知识景观形成的前期基础 / 079

    第一节 教师知识景观形成的历史脉络 / 079

    第二节 教师知识景观的起始状态 / 094

    本章小结 / 097

第四章　学校变革对教师知识景观的挑战 / 101

第一节　被扰乱的学校日常生活 / 101

第二节　被重构的教师专业生活 / 121

第三节　教师的"变革恐惧" / 144

本章小结 / 147

第五章　教师知识景观变构的多维样态 / 150

第一节　集体探索中的教师知识景观 / 150

第二节　多重话语交织下的教师知识景观 / 164

第三节　自我建构中的教师知识景观 / 181

本章小结 / 198

第六章　教师知识景观变构的特征与实质 / 201

第一节　教师知识景观变构的特征 / 201

第二节　教师知识景观变构的实质 / 209

余论　教师知识景观变构的理想之路 / 229

参考文献 / 237

附　录 / 251

第一章 导论

第一节 研究的问题与背景

众所周知,学校变革的主体力量是教师,教师不变,学校不可能发生真正的变化。教师的转变其实是其自我变革的过程,涉及教师知识的内在变构及其新质(观念、行为)生成的状态。那么,现代学校转型中,教师知识究竟如何变构?采用何种视角或概念才能综合呈现教师知识及其变构与所处脉络之间的互动关系?学校变革中教师知识变构的特征与本质是什么?这些问题是理解学校变革中教师知识变构的关键,也是本研究的思考原点。

一、当前学校变革中教师转变困境的研究及其局限

在充满复杂性和不确定性的当代,变化已然成为社会的常态。作为在社会中生存,且是社会重要构成的教育,也随之不断变化着。[1] 教师被认为是教育变革的重要主体和动力之一,当前诸多变革的政策、项目与研究都将行

---

[1] 叶澜.实现转型:新世纪初中国学校变革的走向[J].探索与争鸣,2002(7):10-14.

动的关键指向教师理念与行为的转变。教师的所思所为决定着教育变革的成败，这是一个简单却也复杂的事实。[1] 改变教师并不是一件容易的事情。面对变革，教师常常会遭遇转变上的困境。美国教育学者玛丽·肯尼迪（Mary Kennedy）指出，人们普遍认为教育变革中教师的转变面临两大阻碍：教师所持有的与改革者不同的信念和价值观，以及对变革的消极态度所导致的弱执行力；教师所处的环境不利于教师的改变与发展。[2] 这一方面表明变革真正影响到教师，确实存在许多阻力，另一方面则呈现了学界对教师转变困境的两种典型归因。

第一种归因认为，教师对变革的阻抗是影响教育变革的主要因素，将教师视为变革的抵制者或抗拒者。在教育变革研究中，教师对变革持有天然的抵制心理几乎已成为一种共识。[3][4] 美国社会学家丹·罗蒂（Dan Lortie）就曾经宣称："每个人都知道教师是抵制变革的。"[5] 教师为何抵制变革？美国教育学者巴德威克（J. M. Bardwick）认为教师习惯于传统、固有模式建构出的舒适区和安全地带，不愿卷入变革可能带来的混乱中。大多数研究者认同这一观点，认为变革意味着现状的改变，教师出于"风险趋避"的本能在抵制着变化。[6] 第二种归因认为，教师所处的环境不利于变革愿景的达

---

[1] 迈克尔·富兰. 教育变革新意义：第3版 [M]. 赵中建, 陈霞, 李敏, 译. 北京：教育科学出版社, 2005: 121.

[2] Kennedy. Inside teaching: How classroom life undermines reform[M]. Cambridge, MA: Harvard University Press, 2005: 3-5.

[3] 王明. 理解课程改革中的"教师阻抗：公共政策执行的视角 [J]. 教育理论与实践, 2017, 37（25）：55-60.

[4] Janas. Shhhhh, the dragon is asleep and its name is resistance[J]. Journal of Staff Development, 1988, 19（3）：13-16.

[5] Evans. The human side of school change: Reform, resistance, and the real-life problems of innovation[M]. New York: John Wiley & Sons, Inc., 2001: 92.

[6] 操太圣, 卢乃桂. 抗拒与合作：课程改革情境下的教师改变 [J]. 课程·教材·教法, 2003（1）：71-75.

成。[1]持此类观点的学者认为,在变革过程中,学校需要某些指引和干预的合作型文化[2]来支援、推进教师跳出"主体我"的认识中心化的局限,使自我处于"客体我"状态。[3]为此,强调社群合作的大中小学协作、校际(校内)教师共同体等生态取向的推进方式成为教育变革的主要趋势。大多数研究者认为,研究人员和专家等专业权威人士的适当介入,以及教师群体学习的氛围,可以促进教师的自我反思和成长。[4]

这两种典型归因都不足以完全回答变革中教师转变困难的问题。首先,将变革中教师发展的困境完全归因于教师对变革的阻抗显然有些简单化。研究者在学校变革研究过程中就发现,真正阻碍教师发展的往往不是对变革的态度,而是他们对变革内涵的深度理解与实践转化策略的缺乏。这可能与教师职业本身的特殊性有关。当教师进行课堂教学时,他们关上教室的门,"教什么"及"怎么教"就具有一定自主性。[5]这种独自工作的常态一定程度上保护了教师在自己的教室中做出决定的自由,但也使得教师无法获得那些有助于他们做出明智决定和有效判断的重要反馈。[6]此外,教师作为变革主体时,受经验惯性和日常具体事务的影响,思考的往往是"如何办"的问题,对变革背后的意义很少深究,即不怎么关注"为什么"的问题,但"意

---

[1] Lieberman, Ann, McLaughlin, Mibrey. Networks for educational change: Their powerful and problems[J]. Education Digest, 1992, 58 (4): 63–67.

[2] 安迪·哈格里夫斯,迈克·富兰. 专业资本:变革每所学校的教学 [M]. 高振宇,译. 上海:华东师范大学出版社,2015: 108-134.

[3] 卜玉华. 变革力的生成:学校转型性变革的内生路径研究 [M]. 北京:教育科学出版社,2014: 50.

[4] 李飞. 从"解冻"到"重冻":对学校变革中教师教育观念转化的认识 [J]. 思想理论教育,2010(4): 15-20.

[5] 许芳杰. 教师现场学习力的研究 [D]. 上海:华东师范大学,2019.

[6] 安迪·哈格里夫斯,迈克·富兰. 专业资本:变革每所学校的教学 [M]. 高振宇,译. 上海:华东师范大学出版社,2015: 105.

义"才是理解学校变革的核心问题。①其次,虽然生态取向的变革模式关注到了教师个体与其生态环境间的互动,为变革中的教师发展提供了一种"社会—文化"分析维度,但是坚持生态取向的学者往往并不着重于区分学校中教师群体内部的"社会—文化"状态,在多大程度上是受更广大的一般"社会—文化"状态的影响,又在多大程度上是与特定的教育实践相关②。然而,这种特定的与教育实践相关的"社会—文化"要素才是教师专业发展的关键,也是教师知识体系的重要基础与组成部分。

综上所述,无论将教师视为变革的抵抗者或抗拒者,还是改变教师所处的生态,似乎都不能完全解决变革中教师转变困难的问题。前者归因有些单一化和简单化,后者在前者的基础上更进一步,强调为变革中教师的转变创造更为适宜的土壤,某种程度上揭示了教师的转变是在具体脉络中进行知识重构的本质。但这类研究多着重于重构一个新的生态或在教师原有生态基础之上进行简单再构,对教师知识重构的整体背景(条件),教师知识与其所处脉络之间的互动和内在关系等问题的探究仍不够深入。

二、以"教师知识景观"视角审视教师转变困境的必要性

2018年至2021年间,研究者参加"新基础教育"(英文全称为New Basic Education,简称NBE)变革研究时,对身处变革情境中的教师做过一些随机访谈。以下是来自教师的声音:③

"评别人的话,会说一点点,但是等到自己上课的时候,就掉到那个圈里

---

① 迈克尔·富兰. 教育变革的新意义:第4版 [M]. 武云斐,译. 上海:华东师范大学出版社,2010: 7.
② 王建军. 学校转型中的教师发展 [M]. 北京:教育科学出版社,2008: 33.
③ 此部分内容主要来源于研究者过去四年间对全国多所学校的教师访谈,其中江苏省两位教师的访谈内容转引自:吴黛舒. "新基础教育"教师发展指导纲要 [M]. 桂林:广西师范大学出版社,2009: 61.

面去,上着上着又变回原来那个样子了……"(广东省一名小学教师)

"感觉到好像在我们本地来讲,教学研究目前是个副业。有这么一种感觉,就是来自外界的干扰太多。"(山东省一名小学老师)

"就是理想跟现实的差距。我觉得,这些理念如果说撇除提高学生成绩、教学进度等限制的话,实施起来应该会有效果,可我们现在就戴着枷锁。"(广东省一名初中教师)

"(专家指导团队的)老师来得很少,每一次来对我们触动都非常大,但走后经常又'糊掉了',希望专家老师们经常来敲打敲打。""吴老师指导勤,收获大,但后来我们自己又会'糊'。"(江苏省两名小学教师)

这些声音不约而同地指向了学校变革情境中教师转变时面临的共同困境。从教师的表述中我们可以看到,即便教师变革态度积极,外部支持条件也具备,但仍旧处于现实诸多我们所未知的困阻之中,难以实现真正的转变。可见,目前对变革中教师发展问题的研究尚没有触及变革中最深层的困境。加拿大学者迈克尔·富兰(Michael Fullan)曾指出,变革的关键是个体如何在其所熟悉的现实框架与背景下逐渐理解变革事实。理解教师所处的现实背景及二者之间的复杂关系是解读变革中教师转变困境的起点。研究者在学校变革研究的过程中深深体会到,教师与所处背景之间最为核心的问题不是外部要求、各类奖惩制度等支持与否、充分与否的问题,而是所处背景的基本性质,以及背景中各种知识之间的相互关系,如何潜在而有力地影响着教师转变的问题。忽视此类问题的学校变革将教师从原本熟悉的"现实框架"中强制抽离,结果就是对教师现有知识体系的直接破坏,导致教师失去自己的意义感和方向感,对自己应该做什么开始感到困惑,使得变革发展为一种"浅尝辄止的重复性改革"[1],而非发生了"真实改变(real change)

---

[1] 迈克尔·富兰,彼得·希尔,卡梅尔·克瑞沃拉.突破[M].孙静萍,刘继安,译.北京:教育科学出版社,2009: 15-16.

的改革"。

只有深入教师所处的复杂生态，才能全面审视和理解变革中教师转变的困难与阻滞。对与教师专业实践密切相关的知识背景（knowledge context）的理解，是思考变革中教师转变困境的起点，也是变革时代教师发展研究所应诠释和弥补的一块空白地带。

基于此，本研究将借助"教师知识景观"[①]这一概念隐喻教师知识形成与发展的复杂背景。教师知识景观不仅能够体现教师知识的形成和发展，以及充满各类知识博弈与互动的整体知识脉络，同时还能够体现教师所处的生态系统中不同主体间的交往互动与内在关联。本研究试图通过教师知识景观这一整体而综合的视角，洞察变革中教师所处的现实背景，其中各种知识博弈、交融、转化的复杂关系，以及这种复杂关系如何潜在而有力地影响着学校变革中的教师知识重构。

三、"新基础教育"变革中的南海区[②]月城初中

为进一步探索学校变革进程中教师知识景观是什么样的，以及教师如何在变革中与景观内的各类知识进行对话、反思、批判与重构等，研究者于2018年开始全程跟进"新基础教育"与广东省南海区教育局合作的学校变革项目。选择跟进南海区的"新基础教育"变革研究主要有以下原因：一是南海区此时刚开始参与"新基础教育"变革研究，在时间上非常适合全过程跟进；二是"新基础教育"变革是学校的整体转型变革，教师知识变构是其中一项重要内容，符合本研究问题域。通过持续跟进，研究者在南海区的学校变革情境中逐渐厘清了研究的具体问题，并最终选取南海区的月

[①] 20世纪末，由加拿大学者迈克尔·康纳利等人提出。
[②] 本书人名、地名等标志性名称均为虚构。

城初中为案例学校。

因为本研究所探究的问题与"新基础教育"变革研究的性质密切相关，所以在具体阐述本研究的问题前，有必要讲明什么是"新基础教育"，它对参与变革的教师意味着什么。同时对南海区和月城初中的基本情况、研究者与南海区月城初中的际遇等做初步的介绍，为后续深入讲述学校教师的变革故事奠定基础。

（一）"新基础教育"变革研究的主要内涵

"新基础教育"研究是创建于20世纪90年代，为了应对社会和文化高速转型对教育提出的新时代挑战，探究教育新使命、新内涵和新样态，由华东师范大学叶澜教授发起的一项旨在"培养主动健康发展的人"[1]的学校整体转型变革研究。截至目前，NBE研究在江苏常州、淮安，山东青岛、临淄，天津经济技术开发区，浙江镇海，深圳光明区，北京朝阳区及河南巩义等多个地区广泛开展。经历了近30年的探索，NBE研究的内涵也愈加丰富。NBE研究可以从变革理念、变革主体和变革路径三个层面来理解。

首先是NBE的学校变革观。

NBE研究的是学校的整体转型变革，是学校教育的整体形态、内在性质和日常教育实践等方面从近代型向现代型转换的变革[2]。它认为现代中国学校变革"不仅仅是微观层面的课堂教学、校园文化、班级建设等具体变革，而且指涉价值取向、学校系统构成要素的基本性质、互动关系、整体结构体系、管理和运作机制等关系到系统整体性的变化"[3]。这种变革不应以渐变的

---

[1] 叶澜."新基础教育"论：关于当代中国学校变革的探究与认识[M].北京：教育科学出版社，2006：202.
[2] 叶澜.实现转型：新世纪初中国学校变革的走向[J].探索与争鸣，2002（7）：10-14.
[3] 张向众，叶澜."新基础教育"研究手册[M].福州：福建教育出版社，2015：7.

方式实现,而要经历一种"有时甚至是相当艰巨和痛苦的变革"①。与宏观层面、政府发挥主导作用的教育变革不同,这种变革属于中观层面的教育变革,"其原动力源自学校本身,教师、校长、学校管理者等变革主体在其中发挥着主导性作用"②。

基于此,NBE 建构了"三层次十大观念"的新教育观念系统。③ 第一层次是基础教育的价值观,包括强调社会发展和未来需要的"未来性";呼吁关注教育对象——具体个人之生命成长的"生命性";从社会与个体发展统一、社会发展本质及完整需求的满足意义出发,关注教育与社会开放互动关系的形成,关注社会所具有的教育力量④的"社会性"。第二层次是学生观。不同于传统教育中将学生视为知识的被动接受者,NBE 研究将"主动性"看作人生命成长的前提基础,将学生视为构成教育活动复合主体不可替代、不可或缺的一部分,且关注学生存在着的多种发展可能性的"潜在性"。NBE 研究同时承认学生的独特性,相互之间存在"差异性",将其视为对教育的补充与丰富。第三层次是学校教育活动观。在此方面,NBE 研究提出了"双边共时性""灵活结构性""综合渗透性""动态生成性"四个概念,以区别于单向传递、线性操作、边界清晰和预先设定等传统教育活动观。这一理论系统是 NBE 研究针对现实教育中的弊病,从观念层面上进行的批判性反思。

在 NBE 研究中,未来教师应该具有与时代精神相通的教育理念,并以

---

① 杨小微. 转型性变革中的学校领导 [J]. 教育研究与实验,2005(4):23-27.
② 李春玲. 理想的现实建构:政府主导型学校变革研究 [M]. 杭州:浙江大学出版社,2007:14.
③ 叶澜."新基础教育"探索性研究报告集 [M]. 上海:上海三联书店,1999:209-218.
④ 叶澜. 社会教育力:概念、现状与未来指向 [J]. 课程·教材·教法,2016,36(10):3-10,57.

此作为自己专业行为的基本理性支点。"三层次十大观念"作为 NBE 变革研究的理论系统，就是变革中的教师所必须理解关于教育的观念和理性信念。

其次是 NBE 研究中的变革主体。

NBE 研究认为，从教育变革作用的角度来看，教育变革的主体包括决策主体、利益主体和行为主体。它们具有复杂的互动关系，有互补也有冲突，有合作也有差异，还有交叉、重叠以及互换。[①] 其中行动主体是人数众多、基础性的主体，主要是教育领域内的基层教育管理人员和教师。因为处于教育领域中的基层，行为主体在变革中常常受忽视，而行为主体作为教育实践者，却具有对自身行为的自主创造能力。对行为主体的忽视，或导致行为主体成为变革的被动接受者和执行者，甚至成为变革的阻抗力量。

作为教育变革行动主体的代表，NBE 研究的创始人叶澜认为，变革中的教师除了需要具备上述所提的"三层次十大观念"的教育变革理念外，在知识结构上，也要超越传统的"学科知识＋教育学知识"模式，建构复合多层的知识结构。此外，教师应该具有教育智慧，能够在动态生成的过程中，敏锐感受和准确判断可能出现的新问题；能够抓住时机，机智地转化教育中的矛盾与冲突；能够根据实际的情境和具体对象及时做出判断抉择，调节自己的教育行为；能够促使学生积极地参与到学校生活中，并与学生进行心灵对话；等等。

最后是 NBE 合作推进学校整体转型变革的主要路径。

NBE 研究追求理论与实践的交互创生，它的参与者不仅有理论研究者，还有实践人员（如教育行政人员、地方专业人员、校长、教师、家长、学生等），是一项多主体参与和对话的变革项目。这一变革项目并非国家项目，

---

① 叶澜. 当代中国教育变革的主体及其相互关系 [J]. 教育研究，2006（8）：3-9.

也并未得到大学等机构提供的经费资助，而是由大学研究人员与地方政府、教育行政部门及学校协作开展，所以本质上是一项民间的、草根性的教育变革。NBE 变革研究与地方政府、中小学校建立的是一种"主动深度介入式"合作研究。大学研究人员以实践变革合作者身份参与到变革中，实现理论与实践、专业人员与实践者两个维度的交互创生与发展。[①] 合作双方是一种"共生型"的可持续发展关系。在 NBE 研究中，大学—地方—学校合作推进学校整体变革的总路径为：理论先行—变革合力形成—学校文化自觉。（详见表 1-1）

表 1-1 "新基础教育"合作推进学校整体变革的路径、维度与阶段

		第一阶段	第二阶段	第三阶段
合作研究		大学主动介入	多方合力加强	学校文化自觉
学校转型	人 领导与管理	校长自愿参与	变革领导力提升	异域整合的校级研究团队
	人 教育、教学	培养核心骨干	形成研究梯队	人人主动、互动
	事 领导与管理	整体发展规划	组织制度更新	文化融入各领域
	事 教育、教学	核心研发突破	各领域研究系统化	领域间融通
理论与实践，共生与内生		理论适度先行，主体间理论与实践转化，共生	主体内理论与实践转化，更大范围共生内生	多元综合融通，内扎根、外辐射，内生共生

第一阶段，大学主动深度介入实践，理论整体适度先行。通过高频的现场研讨，实现合作主体间的理论与实践转化，培育学校变革的核心内生力。第二阶段，多方合力加强，提升学校变革领导力，形成学校变革的研究系列和梯队力量，更多主体投入，变革成果集聚，以促进学校整体转型。第三阶

[①] 叶澜.大学专业人员在协作开展学校研究中的作用 [J].中国教育学刊，2009（9）：1-7.

段,学校文化自觉,扎根内生,全员主动发展、交互生成,并向外辐射,校内外、理论与实践内生共生。[①]

"理论先行—变革合力形成—学校文化自觉"是对 NBE 变革路径较为上位和宏观的归纳。在具体推进思路上,如果采用更为形象的方式来概括,则可以用"由点及线,由线及面,由面及体"来表达(见图 1-1[②])。

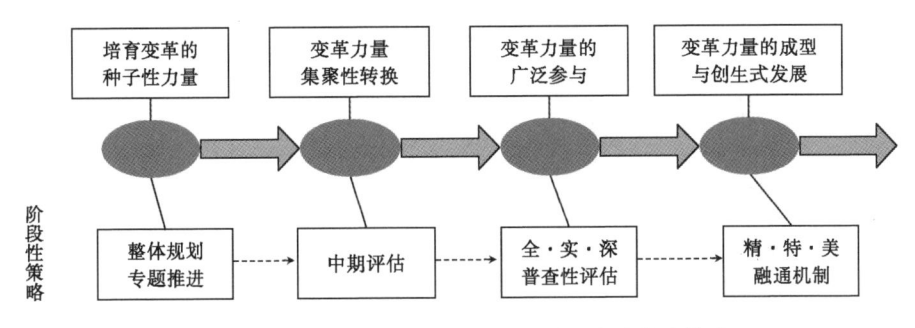

图 1-1 "新基础教育"学校变革的四步迭代式推进

"由点及线",是指第一步,在学校的教学、班级、管理等各线中将教师划分为三个梯队,第一梯队的骨干教师先行开展专题研究,探索所在领域的基础性问题,用 1—3 个学期,实现点状突破。这一批骨干教师也被称为变革的种子性力量。第二步,在第四学期通过"中期评估"将第一梯队的研究成果向第二、第三梯队推广,使每个梯队中最有潜力的教师生成第二批变革性力量。"由线及面",是指中期评估后,进入第三步的普查阶段,学校全体教师均投入变革研究的过程之中,各领域、各层面开展变革研究,意味着学校变革已进入"全·实·深"阶段。"由面及体",是指进入第四步新常

[①] 庞庆举,李政涛. 大中小学合作推进学校整体变革的路径研究:以"新基础教育"27 年研究为例 [J]. 中国教育学刊,2021(10):57-61.

[②] 该说明图及文字主要转引自:卜玉华. 现代转向:叶澜学校变革思想研究 [M]. 北京:人民教育出版社,2022:163-165.

态变革,学校变革整体成型:管理层面在组织、制度、体制及文化等方面进行深度更新、调整或重建;教学与班级变革呈现出"精·特·美"的创生发展状态。

综上,研究者选择 NBE 研究的主要原因:一是 NBE 研究是具有清晰理论假设、明确变革目标和健全变革措施的成体系现代型学校整体转型变革研究。二是 NBE 研究重要的变革内容是改变师生在学校中的日常生存方式。变革中,教师从观念到实践的整体转变尤为重要,这涉及教师知识景观的整体重构。NBE 研究能够很好地展现在学校变革中教师知识景观从传统到现代转型的整体状况。

(二)南海区与月城初中的基本情况

1. "希望借助'专业外脑'[①]的帮助达成高品质教育目标"的南海区

南海区,地处粤港澳大湾区腹地,毗邻广州市,地理位置优越。南海区历史悠久,历史上曾涌现大批著名人物。共有 7 个镇(街道)的南海区经济发达,年国民生产总值超千亿,是全国知名的制造业大区。作为佛山一带经济较为发达的区域,南海区政府也高度重视教育的发展,在教育上投入了大量经费,学校硬件建设整体较好,教育体制与体系也十分完善。南海区档案馆内关于区域教育情况的一组数据最能够说明现况:"南海是广东省第一个教育强市(区),所辖 7 个镇(街道),悉数为广东省教育强镇(街道);义务教育阶段学校,100% 是广东省标准化学校;高中多样化、特色化发展促进了区域教育的高品质均衡发展。"为了追求区域教育公平化和高质化,南海区注重改革创新,着眼多样化、个性化、特色化的素质教育创新之路,并取得了一些成绩,是国家推进教育现代化先进示范区,也是国家教育综合

[①] "专业外脑"的描述源于南海区教育局官方网站上对"新基础教育"变革研究项目对南海区教育发展的作用与定位,出于研究伦理的考虑,此处不标明出处。

改革实验区。南海区的中高考成绩尤为卓著,在 2017 年南海区与 NBE 研究团队开展的座谈会上,谈及区域中高考成绩的优势时,教育局局长言语中充满自信:"南海区的教育就是两头好,义务教育的初三和非义务教育的高三,可以说雄视整个佛山地区,有一定影响力,也有些名气,每年中高考考上重点的学生数量都是佛山数一数二的,在广东省甚至全国也排名前列,社会和家长对这方面比较认可。"①

近些年,随着城镇化和第二、第三产业的飞速发展,新市民加速涌入,人们对教育目标从应试素养向学生综合素养的关注转移,南海区教育行政部门感受到所辖区域教育急需转型升级,将教育现代化建设由硬件建设转向软件建设,关注学校的内涵发展。而且南海区虽然历来着重应试教育,中高考成绩突出,但难出名校长和名教师,教学改革上与江浙、上海一带相比差距较大,亟须以新思想、新理念及新经验引领该区域教育的发展。为了提升区域教育品质和教师队伍的专业性,2016 年南海区和 NBE 研究团队建立了联系,希望借助这一"专业外脑"的帮助达成高品质教育的目标。经过了一年的前期调研和项目准备,南海区和 NBE 研究团队于 2017 年正式建立了合作关系,并选取区域内 6 所学校参与变革项目,月城初中是其中唯一的初中。据区教育局教研室某教研员所言,南海区原本期望有分属不同区域的至少 2 所初中参与项目,以便建立一种良性的协作和竞争关系,但另一所初中却未能通过研究团队的考核,最终只有月城初中获得了入场券。②

2. 渴望"冲出困境,浴火重生"的月城初中

月城初中是南海区公办初中的代表,位于月城街道。月城街道是南海区的经济、文体与政务中心,无论经济还是教育,都是南海区第一。作为老牌

---

① 源自"新基础教育"变革研究项目座谈会上南海区教育局局长的发言。
② 源自对月城街道教育办公室费主任的访谈。

名校，月城初中地处月城街道的文教中心地段，与南海区图书馆和区教育局仅一街之隔，因此也就成为当地教育局和其他机关行政部门的宠儿，经常需要承办一些教育宣传活动，如"禁毒日"宣传活动、学校消防演练等。虽然学校周边人文环境很好，但身处闹市区，紧邻车水马龙的跨江大桥和熙熙攘攘的城市购物中心，学校整体被包围在都市噪声之中，且学校面积很小，师生活动空间十分有限。

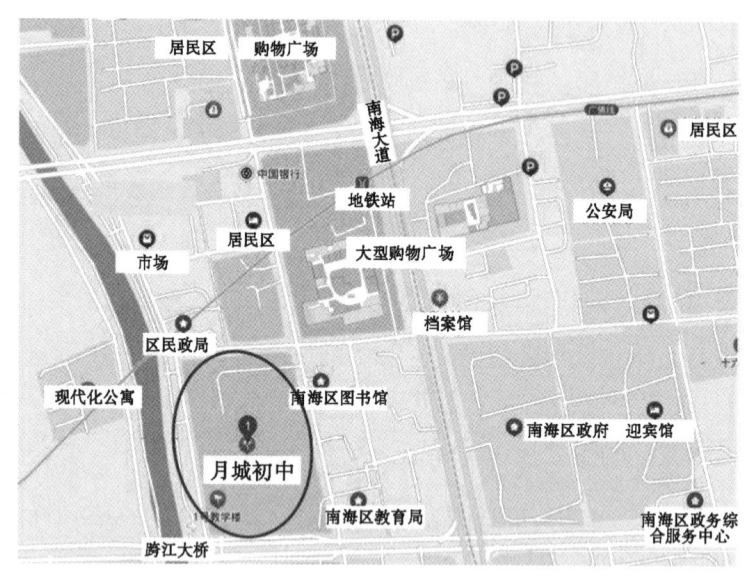

图1-2 南海区月城初中的地理位置及周边情况

从地理位置和建校历史来看，月城初中是一所经济发达地区具有代表性的老牌学校。因为升学率较高，月城初中在当地一直享有较好口碑。但2006年以来，随着优质生源大量流入经济金融开发区的新办公立学校或私立学校，传统管理结构方式导致学校层级化严重、执行力不高。各级各类检查使学校日常工作中的固有弊端逐渐显现，月城初中和其他老牌学校一样面临着转型的巨大挑战和压力。因此月城初中与南海区教育局想法一致，希望能够借助NBE这个"专业外脑"的力量完成学校的转型变革，"冲出困境,浴火重生"①。作为变革项目中唯一的老牌公办初中,南海区教育局对月城初中寄予厚望,期望它不仅能够实现自身的转型变革,最终还能够以领头羊的身份将成熟的变革经验辐射到区域其他初中。

(三)研究者与南海区月城初中的际遇

1. 对月城初中教师转变之困境的初次感知

2018年,研究者刚进入6所实验学校组成的变革研究共生体时,并没有对月城初中产生很深的印象,因为月城初中的教师在节点课和评课环节均表现平平。由于对初中英语课堂教学不熟悉,研究者当时未想过将月城初中作为研究的重点对象,而是将目光锁定在了同在月城街道、表现更为亮眼的月城小学。第一次关注到月城初中,是在2018年10月关于学生观察报告撰写的一次研讨会。6所学校将撰写的学生观察报告进行分享时,月城初中教师撰写的学生观察报告与众不同:一是写作较为规范,更"像"一份学术报告,这证明月城初中的老师有学术写作的经验和基本能力;二是更关注知识目标的达成,习惯使用一些固定标准来进行评判。南海区NBE研究的英语指导专家蒲教授谈及月城初中的特点时,认为明确的目标导向和较高的教师专业素养,既是月城初中转型变革的优势,也是一种劣势,这使得月城初中在变革过程中不够灵动,教师也较难转变。较之其他几所小学教师,月城初中的教师面临着更为艰难的变革挑战——教学上的高要求、学情的复杂和来自中考的压力等。这些因素影响着月城初中教师的转变。

2. 月城初中变革景观中的"无形力量"

2019年的一次教研经历,让研究者首次感受到月城初中的教师知识景观中存在着一种"无形的力量"。当时蒲教授面对月城初中已经参与项目近两年却变化甚微的英语教学课堂,在研讨现场严厉地批评了月城初中的英

---

① 源自月城初中《开展"新基础教育"实验研究三年规划(2018年)》。

语教研组，认为他们一直停留在知识传递的怪圈中，难以脱离旧观念。月城初中的老师们则无奈辩解道，中考是现实中难以避开的一个评价标准，他们不得不围着中考转。会后，月城初中的常副校长和薛教导主任（同时也是该学校 NBE 项目中英语学科的负责人）拉着蒲教授，就此事反复解释，希望她不要对学校和老师抱持负面印象。蒲教授宽慰了他们，表示很理解他们的艰难，初中教师所面临的现实压力和教学要求远比小学教师复杂。蒲教授私下却表达了身为变革研究者和专业指导者的无力感："我不明白为什么教师的转变那么困难，有时候明明这次来（看课）感觉到他们进步了、领悟了，下次来又是老样子，好像有种无形的力量，在拽着她们（往回走）。"真的有一种无形的力量存在吗？这种无形的力量是什么？这是造成月城初中教师转变困境的主要原因吗？这一无形的力量与教师所处的现实背景间是何关系？它又是如何影响到教师的专业实践的？为何同处月城街道，月城小学和月城初中的情况却大不相同呢？月城初中面临的困境触发研究者一系列的思考。

2019 年 11 月，研究者在月城初中的教师宿舍待了大半个月，全程参与了月城初中的 NBE 中期评估准备，与教研组教师共同备课、磨课和研讨。经过半个多月的接触与互动，研究者逐渐从旁观者变成了参与者，更加深刻而真实地感受到教研组老师在转变中所遭遇的困窘：一方面中考"指挥棒"直接影响教师的日常专业工作，使其紧紧围绕着知识掌握、成绩和教学进度；而另一方面，NBE 研究又将他们从这种现实压力中短暂抽离，为其专业教学注入理论活力。他们的经验、故事是那么地鲜活而灵动。

3. 对研究问题的进一步厘清

叙事分析，是在复杂的生活空间内寻找经验背后的意义，不仅要观察"这一空间内发生了什么"，而且要思考"为什么事情会在这一空间内发生"[①]。在审视月城初中教师的变革故事时,研究者发现教师对日常专业工作与 NBE 教研工作有着清晰的划分,在其教学实践中惯有的教学理念模式与 NBE 所倡导的教学理念方式之间存在着一道壁垒,这证明了变革仍无法抵达现实深处的事实。而教师所处工作空间内的"无形的力量"拉扯着教师在新旧知识体系之间摇摆,直接影响了教师在变革情境中的教学观念与专业实践,其更深层次的指向是教师所处工作空间内的知识互动与权力博弈。

用"成功"或"失败"来断言月城初中的学校变革是一种简单化的思维。月城初中教师所处的景观是如此复杂和难以捕捉,教师知识与其所处的现实背景(即教师知识景观)之间有着嵌入性[②]的互动关系,而现实背景中各种知识间的博弈与互动又是极其复杂的。如果用问题的方式进行表述,可能包括教师知识在何种背景下得以形成和发展,这一背景如何形塑(促进或阻碍着)教师知识,教师知识又如何反作用(顺应、妥协或更新)于背景等问题。这段在变革情境中的经历与发现,进一步确认了本研究的意义,明晰了研究问题的表述。

第二节 研究思路

本研究的研究思路:纵向上,通过奏鸣曲式叙事,动态描述月城初中教师知识景观变构与生成的全过程;横向上,从复杂生态与知识转化的双重路径回应与分析"变革中的教师知识景观基本样态如何?具有哪些知

[①] 陈向明主编. 质性研究:反思与评论 [M]. 重庆:重庆大学出版社,2008:30.
[②] 嵌入性,在社会科学中,是指经济或市场等活动领域,关系、组织、个人等与其所处环境的依赖性与关联性,可以用制度、社会、认知或文化等术语来解释。嵌入性的概念有助于描述和解释周围不同的机构和背景间是如何互动的,即使它们各自似乎都遵循自己独特的逻辑和规则。

识?""不同类型知识之间有何互动关系?教师是如何进行知识转化与重构的?"等问题。

一、叙事性描述教师知识景观的变构过程

叙事探究中,采取何种方式呈现故事十分重要。教师的工作是如此鲜活而灵动。教师的生命经验宛若河流,随着时间而不断延续和发展。如何呈现和解读这一复杂而流动着的经验世界?这是研究中的一个难题,一方面要不失叙事本身的生动和细腻,另一方面又要尽可能彰显质性研究的意义阐释力。在对质性资料长时间的阅读、整理和分析中,研究者发现月城初中的变革故事具有一条清晰的主线:从初入变革时教师知识景观中出现张力与冲突,到变革深入时教师知识景观面对多重困境进行的变构,再到理想与现实的调和中教师知识景观逐渐形成新平衡。仿佛一曲主题与节奏鲜明的乐章,吸引着听者一步步进入到变革中。基于此,在叙事呈现上,本研究决定借用音乐术语——奏鸣曲式来隐喻整个教师知识景观变构与生成的过程。

事实上,国际上已有一些学者以乐曲形式来呈现叙事文本。奏鸣曲式起源于欧洲,自18世纪以来被广泛使用于音乐创作中,成为乐曲家表达音乐思想的载体。奏鸣曲式最主要的三个组成部分是呈现部(exposition)、发展部(development)和再述部(recapitulation)。在这三个主要部分以外,可能还会有序奏(introduction)和尾声(coda)。呈现部主要展示乐章的主题,通常有两个或更多不同的主题,在音调或调性上具有明显对比,但又密切相关。随着张力的上升,乐曲进入发展部,这时在新的调性、节奏和背景中,乐章中不同主题在冲突、对立或和解中到达发展的高潮,随后乐章进入再述部,通过主题的再现,让听众在一段新的关系中再度感知曲章深意,"仿佛一位旅行者,在爬山时会不断瞥见山谷的各个部分,当他到达山顶时,整个景观就尽收眼底",具有对整个乐曲回顾和升华的立意。

奏鸣曲式清晰且富有张力,能够体现出教师知识景观变构与生成的复杂性和动态发展过程。因此本研究将以"变革奏鸣曲"的形式来呈现和分析月城初中教师知识景观内所发生的变革故事(如图1-3)。

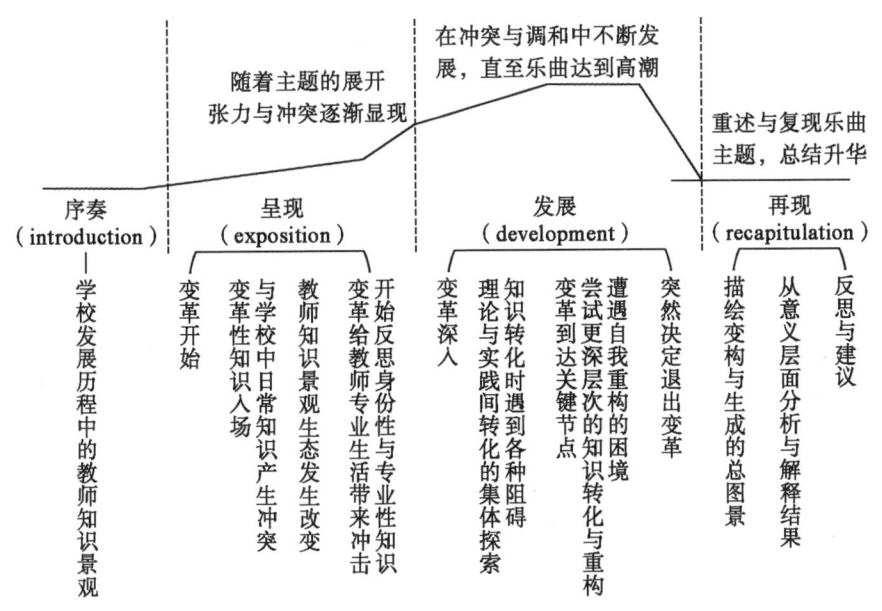

图1-3 月城初中教师知识景观的"变革奏鸣曲式"叙事

二、双重路径分析变革中的教师知识景观

对变革中教师知识景观的样态及其内部变构的观察,主要从"复杂生态"和"知识转化"两条路径进行。前者重点探讨变革中教师知识景观整体样貌的改变,后者主要探究变革进程中教师知识景观中知识的转化与重构,二者共同回应了如下问题:"变革中的教师知识景观基本样态如何?具有哪些知识?""不同类型的知识间有何互动关系?教师是如何进行知识转化与重构的?"

（一）从复杂生态角度审视教师知识景观的基本样态

教师知识景观是一个复杂生态系统，如果从复杂生态的角度审视教师知识景观，或者按照宏观—中观—微观的生态系统层次对教师知识景观进行划分的话，可以至少划分为"国家—地区—学校"三个层次，具体到学校内部，还有"年级（教研组）—班级"。如图1-4所示，这是当下较为常见的一种教师知识景观生态。学校同时身处国家、地方和具体区域之中，每一层级都有其独特的知识背景，这些背景之间互相影响，由此共同织就了教师所处的复杂的"意义之网"，教师的整个知识景观呈现出交错复杂、多层次的网络形态。在学校知识景观中，年级组和学科教研组为教师所属的最基本的组织单位，这两个组织单位相互重叠，教师既属于某个年级组，也属于某个学科教研组。

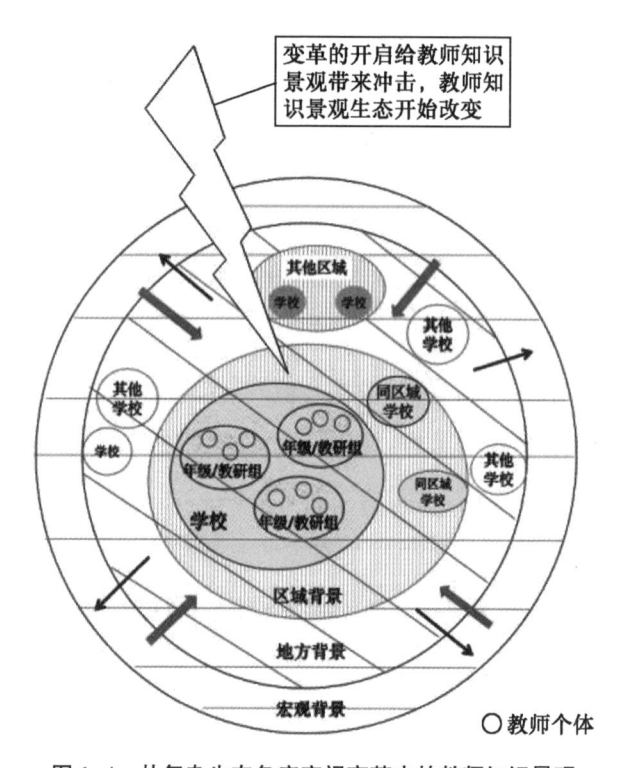

图1-4 从复杂生态角度审视变革中的教师知识景观

以上提供了审视教师知识景观整体样貌的基本框架,但这只是普遍意义上的教师知识景观生态,不能完全体现现实语境中教师知识景观所具有的异质性与复杂性。进入变革后,围绕变革而进行的一系列人员、组织、制度等层面的调整和改变,将会引发教师知识景观生态的变化。而且随着变革的深入,教师知识景观的变构将涉及教师知识的转变,这也是教师知识景观变构中最为核心和最为重要的内容。

(二)从知识转化角度探析教师知识景观的变构路径

教师知识景观的复杂生态,为我们提供了审视教师知识景观基本样态的重要视角,但教师知识景观的变构还需要探讨一些更深层次的问题,比如变革中的教师知识景观究竟包含哪些知识?不同知识间是如何互动并影响教师知识景观变构的?接下来,本研究将从知识转化的角度建构相应的分析框架。

进入变革情境后,教师知识景观原有的现实框架发生改变。除景观生态发生变化外,还存在新旧知识间的更替、博弈与互动,这一过程就是伯格和卢克曼所定义的"现实更替",其中最为关键的三个要素是社会条件、概念条件和角色重释。[①] 社会条件即"维护新现实所需的具体社会基础或过程",它为教师知识景观的变构提供稳定的变革环境支持,包括教师知识社群的建构、变革行动的制度化等。与之相关的知识为变革性知识,所回答的是"变革怎样进行"(How)的问题。概念条件为教师知识景观的变构提供正当化工具,比如新的解释图式(知识体系)、新话语体系(交谈工具)等,与之对应的知识为专业性知识,所回答的是"什么教师知识最有价值以及为什么"(What 和 Why)的问题。角色重释即新现实中对所属角色的确认。教

---

① 彼得·伯格,托马斯·卢克曼. 现实的社会建构:知识社会学论纲[M]. 吴肃然,译. 北京:北京大学出版社,2019: 193-199.

师需要重新理解自己和重要他人在教师知识景观中所处的位置、角色定位和责任等。这也是对自我身份与意义的再认知。我们可以理解为身份性知识或专属的角色知识，所回答的是"教师（我）是谁"和"他者是谁"（Who）的问题，其中前者尤为重要。（见图1-5）

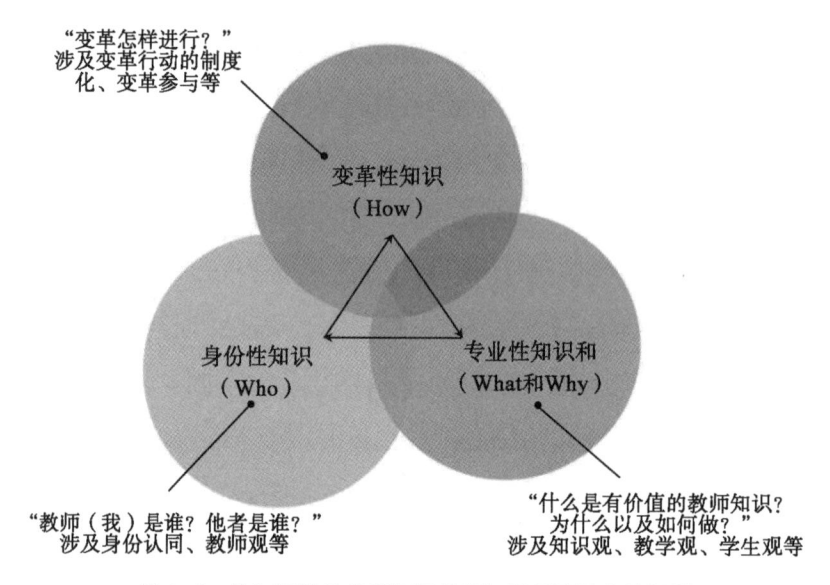

图1-5 从知识转化角度探析教师知识景观的变构过程

在教师知识景观变构中，这三种知识缺一不可，且互生互成。如何更好地理解三者间的关系呢？"生命·实践"教育学对学校变革中"成事成人"之价值目标的论述为本研究提供了思路。

"生命·实践"教育学在学校变革过程中强调"成事"与"成人"的一致性，二者之间的关系可以概括为"在成事中成人，用成人促成事"：

"'在成事中成人'是指学校的日常教育实践和学校变革的实践，是造就新型教育者和学生的根本途径。这里突出的是学校教育的根本价值在于'成人'，而不是'成事'，其中的人不只是学生，也包括教育者……'在成人中成事'是以'在成事中成人'为基础的。这里的'成人'之'人'主要指教师。而'成事'之'事'首先是指'学校转型变革和新型学校创建'之事。它本身就是投身于转型变革的学校之日常教育实践。惟有人变了，新型学校的创建与发展才能得以持续进行。在转型变革中，人是最重要的、持续发展的决定性力量。如果只关注成事，学校也会改变，但会是短暂的，随事之成而消停。"[1]

如果将教师知识景观变构中的三类知识与"成事成人"的变革理念相结合，我们可以发现，变革性知识所回应的就是"事"的问题，而身份性知识指向"人"，专业性知识则不仅关注"事"（教师实践），也关注"人"（个体的成长）。三者是"在成事中成人，用成人促成事"的相互依存与转化之关系。专业性知识是教师知识景观变构的理论与行为参照系，让教师能够判断什么是好的课堂教学，指向教师知识观、教学观、学生观等内在理念的更新，并最终付诸实践；变革性知识为专业性知识的更新提供制度化保障，让教师能够具身参与规范化和惯例化的变革活动中，在日常的变革实践中更新教师知识。最为核心的是身份性知识，这是教师知识景观变构的最终指向，教师需要不断诊断、反思自我，并筑牢新的自我。只有这样，专业性知识的更新和变革性知识的实践才能够自主和持续地进行。

---

[1] 叶澜."新基础教育"论：关于当代中国学校变革的探究与认识[M].北京：教育科学出版社，2006: 337.

第三节 方法论与研究方法

一、研究方法论

本研究为质性研究，以叙事探究为研究方法论。

叙事指的就是"讲故事或类似讲故事之类的事件与行为，用来描述前后连续发生的系列性事件"[①]。自从能够进行言语交流，人类就开始经历并讲述着自己的故事。这些经历和故事，以及对它们的探讨，是人类对自己所生活的世界赋予意义的重要方式，也是彼此交往、共同建构生活和共同体的重要方式。[②] 叙事并非仅仅是再现历史的一种可有可无的话语表征形式，而且也是一种思想的表达，既能表征意义，又能生成意义。可以说，叙事是一种形式，更是一种内容。[③] 探究是理解经验的一种方式，强调怀着理解他人和自我以及改变现状的旨趣去"经历经验"，参与到实际生活中去思考。[④]

叙事探究是一个类似于崂山问道的过程。其目的不在于寻求能够公式化地解决所有研究现象的"真理"，而意在传达一种"似真理性"，即"此时此情此景中的真相"。也就是说，叙事探究不探寻在任何时间地点，对于所有人都适用的"普遍真理"，而将其解读与参与者和研究问题所处的具体情

[①] 卜玉华. 教师职业"叙事研究"素描[J]. 教育理论与实践，2003（6）：44-48.

[②] Clandinin. Handbook of narrative inquiry: Mapping a methodology[M]. Thousand Oaks, CA: SAGE Publications, 2007: 251-279.

[③] 海登·怀特. 形式的内容：叙事话语与历史再现[M]. 董立河，译. 北京：文津出版社，2005: 37.

[④] D. 简·克兰迪宁，F. 迈克尔·康纳利. 叙事探究：质的研究中的经验和故事[M]. 张园，译. 北京：北京大学出版社，2008: 代序 3.

景紧密结合,由读者自己来决定如何理解参与者的经历和经验,并且如何将所受到的启发借鉴和运用到自己的实际情景中。

作为本研究的方法论,叙事探究在如下几个方面为本研究提供了重要思路。

首先,叙事探究中的三维空间为探究教师知识景观提供了一个想象的空间。

基于杜威经验概念对连续性(continuity)、情境性(situation)和社会性(sociality)的强调,叙事探究关注时间性/连续性(过去、现在和未来)、交互性(内部与外部、个人与社会间的辩证关系)和地点(经验生活和叙述之地的具实特征)。这套术语创造了一个隐喻性的"三维叙事探究空间"(the Three-Dimensional Narrative Inquiry Space):第一个维度关注事件的过去、现在和将来,认为所有的人和事物都随着时间的过渡处于转换和变化的过程中。第二个维度强调周围的环境、人和其他各种因素相互关联,相互影响,相互塑造。第三个维度关注探究的事件发生的具体地点。事件发生在特定的地方,具体位置起着关键作用。康纳利和克兰迪宁指出,叙事探究者需要思考每个地点对研究者和参与者经历和经验产生的影响。在对"经验"的描述上,"三维空间"的概念体现了向内、向外、向后、向前的特征。向内指对内在条件的趋向性,如情感、期望、审美反应和道德取向;向外指对外在条件的趋向性,也就是情境;向后和向前指的是时间维度,包括过去、现在和未来。

三维叙事空间为本研究探究变革中的教师知识景观提供了一个想象空间。在这个想象的空间,所有事物都连续地在个人和社会维度上,以不同的方式在不同的时空点上互相作用(见图1-6)。

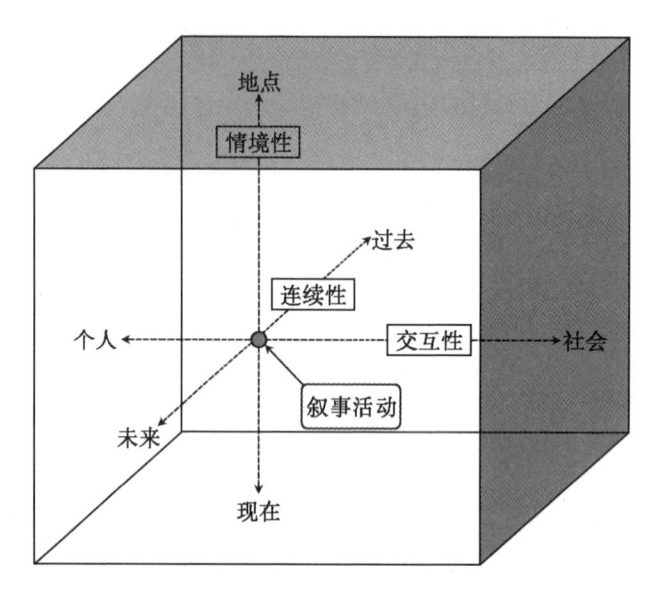

图 1-6 探究教师经验的三维叙事空间

其次，叙事探究的基本研究方式与解释工具为本研究教师变革故事的意义分析提供了重要的解释方式。

叙事探究的过程围绕现场、现场经验文本和研究文本而展开。现场文本是研究者在田野调查中产生代表现场经验各个方面的文本，由研究者和参与者共同创造。通过访谈、田野调查和文本收集的所有资料都是现场文本。资料呈现阶段需要对文本进行揭示性的文字组织。叙事探究的一个基本研究范式是"从现场到现场文本再到研究文本"，在这种范式中，从现场文本到研究文本之间有一定的距离。因此，要回答意义和重要性的问题，光靠叙事远远不够，还必须分析意义，以及对他人、对社会问题的影响，透过研究的主题来实现文本转换。①

叙事探究依靠三个基本的分析工具：拓宽（broadening）、深挖

---

① 康纳利，克莱丁宁. 叙事探究 [J]. 丁钢，译. 全球教育展望，2003, 32（4）：6-10.

(burrowing)、叙述与再述(storying and restorying)[1]。这三种工具能够帮助探究者全面地呈现研究文本，阐述叙事主题。拓宽指对叙事历史性的追溯，将其置身于历史和社会文化背景之下；深挖指深度进入参与者及相关的人和事物特定的经历和经验中，对经验进行细致、深度的挖掘与诠释，尤其关注其中观念的竞争和冲突；叙述与再述，与施瓦布的某种"包容式观点"的系列诠释（serial interpretation）相似，它重在捕捉参与者经历和经验中自然发生的变化，动态地呈现出参与者在讲述自己故事的过程中，对其经历背后意义的理解是如何改变和一步步深入，并将新的理解融入自己以后的经历当中去，创造新的故事和经验的。除这三个基本工具外，虚构化（fictionalization）也被认为是一种解释工具。虚构化允许对被研究者和环境的细微调整，使得被研究者不那么容易被识别，以保证他们的正常生活不被干扰。

再其次，隐喻对叙事探究有重要意义，在本研究中有重要表征作用。

隐喻源自希腊语 metaphora，意思是"意义的转换"。隐喻最早被视为一种修辞方法，运用于文学领域，亚里士多德《修辞学》一书把隐喻定义为"用一个不熟悉的名词替换，或者以属代种，或者以种代属，或者以种代种，或者类推"[2]。在当代哲学中，隐喻既有修辞学的意义，同时也有认识论和本体论的意义，也就是说，隐喻不单单是更广泛语境中产生的一种语言现象，也是人类认知的表现形式。[3]人们在经历自己没有经历过的事情时，会依赖于使用自己熟悉的事物来解释新事物。"隐喻在我们的日常生活中普遍存在，不仅存在于语言之中，也存在于人们的思想观念和具体行为中，我们所赖以

---

[1] Connelly, Clandinin. Stories of experience and narrative inquiry[J]. Educational Researcher, 1990, 19（5）: 2-14.
[2] 亚里士多德. 诗学[M]. 罗念生, 译. 北京：人民文学出版社, 2002: 62.
[3] 王旭青. 分析·叙事·修辞：音乐理论研究论稿[M]. 上海：上海三联书店, 2018: 92.

思考和行动的一般概念系统，本质上就是隐喻的。"[1] 在叙事探究中，隐喻被视为反映教师经验的关键术语，包含了教师理解现实以及看待世界的某种方式。在教师知识研究中，隐喻也被视为个人知识的重要部分和语言实践形式，教师的行为和实践就是他们教学和生活的隐喻的具体化表现。

在本研究中，"教师知识景观"本身就是一个隐喻性的概念，除此之外，本研究还运用了诸多隐喻来阐释教师知识景观内的现实，比如对于变革故事的奏鸣曲式叙事隐喻，对于景观整体样态的"雨中池塘"隐喻，等等。总之，隐喻是本研究中极为重要的意义表征方式，是本研究探究教师知识景观内现象及意义的一个重要术语。

最后，对"我"的研究者身份进行解释。

叙事探究以"多层次和多线条"的方式对现象展开研究，是一种关系式的探究（relational inquiry）。这里的"关系"指研究中的人、地点和事物的关系，同时它强调研究者也身处和参与者、研究涉及的地点和事物的关系中[2]。其他研究方法为了保证客观、公正和无偏见，一般会要求研究者与被研究者保持一定距离，但叙事探究需要研究者在不同程度上接近被研究者，有意融合研究者和研究参与者在现场的经验。这就意味着，研究者需要与参与者建立不同程度的亲近关系，从而理解、记录和思考现场。它是研究者和参与者在一定时间内在某个或系列地点，以及周围环境中的社会互动中的合作。

在本研究中，研究者的身份随着研究的深入发生着微妙的转变。在前期调研时，研究者还是一名研究生，作为南海区 NBE 变革项目的助理，经常与导师一起参与教师的教研活动，因而也带了一些"理论研究者"的专业权

---

[1] George Lakoff, Mark Johnson. Metaphors we live by[M]. Chicago: The University of Chicago Press, 1980: 153−154.

[2] Clandinin, Connelly. Teachers' professional knowledge landscapes[M]. New York: Teachers College Press, 1995.

威色彩和距离感,被南海区的教师视为变革观念的传播者或"代言人"。但随着研究的深入,研究者深深感受到局外人身份给研究带来的限制,"如果认为以一个局外人的眼睛和耳朵就能了解一种生活,那就大错特错了。不真正卷入对方的生活,你就只能靠自己过去的生活经验来想象着解释它"[1],只有研究者与研究对象之间建立与维持一种信任的合作关系后,才能获取更丰富可信的资料。面对突然进入日常生活中的我,教师必然带有一定警惕与隔阂,因此,研究者尽可能多地与他们共同经历一些重要节点,逐渐实现了从一个局外人向局内人的转变。尤其在经历了中期评估后,教师们甚至开始将研究者视为并肩战斗过的战友。当然,研究者也时刻保持着理性与警醒,对自己所处的变革景观和所收集的资料时时反思,留下足够的分析空间,避免过多影响参与研究的客观性。这种身份的转换也同样发生于被研究者身上。月城初中的教师一开始对研究持观望和怀疑的态度,有时在访谈时会说出"这有什么研究价值"或"我感觉自己的经历好像没法给别人提供什么参考"等疑问,但随着研究的深入,他们慢慢对研究产生了兴趣,多次主动收集教研组研讨录音和一些活动纪要,在某种意义上他们已经有了作为研究者的自主意识。

综上,研究者在本研究中的身份可以用"In-betweenness"(介于两者之间)[2]来解释:既是一个局外人,是景观的观察者,旁观月城初中的变革故事,并对所观察到的现象做出客观解释;同时也是局内人,与教师们共同经历重要时间节点,参与到他们的故事中,是月城初中变革故事的共同叙述者。

---

[1] 项飙. 跨越边界的社区:北京"浙江村"的生活史 [M]. 北京:生活·读书·新知三联书店,2000: 32.

[2] Tooke. Betweenness at Work[J]. Area, 2000, 32(2):217-223.

我们的关系在相互信任的基础上,经历了逐渐相熟相知的过程。友好、平等和互信的对话方式与交流氛围,改善了我们身份的差异与不平衡。研究者已经获得了教师们的认可,被接纳为其中的一员,但只作为"边缘分子"的身份存在,在与研究对象亲密交往的同时保持研究者的理性与独立性。汉莫斯利(M. Hammersley)与阿特肯森(P. Atkinson)将这种身份称为"可以被接受的边缘人"[①]。

二、研究对象的选择

由于质的研究注重对研究对象获得深入而细致的解释性理解(叙事探究尤其关注个体的内在经验),研究对象的数量一般都比较少,常常会选择一个或少数几个具有典型特征的个案进行研究。这也引发了诸多对质性研究代表性的争论。然而国内学者王宁认为在质的研究中,代表性是一个虚假命题,质性研究在对象的选择上首要考虑的应是典型性,因为质性研究的目的主要是通过解剖"麻雀",即"对有典型意义的个案进行研究,形成对某一类共性(或现象)的较为深入、详细和全面的认识,包括对'为什么'(解释性个案研究)和'怎么样'(描述性个案研究)等问题的认识"[②]。国内学者陈向明则认为,典型性和代表性都是一种从样本推论到总体的方式,这是按照量的研究思路来进行的,是着重讨论研究结果代表性的一种量化思维,因此她建议用"此样本能否较为完整和相对准确地解答研究者的研究问题"[③]来代替这种不必要的争议。在叙事探究中,研究者寻求的也不是一

---

① Hammersley, Atkinson. Ethnography: Principles in practice[M]. New York: Routledge, 1983: 82-84.
② 王宁. 代表性还是典型性?:个案的属性与个案研究方法的逻辑基础[J]. 社会学研究,2002(5):123-125.
③ 陈向明. 质的研究方法与社会科学研究[M]. 北京:教育科学出版社,2000: 114.

种普世性的真理。当叙事文本被他者阅读时，它的意义并非产生一套可以宣称增长相关知识的知识体系，而在于"可以让研究的读者以此查验生活中存在的各种可能性"[①]，提供一个能够引发共鸣的想象空间。本研究在选择研究对象时，主要从研究对象与研究目的、研究者间的关系角度进行考虑。首先要能够满足研究目的的需要，比如开展研究的可行性，研究对象于研究目的而言所具有的适切性，所选研究对象能否最大限度准确回应研究问题等。而研究对象与研究者之间需要相互熟识，具有一定情感连接，因为叙事探究需要研究者与研究对象共同经历，足够的信任关系能够保证叙事的真实性与完整性。

　　本研究最终选择南海区月城初中为案例学校，重点关注月城初中的英语教研组教师。南海区和月城初中的基本情况在第一节中已有详细介绍。如前所述，南海区经济发达，教育的整体发展也相对领先于广东省的多数地区，希望借助 NBE 变革研究推进区域教育发展的均衡化与优质化。南海区的这一特征不是孤例。随着我国现代化发展步入新阶段，区域内教育均衡发展成为大多数地区需要解决的一个关键性问题，是当前教育发展与变革的重要方向，而南海区选择寻求高校的专业帮助，建构高校—地区—中小学协作变革模式，也是当下地方政府为推进区域教育变革所采取的一个非常普遍的策略。此外，南海区教育局为当地教育发展提供了强大的专业指导和支持力量，且非常注重联合教研（校际性、区域性联合教研尤为突出），因此配备了数量相对较大的区级、镇街学科教研员。这些教研员高强度、高频率地介入学校日常教育教学的实践指导，对该区域教师发展具有较大影响力。这一力量的存在不仅能够确保 NBE 变革的完全参与，为本研究的展开

[①] D. 简·克兰迪宁,F. 迈克尔·康纳利.叙事探究：质的研究中的经验和故事[M].张园,译.北京：北京大学出版社，2008: 45.

奠定基础，也极大地促进了教师知识景观的张力显现，更好地反映出变革中教师知识景观的复杂性。作为南海区中的一所老牌公立学校，月城初中优质生源流失、教师年龄比例失衡、管理制度固化等问题构成的发展困境，代表了当下社会转型中老牌公立学校所面临的一些共性挑战，能够普遍反映出变革中教师的复杂生境。以上这些特征构成了南海区和月城初中作为研究对象的适切性。而研究者自 2018 年以来全程跟进南海区的 NBE 变革项目，与当地教育局相关人员、生态圈学校的老师们、月城初中的校长及老师们都建立了深厚的友谊，这也保证了研究的顺利进行。

在教师的选择上，由于初中阶段学科较多，鉴于研究者全程跟进了月城初中英语学科的 NBE 变革，对英语课堂教学比较熟悉，与该校的英语教师彼此也熟悉。在月城初中重点推进的三个主科（语数英）中，英语学科的发展也相对平稳，因此决定在研究中将目光聚焦于该校的英语教师，辅以对其他学科教研组教师的访谈与观察，以此映射整个学校的变革景观。

月城初中的英语教研组是清一色的"娘子军"，在 2017 年刚刚接触 NBE 变革时共有 24 名教师，其中约 63% 的教师年龄在 40 岁以上。2020 年时，英语教研组教师增至 29 人，约 52% 的教师在 40 岁以上，平均年龄变化不大。与月城初中教师队伍的整体年龄构成相似，教研组以经验丰富的老教师为主，20 年以上教龄的教师占据着队伍中的主导地位。

表 1-2 月城初中英语教研组教师的基本情况

统计时间	性别 男	性别 女	年龄 ≥50	年龄 40—49	年龄 30—39	年龄 25—29	学历 硕士	学历 本科	学历 专科	职称 高级	职称 中级	职称 初级
2017 年	0	24	2	13	6	3	2	22	0	6	11	7
2020 年	0	29	4	11	8	6	4	25	0	8	16	5

"工作勤奋，积极上进，你追我赶，有拼命三郎的精神"，这是月城初中

的中层领导对英语教研组教师团队的整体印象。月城初中的英语教学质量一直处于高位稳定的位置，英语学科竞赛和中考成绩一直位于月城街道和南海区的公办初中前列。英语教研组在如何保证学科成绩、应对竞赛辅导等方面有着丰富的经验积累。这种专业上的积累与能力对变革中的教师而言是一把双刃剑，如何在变革中反思与处理旧经验与新知识间的冲突，也是当前学校变革中教师发展所面临的一个共同的难题。在这一点上，选择月城初中英语教研组对本研究中关键问题的探究和具体呈现具有高度适切性。而月城初中英语教研组队伍稳定，在参与变革3年左右的时间里，除入职4名新教师外，人员几乎没有变动。这有助于研究者在过程中持续性地观察教师的变革经历。

为确保研究的深入和最终叙事呈现的聚焦性，在关注月城初中英语教研组这一教师知识社群的同时，本研究重点关注了月城初中英语教研组的4位骨干教师：葛慧、林秀玲、赵淑华和曾晨。一方面，作为第一梯队骨干教师，4位教师对学校变革项目的参与度与投入度相对较高；另一方面，4位教师由教研组中较有资历的教师、中青年教师和新入职教师的典型代表组成，在年龄、教龄、职务、经历等方面，既各有其独特性，又有足够代表同类教师的典型特征（见表1-3）。

表1-3 本研究中焦点教师的基本情况

姓名	年龄	教龄	备注
葛慧	46	27	教研组中资历较深的教师，有南海区名师称号；2020年前任教研组组长
林秀玲	41	21	教研组中资历较深的教师，担任年级德育级长职务

（续表）

姓名	年龄	教龄	备注
赵淑华	36	14	教研组的中青力量，是骨干教师中的重点培养对象，2020 年后任职教研组组长
曾晨	28	4	教研组的新生力量，重点培养对象

需要说明的是，因为教师的故事数量众多，对部分故事的呈现会选取一种复合自传（composite biography）[①]的方式，一部分教师故事可能来自多个教师，由几个故事的片段综合建构而成，但故事本身是真实的，而且有意义地反映了英语教研组某些教师的具体情形。

三、研究资料的收集

本研究主要使用访谈法、观察法和实物分析作为资料收集的具体方法。在研究的过程中，根据研究的不同阶段和具体需要，资料收集的具体方式和程度都有所不同。此外，研究者坚持撰写备忘录和研究日志，不断记录研究过程中的点滴思考，这也是研究资料的一部分。本研究的资料收集可以划分为有明显时间顺序和内容递进的三个阶段，如表 1-4 所示。

[①] F. 迈克尔·康内利，D. 琼·柯兰迪宁，何敏芳. 专业知识场景中的教师个人实践知识 [J]. 华东师范大学学报（教育科学版），1996（2）：5-16.

表 1-4　研究资料收集的主要方法及内容

阶段 / 时间	第一阶段 前期调研与全面认识 （2018年9月—2019年9月）	第二阶段 多频次深入田野学校 （2019年10月—2020年12月）	第三阶段 整体回观与持续补充 （2021年1月—2021年12月）
阶段描述	多频次（每学期3—5次，每次3天左右）、全程参与南海区的学校变革，并收集过程性资料，全面认识南海区学校变革的整体面貌	连续两学年，每次一个月左右的深入田野调研，对月城初中教师的日常学校工作（教研、课堂教学、互动等）、地方性文本、学校变革文本等资料进行收集与分析	对已有资料进行整体回观与查漏补缺，线上持续收集相关资料
收集资料方式	1. 参与观察 （学校变革节点活动） 2. 非参与观察 （课堂教学） 3. 随机非正式访谈 4. 文本收集	1. 参与观察 （日常教研、教师交往等） 2. 非参与观察 （课堂教学） 3. 半结构化叙事访谈 （一对一访谈、焦点小组） 4. 随机非正式访谈 5. 文本收集	1. 补充性线上访谈 2. 文本收集
收集资料内容	1. 南海区变革过程性材料，包括会议的录音录像、文字记录，各学校的规划、小结、教师反思，节点教研活动的文字与音频资料等 2. 812份调查问卷及近70名学校变革主体（包括学校校长、中层领导、教师和学生）的访谈资料（背景性补充资料，不直接使用） 3. 基于个人研究兴趣对重要变革主体（如教育局教研室主任、教研员和部分教师）的即时访谈 4. 田野笔记	1. 针对重要变革主体的访谈资料 2. 当地档案馆的教育志、县志等地方背景性资料 3. 月城初中参与学校变革以来的全部文字资料，包括规划书、小结、教案、反思、课例录像等 4. 能够反映月城初中日常学校生活的视频、照片等 5. 教师课堂观察记录、备课本（拍照）、日常教研记录等 6. 田野调查笔记、研究日志等	1. 微信聊天记录、朋友圈记录、公众号文章等 2. 通过电话、微信等方式进行的随机和补充性访谈资料 3. 教师主动提供的一些重要活动的录音、照片等

（一）资料收集的方法

1. 观察法

观察是收集质性研究资料的一种重要方法，包括参与观察、非参与观察和录像记录等多种形式。参与观察可以使研究者在聚焦情境的同时深入社会文化深处，不仅收获对现实情境的感性认识，也得以了解行为背后的意义解释。非参与观察，也被称为局外观察，即研究者处于被观察的全体或现象之外，主要聚焦于观察任务，将自身对环境的影响最小化。

在研究的第一和第二阶段，主要采用的是参与观察方式。研究者直接深入南海区和月城初中，与教师共同教研、参与重要节点活动，在密切接触和直接体验中观察教师的言行，并记录田野笔记。主要观察的内容有：教师的日常专业工作，如与学生的课堂生活、课间及课后工作、教学研讨和备课等。其中尤其关注教师参与 NBE 的关键事件，如中期评估、教学研讨和节点活动，以及教师所参与的南海区和街道的教学研讨活动、培训活动等。除日常学校工作和关键事件外，研究者还以其中若干位教师为焦点，对其进行连续的全天候跟踪，关注其在不同场合的表现、与关键主体的交往、教学实践反思等，以此推及其他教师。过程中，研究者会根据观察到的现象或行为随机对教师发问，并根据现实需要不断调整观察的内容与具体方式。在课堂情境中，则尽量采取非参与观察的形式，作为旁观者记录教师教学的具体情况，不做任何干涉。必要的时候，在获得教师和学生们的许可后，会通过录音或拍照的方式记录一些课堂上的关键细节。此外，因为过程中收集了大量南海区的学校变革录像，对课例、教研录像的分析，也为本研究提供了丰富的资料，可以帮助研究进行非语言行为的微观分析和对行为的深度描述。当然，学校、街道及区域的人文自然环境也是观察的重要内容之一。

2. 访谈法

本研究采用叙事为主的半结构化访谈获取教师的经验故事。半结构化访谈反映出一种与人的知识、理解、解释、经验及互动相关的本体论立场,具有以下特征:"主题性的、以话题为中心的、传记式的或叙事的实施方式,以及相信知识有其情境和背景。访谈的功能在于确保能将相关的背景置入研究的关注点,并由此生成情境化的知识。半结构化访谈的逻辑是要以互动的方式生成研究资料。这意味着在这种情境化知识的建构过程中,不仅是访谈对象,访谈者也是一个积极的反思者。访谈资料即访谈者与访谈对象间的互动,作为研究者需要去分析的是这种互动生成的情境化知识,而非被研究者给予的答案。"[1]叙事为主的半结构化访谈关注经验的具体故事而非一般性描述,是一种更为发散的访谈。一般以与经验描述相关的开放式问题开始,并通过对经验的追问,帮助叙述者回忆细节、转折点以及认知中的其他转变、情感和行动。

  研究的第一阶段多是随机非正式的叙事访谈,生发于现实情境中。围绕变革景观中的现象或问题即时展开,以全面和多元地了解变革景观中研究对象的状态。第二阶段的半结构化访谈通常采用一对一或焦点小组的形式,以便就研究问题与被访者进行集中交流和线索追问。一般而言,研究者不会打断访谈对象的叙述,避免任何引导或局限。访谈的形式不受限于固定的时间、地点等,会根据实际互动和需要灵活进行。当发现有些议题需要被访者确认时,会即时选择在一些生活化、教师熟悉的情境中发起访谈,比如课间、午餐时、备课研讨结束或放学后,在教室、食堂、走廊或教师的办公室等。这些访谈环境相对自由轻松,教师不受拘束,因而会生发一些其他环境中所刻意回避或没有涉及的叙事资料,是极为重要的资料补充手段。

  如果以学校为分界线,学校内外为基本维度,可以将研究情境简单划分

---

[1] 米歇尔·刘易斯-伯克,艾伦·布里曼,廖福挺. 社会科学研究方法百科全书:第3卷[M]. 沈崇麟,赵锋,高勇,主译. 重庆:重庆大学出版社,2017: 1240-1241.

为班级、教研组、月城初中、街道/地区教育行政单位、NBE 学校生态圈、地域教育生态圈等几个层次，在不同的研究情境中有不同的访谈主体。据此，可以将本研究的访谈对象做如下简要分类（见表 1-5）：

表 1-5　访谈对象的选择

维度		访谈对象（均为化名）
学校外	区教育局和街道教育办公室	南海区教育局：教研室蓝主任、教研员杨老师和章老师 月城街道教育办公室：费主任
	NBE 学校生态圈	高校指导专家：蒲教授、翁教授 月城小学：秦校长、英语学科负责人梅老师、骨干教师肖老师等共计 8 人 另外 4 所学校：校长、学科负责人和教师等共 21 人
学校内	学校领导	杭校长、常副校长、薛教导主任（英语学科负责人）、数学学科负责人、班队负责人、语文学科负责人
	英语教研组	教研组组长赵淑华、年级组组长林秀玲、备课组组长梁老师，骨干教师曾晨、葛慧等，共约 20 人
	其他学科	语文、数学教师等 3 人
	焦点教师的班级	焦点教师（曾晨、葛慧）班级中的部分学生

针对不同访谈对象，对访谈提纲也会做差异调整（详见附录）。但为了让访谈对象进入一种自然、深度的自我叙述状态，访谈一般会以与个人生活史相关的开放式问题为始。对个体成长经历的叙述与挖掘不仅可以帮助研究者理解教师自我，还能洞察教师所处的社会文化脉络。这些与教师日常生活世界息息相关的叙述是构成教师知识的一个重要分析维度。随着访谈的深入，话题将逐渐聚焦当下的变革故事，也会涉及未来设想。这种过去、当下和未来的交织，共同建构了教师的叙事性自我。此外，为了确保访谈资料的充实与过程性特征，研究者会与同一访谈对象进行不同话题的多次访谈，也会选取变革过程的不同时间段对同一访谈对象进行相似话题的访谈。

这是访谈资料在时间维度上的一种相互印证与补充。

3. 实物分析

除了观察和访谈之外，研究还采用实物分析作为重要的资料收集方法。把实物视为质性研究资料，其认识论的前提是"一切实物都是某种文化的产物，是人们在特定情况下对某种事物的观点的反映，因而可以将实物收集起来，把它们作为特定情境下特定社会群体的所持文化或思想的一种具体化形式加以分析""'实物'包括所有与研究问题有关的文字、图片、音像、物品等"[①]。

本研究中收集的实物主要是文本资料，包括现场文本和文献资料。现场文本相当于实证的定量数据，是在研究现场做的实时记录，如田野笔记、访谈转录、教师故事、自传材料、教学反思、日志、课堂和备课纪事等。文献资料包括学校、街道和区域的规章制度、学科计划、会议记录、总结报告、教学设计、与当地教育人文等相关的文献书籍等。在研究过程中，研究者会将现场文本与文献资料进行对比分析，以补充修正实地考察文本的不确定和模糊部分，提高其可信度。

（二）资料收集的过程

第一阶段是前期资料收集阶段。自 2018 年 9 月起，研究者一直作为南海区 NBE 研究的项目助理，以短期（每次 3 天左右）、多频次（每学期 3-5 次）的方式参与学校变革项目。虽然最初未将月城初中作为案例学校，但研究兴趣使然，研究者一直关注着学校变革景观中的教师发展，并有意识地收集南海区学校变革的过程性材料。此过程中也随机对南海区教育局、6 所学校的校长和主要参与教师进行了开放式访谈。因另一项目的研究需要，研究者还对南海区 6 所参与 NBE 的学校与 6 所未参与变革项目的学校进行

[①] 陈向明. 质的研究方法与社会科学研究 [M]. 北京：教育科学出版社，2000: 257.

了变革认同的问卷调研和师生访谈调查。出于研究伦理的考虑，这部分资料并未直接运用于本研究中。但通过对上述资料的收集与初步分析，研究者对南海区变革景观的整体面貌有了较为深入的认识，而月城初中，正处于这一大变革景观中的关键位置，并逐渐进入研究者的视野，成为焦点学校。2019 年 10 月，月城初中被确定为案例学校。

第二阶段，研究者开始正式进入月城初中开展田野调查。考虑到实际距离、住宿安排等现实因素，为了最大限度地满足研究需要，在征得月城初中校长等人的同意后，研究者连续两学年在月城初中的教师宿舍居住至少一个月，以便进行深入的田野调查。第一次深入田野调查是在 2019 年 11 月至 12 月，正值 NBE 中期评估的重要节点，研究者在全程参与教研活动、中期评估相关准备之余，对月城初中的日常学校生活、教师、课堂等进行观察与记录，并对南海区教育局相关人员、月城初中的部分师生进行了访谈，收集了大量一手资料。受疫情影响，2020 上半年月城初中采用线上教学，NBE 相关活动只能借助线上平台远程进行。其间，研究者一直通过线上授课系统、微信等方式与月城初中的教师保持密切联系，并集中分析已有资料，为下一次田野调查做准备。随着疫情缓和，2020 年国庆假期后，研究者进入月城初中进行第二次深入田野调查。此时突然接获月城初中打算退出学校变革项目的消息，因此在之前调研计划基础上，即时增加了对学校退出变革原因、感受和影响的多主体访谈，以及对月城初中退出变革项目后学校日常生活的观察。

第三阶段是对已有资料的整体回观与查漏补缺。在此阶段，研究资料的分析与收集仍旧持续进行，通过微信、电话等方式与教师进行了一些补充性的访谈，也一直关注和收集着教师的朋友圈记录、月城初中的微信公众号文章等。经历两年多时间的接触，尤其是第二阶段的长时间亲密交往，研究者与月城初中的教师建立了深厚的友谊，这为第三阶段调研奠定了良好基础。在论文撰写期间，研究者经常收到来自月城初中教师的关切与问候，获得教师主动提供的研究资料。有一次，在未提任何要求的情况下，英语教研组组长对另一所 NBE 研究学校来月城初中交流访问全程录音并分享给了研究者，希望能够为研究提供一些帮助。此时，教师已经以研究合作者的身份共同参与到研究中，并以自己的方式关注和诠释着这一研究。

本研究中，资料收集和分析是一个持续和循环进行的过程。每阶段研究者都会尽快整理研究资料并做阶段性分析，以便下一阶段资料收集内容的细微调整。资料收集一直持续到研究后期。事实上，即便在资料的集中分析阶段，研究者仍然在关注资料的饱和问题，不断通过微信、电话等方式与研究对象联系，随时补充资料或澄清疑问。

四、研究资料的分析

叙事研究的意义呈现在于描述和分析两个层面。描述的任务是再现，分析的任务是解释，而描述是分析的基础。因此叙事资料分析的关键过程是再述，研究者需要分析出叙事资料的某些特征，以新的经验描述方式重新呈现这些资料。对此，本研究主要采用"过程—事件分析"的思路。

"过程—事件分析"把研究对象由静态结构性的分析，转向通过事件而展开的动态性分析，而且将过程本身视为独立的解释变量或来源的分析角度。它的根本假设是："各种事物或同一个事物内部的各种因素之间存在的复杂而微妙的关系，只能在事件或过程中才能较为完整而充分地展现出来。"[1] 这意味着，我们需要将研究的对象转化为一种关注事件性过程的故事文本，体现叙事的动态性、流动性，以及事件过程中参与者的关系与互动。

---

[1] 清华大学社会学系主编.清华社会学评论特辑[M].厦门：鹭江出版社，2000：1-21.

这些过程和事件可能是"那些显著改变结构的历史发生（happenings）"[1]，也可能是一些"平庸而重复，但却是微观情境下生活动力的日常实践"[2]，或者"因其本身固有的文化开放性和政治符号性而具有重要方法论意义的一般性事件甚至日常事件"[3]，但必须能够真正展示事物的深层逻辑。此外，需要补充说明的是，虽然"过程—事件分析"方式的提出是为了克服以往"静态的结构分析或制度分析所固有的一些局限"[4]，但这并不代表结构、制度等背景的分析不重要，因为事件本身就是在一定历史脉络、权力格局、价值体系等"背景"下发生的。

综上，基于"过程—事件分析"的分析思路，结合本研究的问题和已有资料，处理和分析资料的主要步骤如下：

首先，整理和充分阅读原始资料，根据奏鸣曲式的叙事脉络确定故事发展的主要阶段，并将相关资料进行归类整理。然后对各阶段的资料进行主题分析[5]，根据文本的具体内容，将每阶段的资料重新组合并阐明可能存在的意义，寻找与研究主题相关新层次的意义。这是一个资料"浓缩"的过程，可以将具体、零散的叙事资料按照一定意义关联起来，关键事件和重要他者可能会构成意义关联的重要线索。接着是对内容的"过程—事件分析"，关注变革过程中各个主题下所发生的一些能够体现景观内部深层逻辑的过程

---

[1] T. J. McDonald. The historic turn in the human sciences[M]. Ann Arbor, MI: University of Michigan Press, 1996: 245-280.

[2] Collins. The micro contribution to macro sociology[J]. Sociological Theory, 1998, 6（2）: 242-253.

[3] 李里峰. 从"事件史"到"事件路径"的历史：兼论《历史研究》两组义和团研究论文 [J]. 历史研究, 2003（4）: 144-153, 192.

[4] 谢立中. 结构-制度分析，还是过程-事件分析？：从多元话语分析的视角看 [J]. 中国农业大学学报（社会科学版），2007（4）: 12-31.

[5] Braun, Clarke. Using thematic analysis in psychology[J]. Qualitative Research in Psychology, 2006, 3（2）: 77-101.

与事件,对此进行描述与分析,以再现景观内复杂而微妙的事实并对其进行清楚解释。这个过程主要关注三个维度:①情境。关注事件情节发生的过程、方式及其背后的意义和情境。语言是其中需要精细研究的对象,英国语言学家韩礼德(M. A. K. Halliday)认为语言表达有理念表达、人际关系和文本三类功能,研究者在分析时会参照这三个层面来进行。②互动。一是关注特定情境或场域内研究对象的互动,如教研场域中的多主体互动、课堂上的师生互动等。二是重点关注研究者与研究对象共同建构的叙事文本中的对话,分析对话中的关键语言特征。③表演。这是对互动分析的进一步拓展,叙事可以视为教师个体的一种自我表演。不仅包括语言,还有行为、情感等,都是一种表演方式。

五、研究伦理说明

质性研究不可避免的就是研究的伦理问题。研究者与被研究者在经历了长时间接触和互动后,所建立的不仅是合作研究关系,也是一段真挚友谊。在研究过程中如何保证被研究者的知情权,撰写研究报告如何在保密的前提下"真实"反映被研究者的生活状态、观念和行为,这些问题都值得伦理层面的探讨。本研究认同并遵循研究中的伦理道德,即遵循自愿、保密、公正合理和公平回报等原则。比如在研究开始前研究者已经通过了华东师范大学伦理委员会的研究伦理审查,获得了研究许可;通过访谈和观察等方法收集资料,研究者都会事先告知研究对象本研究的目的,资料呈现时关于研究对象的描述大致是何种方式,以及研究本身对被研究者可能带来的影响等,确保过程中的知情同意和自愿参与原则,不存在任何隐瞒或欺骗;在资料处理时,人名、地名等标志性名称为虚构,并将相关指向性信息做高度匿名化和保密处理。

第二章　教师知识景观研究的理论基础

第一节　教师知识景观的内涵

教师知识景观的英文表达是 Teacher Knowledge Landscape。在界定教师知识景观之前,我们需先理解景观在其中的隐喻涵义。对景观的词义分析,包括从词源学角度的词义考察和不同学科背景中的词义延伸。

一、景观（landscape）的词义分析

景观的英文表达是 landscape。landscape 一词是合成词,它的组成部分可回溯到古老的印欧语系,在公元 5 世纪时被引入日耳曼语系。除古英语中的 landskipe、landscaef 等变体外,还包括德语中的 landschaft、荷兰语中的 landschap 等[①]。其词根 land,指有边界的领土或空间；而无论是"-skipe"还是"-scape"的后缀都与 scrape 和 shape 词意相关,既表示裁剪和创造,

---

[①] Jackson. Discovering the vernacular landscape[M]. New Haven: Yale University Press, 1984: 1-8.

也表示环境的一种总体特征[①]。因此，landscape（landskipe）最基本的含义是"土地的集合体"，但所指并非环境中的某种自然要素，而是一个叠加在地表上的人造空间系统，服务于人类群体的综合空间[②]。landscape 的古英语释义体现了人类因为生存聚居、生产实践，而与土地建立的一种结构性关系，在社会价值、习俗和土地利用的交织作用下，landscape 形成了具有空间性、实践性和社会性的形态[③]。但此时的词义总体上突出的是 landscape 的客体性质。16 世纪，随着荷兰风景画的出现，landschap 作为绘画术语被引入英语中。荷兰语义中的 landschap 强调风景，是对领土（有组织的土地）的视觉和艺术表现，是"被感知的土地或土地画"[④]，自此 landscape 的语义开始具备美学和情感意义，成为人类观念、思想、信仰和情感的一种表达。

根据《牛津高阶英语双解词典（第 8 版）》的解释，landscape 在现代英语中一般有两种含义：everything you can see when you look across a large area of land（大地目所能及之总和）和 a painting of a view of the countryside（乡村风景画）[⑤]。但无论是土地的现实样貌，还是绘画中的视觉表现和象征，二者在具象意义上都指向某地的全貌、全景。后来 landscape 的现实表征意义愈加明显。《朗文当代高级英语辞典》中补充了 the political/intellectual etc. landscape[⑥] 的含义，表示政治/知识等的全貌、概貌。《柯林斯高阶英汉双

---

① Wilson, Groth. Everyday America: Cultural landscape studies after J. B. Jacksons[M]. Berkeley and Los Angeles: University of California Press, 2003: 1–22, 98–178.
② 约翰·布林克霍夫·杰克逊. 发现乡土景观[M]. 俞孔坚，等译. 北京：商务印书馆，2016: 17.
③ 徐青，韩锋. 西方文化景观理论谱系研究[J]. 中国园林，2016, 32（12）: 68–75.
④ 徐青，韩锋. 西方文化景观理论谱系研究[J]. 中国园林，2016, 32（12）: 68–75.
⑤ 霍恩比. 牛津高阶英汉双解词典：第 8 版[M]. 赵翠莲，等译. 北京：商务印书馆，2015: 1167.
⑥ 英国培生教育出版有限公司. 朗文当代高级英语辞典：英英、英汉双解：新版[M]. 北京：外语教学与研究出版社，2004: 1091.

解词典》的解释更为详尽，将其释义为 all the features that are important in a particular situation[1]，即某一特定场景/情景中的所有重要特征。可见在现代英语语境中，除陆地景况和风景画外，landscape 具有了某场景或抽象术语的总体概貌和主要特征的新内涵。

与 landscape 相似，中文语境中的"景观"也是一个合成词，"景，光也"[2]，其本义指"日光"，后引申为"明亮""景色""情况"等含义。而"观，谛听也"[3]，其本义为"仔细看"，后演绎为"观察""情景""外观""对事物的看法"等。"景观"一词最早于20世纪初作为德语 landschaft 译语而由日本学者三好学提出，在汉语语境中仅有百余年使用史。[4] 随着被使用于不同学科，景观被赋予了深刻而复杂的新含义。[5] 地理学科视域中的景观被视为"某个地球区域内的总体特征"，包括生物和非生物的现象；环境学视域中，景观是"具有社会、文化和生态意义的动态空间，与其所处的人类社会之间互动发展"；生态学中的景观是"人类生活环境中视觉所触及的空间总体和一切整体""一个陆圈和生物圈组成的相互作用系统和多层次的生活空间"。在哲学和人文学科中，景观则被认为是人类文化的环境载体和文化环境形态，给人以各种情感上的反响（见表2-1）。[6]

---

[1] 英国柯林斯公司.柯林斯高阶英汉双解词典 [M].北京：商务印书馆，2008：896.
[2] 许慎.说文解字 [M].徐铉，等校.上海：上海古籍出版社，2007：322.
[3] 许慎.说文解字 [M].徐铉，等校.上海：上海古籍出版社，2007：423.
[4] 李树华.景观十年、风景百年、风土千年：从景观、风景与风土的关系探讨我国园林发展的大方向 [J].中国园林，2004（12）：32-35.
[5] 俞孔坚.论景观概念及其研究的发展 [J].北京林业大学学报，1987（4）：433-439.
[6] 王紫雯，叶青.景观概念的拓展与跨学科景观研究的发展趋势 [J].自然辩证法通讯，2007（3）：90-95，112.

表 2-1　景观在不同学科背景下的内涵比较

景观的概念	学科背景	内涵的延伸	与人的关系
审美对象	美学、艺术学等	视觉美的感知对象（风景、景色、风景画）	景观作为独立于人的客体而存在，人只是对景观进行欣赏，把人的普遍审美观作为景观价值衡量标准
科学研究对象（生态系统、栖居地等）	地理学、生态学、环境学等	除客观地貌属性外，还是一个多层次的，具有连续性、整体性的复杂生态系统；结构、功能和动态（变化）相互作用和相互依赖	强调人（个体或群体）与景观间的相互作用
象征符号或隐喻	哲学、社会学等	对人（个体、群体）的历史、背景等的一种隐喻；个体或群体对所处社会环境的内在体验	把景观作为人或群体的一部分来整体把握

可以把不同学科背景下对景观概念的理解概括为以下几点：

第一，将景观视为审美对象。如前所述，将景观作为一种研究对象始于文艺复兴和地理大发现时代的欧洲。15 至 16 世纪，随着强调视觉特征的风景画出现，景观开始被视为人类观念、思想、信仰和情感的表达。但人与土地关系的密切与分离变化，使作为视觉美的景观之内涵，及其背后所传达的人类审美态度也发生了转变：人与土地开始分离时，景观意味着对理想城市和建筑的描绘，以及把美丽的乡野视为城市的延伸和未来发展的憧憬。到了工业革命中后期，随着人类对城市的畏惧与厌憎，景观又隐隐透露出人对田园与自然的眷恋与向往。总体上，景观作为视觉美的感知对象时，是基于物我分离基础之上的，即人作为欣赏者，但同时人也在景观中寄托了自己的社会和环境理想。[1]

第二，将景观作为科学研究对象，视其为生态系统或栖居地。首次从自然科学视角对景观做出系统性描述的是18世纪的地理学家亚历山大·洪堡（Alexander von Humboldt），他的定义简明扼要："景观是对某一区域的总体描述。"[2] 这一定义意味着景观具有区域多样性，是一种被人类感知的整体现象。随着近代以来地理科学的分支和专业化发展，俄罗斯地理学家特罗尔（Troll）拓展了景观的地理学定义，将地理学与生物学结合，认为景观既包括生物部分也包括非生物部分，"不仅是人类生活环境的空间总体和视觉所触及的一切的整体，而且是将地质圈、生物圈及非大气层的人造物品结合起来的系统"[3]。这一定义表明景观是一个具有整体性、相对性和动态特征的系统。20世纪，景观生态学的出现为景观概念注入了生态学含义。景观生态学认为景观的结构、动态（变化）和功能之间互相依赖和互相作用。景观生态系统最基本的特征是整体性，景观应被视作一个复杂的整体，在这个复杂整体内所有要素都互相关联，改变一个元素就等于以某种方式改变了整体。

第三，将景观视为一种符号，强调景观的象征或隐喻意义。语言符号是人们用来思维和认知世界的手段和工具[4]，人类是符号动物，景观则是一个符号传播的媒介，是人类文化和理想的载体。景观记载一个地方自然与社会的历史，记述生活在其中的人与人、人与土地、人与社会的复杂关系，它

---

[1] 俞孔坚，李迪华. 景观设计：专业、学科与教育[M]. 北京：中国建筑工业出版社，2003：16.

[2] Howard, Waterton. The Routledge Companion to Landscape Studies. New York: Routledge, 2013: 12–22.

[3] Naveh, Liebermann. Landscape ecology: Theory and application[M]. New York: Spring Science & Business Media, 1984: 5.

[4] 张绍杰. 任意符号系统和自然符号系统：索绪尔与韩礼德语言哲学思想探索[J]. 东北师大学报，2003（2）：80-85.

"具有语言的所有特征……只有在上下文中才能显示"[①]。这种综合而整体的视角,反映了一种现象学的思维方式,景观作为一个整体,呈现了真实的"事物"本身[②]。

综上所述,无论从词源学角度来看还是在学科背景中,景观的内涵都经历了长久演变与延伸。景观具有整体性,是一个复杂的生态整体,其内部所有要素之间互相关联。在思考其意义与价值时,不能忽视其与环境和其他要素的关联性。景观也具有社会性,是社会的产物,反映了社会和环境的历史变迁。[③]

本研究中的"景观",在作为客观复杂环境的本义基础上,更强调其作为象征、符号的隐喻含义。

二、教师知识景观的内涵特征

20世纪末,加拿大学者迈克尔·康纳利(F. Michael Connelly)、瑾·克兰迪宁(D. Jean Clandinin)及其研究团队以教师的实践性知识为焦点,将教师置身于复杂的知识背景和意义网络中,并用"教师知识景观"概念来捕捉呈现其中的复杂性和动态性。[④] 在景观的概念内涵基础之上,本研究将从隐喻教师所处复杂背景(主要是知识背景)的一种整体而综合的视角理解教师知识景观。

[①] 俞孔坚,李迪华主编.景观设计:专业、学科与教育[M].北京:中国建筑工业出版社,2003:22.

[②] 鲍梓婷.景观作为存在的表征及管理可持续发展的新工具[D].广州:华南理工大学,2016.

[③] Antrop. Background concepts for integrated landscape analysis[J]. Agriculture Ecosystems and Environment, 2000, 77(1-2):17-28.

[④] Clandinin, Connelly. Teachers' professional knowledge landscapes: Teacher stories-stories of teachers-school stories-stories of schools[J]. Educational Researcher, 1996, 25(3):24-30.

具体而言，本研究中的教师知识景观具有如下显著特征：

第一，基于景观本身所具有的含义，教师知识景观是一个指代教师知识形成和塑造之复杂背景的隐喻性概念。教师知识景观不仅仅是教师知识得以形成和发展的具象生态系统，也是承载教师、教师知识与景观之间复杂互动关系的抽象意义系统；不仅是智力景观，也是道德和伦理景观。[①]

第二，教师与教师知识景观之间是一种双向互动和建构的关系。克兰迪宁认为，教师知识景观的性质取决于主体的叙事经验和主体在景观中的角色定位，以及景观自身处于动态发展中的叙事历史（价值、信念和故事等），具有动态发展性、复杂性、叙事性和历史性。[②]教师的实践受其知识脉络影响，而知识脉络形成于复杂的知识背景之中。教师知识景观可能会支持、促进或者阻碍教师知识的形成和发展，而教师知识的转变也会对教师知识景观产生影响。

第三，教师知识景观是多主体共同生活的景观。本研究所关注的教师主体不仅指教师个体，也指教师群体，而且格外关注教师个体与教师群体之间、教师与其他主体（如学生、校长等）之间的交往互动。借助教师知识景观概念，我们既可以从微观上审视教师个体知识的形成与发展，也可以从中观上审视群体教师知识脉络的形成发展，还可以从主体间关系上审视教师个体知识与集体知识（群体知识）、其他类型知识之间的复杂互动。

第四，本研究中的教师知识景观呈现多层次、多维度交错叠覆的复杂样态。康纳利认为可以从教室内外两个基本维度来审视教师知识景观。教室内的景观是教师与学生进行课堂教学的地方；教室外的景观充满源自政策

---

① Clandinin, Murphy, Huber, et al. Negotiating narrative inquiries: Living in a tension-filled midst[J]. The Journal of Educational Research, 2009, 103（2）: 81-90.

② Clandinin, Connelly. Teachers' professional knowledge landscapes: Teacher stories-stories of teachers-school stories-stories of schools[J]. Educational Researcher, 1996, 25（3）: 24-30.

和理论研究的知识，教师需要应对来自外部的期望和要求，与其他教师、行政人员、政策制定者等主体交往。此外，个人工作景观可以帮助我们深度理解教师知识景观。这些维度彼此关联、相互影响。[1] 相比较而言，中文语境下的教师知识景观要更具复杂性，康纳利对教师知识景观基本维度的划分更多是从教师个体微观层面出发，但在中文语境中，教研组、年级组、街道和区域等中观层面多层次、多维度交织的景观构成了教师知识景观复杂的样态。

总之，教师知识景观是综合而多元的，具有整体性、关系性、动态性和拓展性等基本特征，"使得我们具有同时谈论空间、地点和时间，以及充满不同关系中的各种各样的人、物和事件的可能性"[2]。通过教师知识景观，我们可以探究教师所处复杂背景中的知识类型，各类知识之间如何互动，以及对教师知识形成与发展产生的重要影响等基本问题。可以说，教师知识景观为本研究审视教师知识提供了一条情境化的路径，为我们探究变革中教师转变面临的困境提供了关注主体与环境间、个体与群体间双向互动的视角。

三、教师知识景观的变构

变构（Allosteric）这一术语源自生物学领域，是变构蛋白（也叫别构蛋白）通过变构作用／变构效应改变和调控蛋白质构象的一种生物现象。变构蛋白变构功能的实现需要激活蛋白质氨基酸序列上活性概念基之间的关联，且需要通过环境介质从外部进行改变。[3] 这一概念于1987年被瑞士日

---

[1] Connelly, Clandinin, He M. F. Teachers' personal practical knowledge on the professional knowledge landscape[J]. Teaching and Teacher Education, 1997, 13（7）: 665-674.

[2] Clandinin, Connelly. Teachers' professional knowledge landscapes[M]. New York: Teachers College Press, 1995: 4-5.

[3] Monod, Jacob. General conclusions: Teleonomic mechanisms in cellular metabolism, growth, and differentiation[C]. Cold Spring Harbor Symposia on Quantitative Biology, 1961（26）: 389-401.

内瓦大学的学习研究学者安德烈·焦尔当（André Giordan）及其团队首次运用于学习和教育研究领域。焦尔当认为学习过程也具有变构的特征，并就此提出变构学习模型（Allosteric Learning Model）。国内最早对变构学习模型进行翻译和概念解释的是华东师范大学教授裴新宁。虽然 Allosteric 在生物学中也常常被翻译为"别构（的）"，但因为 Allosteric 会引发结构体根本性的变化，裴新宁认为将"别构"的"别"字翻译为"变"字更能准确反映出变化的本质。[①]

本研究使用"变构"概念描述教师知识景观在变革背景中的动态变化，主要包含两层含义：一是变构能够体现变革中教师知识景观转变的本质，与蛋白质变构现象必然会发生构象变化相似。在学校变革背景中，教师知识景观也会发生一些根本变化，这种变化不仅包括生态维度，也包括知识与意义层面。后者显然比前者更难达成。二是变构能够体现变革中教师知识景观变化的具体过程。变构涉及认知、意义等多层面的本质变化，这些层面紧密联系，并非孤立的，而且强调"解构—建构"的协同并行。教师知识景观的变构也是如此，是景观内诸层面与诸因素相互作用、紧密关联的动态变化，其中"解构—建构"也几乎是同步进行的。理想的教师知识景观变构绝不仅仅停留于个别构成或生态维度的改变层面，而是指向景观的整体转型，指向景观内主体的生命创造，最终要实现的是景观内各主体（尤其是教师）生命价值层面的自主创造和成长，具有生成性的特征。这是教师知识景观变构中最深层次的转变，也是教师知识景观变构最终的价值指向。

[①] 裴新宁.让学习成功：变构模型及其教学应用[J].教育生物学杂志，2013,1(4)：263-270.

第二节　教师知识景观的影响因素

当前学校变革研究对教师转变困难的归因有哪些,这是本研究需要首先关注的背景性问题。这一问题的理论文献梳理有助于我们整体了解当前学界对学校变革中教师转变及其面临困境的解读,从而更加清晰认识以教师知识景观审视学校变革中教师转变面临困境的重要性和必要性。

当前诸多的变革政策、项目与研究都将行动的关键指向教师,教师被认为是新的教育理念、教育变革措施、教育计划的真正执行者,教师能否成功转变被视为学校变革成功与否的关键因素。人们认为只有教师发生了转变,学校变革才能真正发生。教师的转变是一个复杂系统,涉及态度、理念、行为、情感等诸多内容,不同内容的变化意味着教师转变层次与程度的差异。对于何种因素影响了学校变革中的教师转变,目前有两种代表性观点:一种归因于教师自身,认为教师"教学专业的特性、利益的追求和文化特殊性等因素"[1]影响了他们的变革态度,进而影响学校变革的实施;另一种归因于教师所处的环境,认为是否具备支持性环境,是教师能否转变的关键原因[2],包括学校对变革的支持力度,是否具有成熟的变革体制或模型,变革制度的连续性与稳定性等。

---

[1] 马健生.教师:何以成为教育改革的阻力[J].教育科学研究,2003(10):15-17.
[2] 牛利华,邹萌.教育改革中的教师阻力:成因及教育应答——以中外已有研究为基点[J].外国教育研究,2010,37(10):18-21.

一、教师知识变构的内因：教师变革态度

关于教师与学校变革之间的关系，大多数学者将教师理解为变革的抵制者或抗拒者，认为教师对现状的改变持有天然的抵抗态度。教师对变革的抵抗态度被视为影响学校变革的关键障碍，变革研究者常常使用"教师抵制""教师阻抗"等词语来表征教师消极的变革态度和对学校变革带来的影响。

对教师变革态度的分析主要有两个向度：第一种认为，教师职业的特殊性容易导致教师对变革的抵制[1]。比如职业的稳定性使得教师具有一种逃避风险的心理，职业的独立自主性使得教师排斥任何威胁到其独立创造计划的变革，丰富的教学经验及对技艺的关注使得教师对"被他人改变有着天然的恐惧"[2]。第二种从利益关系的角度分析教师对变革的具体态度。认为教师在变革中习惯于理性地计算付出与回报的比例，会在目的和现实之间进行建设性的权衡，从而满足专业发展和技能提升的需要，但大多数教师在变革中体会到的是更大的工作压力而非更多的收益。因此教师所抵制的可能并非变革本身，而是变革所带来的不确定性与冲突。[3]有学者发现虽然教师对变革的态度整体是消极的，但在表现形式上却多种多样，比如莫妮卡·贾纳斯（Monica Janas）提出教师对变革的消极态度表现为对变革的积极抵抗、消极抵抗和顺从[4]。而郭文辉认为教师对变革的消极态度可能会引发变革免

---

[1] Hollingsworth, Socket. Teacher research and educational reform[M]. Chicago: The University of Chicago Press, 1994: 1-20.

[2] Ewing. The practice side of planning[M]. New York: Macmillan Harper & Row, 1968: 108.

[3] Waddell, Sohal. Resistance: A constructive tool for change management[J]. Management Decision, 1998, 36（8）: 543-548.

[4] Janas. Shhhhh, the dragon is asleep and its name is resistance[J]. Journal of Staff Development, 1998, 19（3）: 13-16.

疫、直接拒绝、委婉拒绝、价值中立、深表同情等不同反应。[1]

多数研究者将教师对变革的消极态度视为学校变革和教师转变的负面因素，也有学者认为应该区分有益阻力和无益阻力——有益阻力虽然表现为对变革的抵制或抗拒，但有利于人们对变革进行反思，反而会促进变革的实施。也有学者认为目前对教师转变困难的内归因整体上是"粗线条"[2]的，忽略了教师在变革中所具有的异质性，缺少一些有信服力的基于现实的解释。

二、教师知识变构的外因：变革生态环境

完善和稳定的变革支持性环境被认为可以增强教师变革行动的一致性，减少变革给现实环境带来的变化，促使教师对学校变革产生稳定预期和一致认知。[3] 教师是他们现在及以前所处环境的产物和创造者，教师很容易受到环境中的特殊压力、突发事件的影响。变革理念的频繁变更、体制的不完善等会加剧教师在变革中的不确定性和不安全感，甚至产生对变革的不信任。[4]

如何建构变革的支持性环境？大多数变革研究者认为，要对原有环境进行改善或重构以适应教育变革的要求，比如建构某些指引的合作型文化来支持、推进教师的转变[5]，建立能够为变革提供持续和稳定动力的变革生态

---

[1] 郭文辉.教育变革中教师抗拒的形态分析[J].天津市教科院学报，2012（3）：25-27.

[2] 牛利华，郑晓坤.教育改革中的教师阻力：方式选择、归因及对策[J].教育理论与实践，2014，34（19）：38-42.

[3] Gary Sykes. Inspired teaching: The missing element in effective schools[J]. Educational Administration Quarterly, 1988, 24（4）: 461-469.

[4] Hargreaves. Curriculum reform and the teacher[J]. The Curriculum Journal, 1991, 2（3）: 249-258.

[5] 安迪·哈格里夫斯，迈克·富兰.专业资本：变革每所学校的教学[M].高振宇，译.上海：华东师范大学出版社，2015: 108-133.

等。在此背景下，强调社群合作的大中小学协作、校际/校内教师共同体等生态取向的推进方式，成为教育变革的主要趋势。多数研究者认为，研究人员和专家等专业权威人士的适当介入、教师群体学习的氛围可以促进教师的自我反思和成长。[1]

但这种对原有环境的改变与重构，有时也会带来一定的反作用。许多变革实验忽视了教师教学与学习发生的真实环境，代价就是总是无法达到预期的理想主义式挫败，对教师未能真正改变的一味批判，以及从一个变革浪潮到另一个变革浪潮的反复跳跃。[2] 美国学者托马斯·波克维茨（Thomas Popkewitz）曾指出，在教育变革中，教师自身具有概念体系（教师知识），他们接受、承认和使用，并习以为常。作为变革者，如果不去思考教师知识形成的背景和发展历程，而一味试图改造或重塑教师，会极其危险。[3]

综上，无论是将教师视为变革的抵抗者或抗拒者的内部归因取向，还是试图改变教师所处生态的外部归因取向，似乎都不能完全解决变革中教师转变困难的问题。前者没有考虑到教师在变革中的异质性，以及教师与现实背景间互动、动态发展对变革的影响。后者虽然在前者的基础上更进一步，强调为变革中的教师转变创造更为适宜的土壤，某种程度上关注到了教师的转变是在具体脉络中进行知识重构的本质，但这类研究多着重于重构一个新的生态或在教师原有生态基础之上简单再构，对教师知识重构的背景/条件整体，教师知识与其所处脉络之间的互动和内在关系等问题的探究仍不够深入。

---

[1] 李飞.从"解冻"到"重冻"：对学校变革中教师教育观念转化的认识[J].思想理论教育，2010（4）：15-20.

[2] Hargreaves. Curriculum reform and the teacher[J]. The Curriculum Journal, 1991, 2（3）: 249-258.

[3] 赵婧."碎片化"思维与教育研究：托马斯·波克维茨教授访谈录[J].全球教育展望，2012, 41（10）：3-7.

第三节 教师知识景观的研究脉络

通过对学校变革中教师转变影响因素研究的梳理，可以发现对教师知识形成的背景及其互动过程等问题的探究仍不够深入。迈克尔·富兰（Michael Fullan）曾指出，变革的关键是个体如何在所熟悉的现实框架与背景下逐渐理解变革事实。[①] 理解教师所处的现实背景及二者之间的复杂关系，是解读变革中教师转变问题的起点。而教师知识景观就是审视教师所处复杂背景的关键概念，接下来研究者通过梳理相关研究脉络来回应"教师知识景观提出的教育变革背景和教师知识研究的基础是什么？意在解决何种问题？研究进展如何？"等问题，以此阐释通过教师知识景观来探究学校变革中教师转变的必要性与重要意义。

一、变革背景下教师知识研究的变迁

教师知识是教师发展和教师教育研究中的基本问题，20世纪开始受到学者的广泛关注，对教师知识进行研究是教师教育研究的基础与起点。教师知识的研究无法脱离时代和教育改革的背景。社会的发展引发教育的重要变革，而这种变革趋势又促使教师教育、教师知识研究取向的转变。在这一部分，研究者将以时代发展为时间轴，结合教育变革背景下教师知识研究取向的变化，总体介绍国内外教师知识研究的代表人物及其重要观点，以此阐释教师知识景观提出的教育改革背景和教师知识研究的基础。

---

① Fulan, Hargreaves. Teacher development and educational change[M]. London: Routledge, 2014: 36-55.

（一）19 世纪至 20 世纪中叶的教师知识研究的技术理性取向

19 世纪至 20 世纪中叶，工业时代的教育变革背景下技术理性取向的教师知识占主导地位。工业革命拉开了现当代教育变革的帷幕，以英美为主要发源地并逐渐影响全世界，被视为现代中小学教育体系发展的起点。当然，彼时为了满足大规模教育、初等教育的快速普及，也出现了"应试教育""灌输式或标准化教育"等直至今日仍被中外研究所共同抨击的弊端。为了满足工业革命时期大量生产力、技术人才的教育需求，这一时期的教育体系无论在课程设置、教育管理还是教师教育层面都有重要改革。随着科学技术的不断发展，对于因循守旧的教育方式，人们开始进行新的思考。以发展主义者为代表的团体致力于新的教育改革，提出设置课程时以学生为中心，激励教师不断调整教学方式以适应学生实际需求，提高教师教学积极性。代表人物是帕克和杜威，他们提出学生应该从经验中学习，强调教师的主体性和学习情境的营造，呼吁采用新的教学方式和课程体系，以满足学生的个体化需求。[①]当然，在快速发展的工业社会背景下，教育效率仍备受重视。20 世纪初，以赖斯为代表的社会主义改良者开始推行"社会效益运动"，提倡教育应该从社会需求出发，为培养符合社会需求的公民，需要针对不同的群体来设置不同的教学内容。正如博比特所言："教育就是把原材料加工成最合适的成品。"[②]这种教育思想也促使学校形态发生了变化。校长与教师、学生的关系变成了"雇佣"关系：由校长制订教学目标，教师据此来设计和实施课程，并以此指导和评估学生的学习，学生就成为实现教学目标的"员工"。学校教育采用工厂流水线的方式进行运作，教师沦为实现目标的手段，

---

① 杜威.民主·经验·教育[M].彭正梅，译.上海：上海人民出版社，2009：14-37.
② Willis, Schubert, et al. The American curriculum: A documentary history[M]. Westport, CT: Greenwood Press, 1993: 154.

学校成为资本累积的工厂。

此时学校教育和教师教育呈明显技术理性取向。技术理性主义认识论表现在教育研究领域有两个主要特点：第一，在教学、教师发展和教师教育研究中，理论优先于实践。理论通过大学或其他研究密集场所发展而来，实践则是将研究成果在课堂和学校中进行应用。美国教育学家拉尔夫·泰勒（Ralph W. Tyler）的课程观被视为这一特点的集中表现，教师被视为实现课程目标的被动执行者。这直接导致教师教育者/理论研究者和教师/实践者间的等级关系和权力失衡。第二，教学是一种应用和技术活动，是科学设计的结果。教学行为可以预测和控制。此框架下产生的"过程—结果"研究自20世纪50年代起主导了北美教育研究领域，这类研究主要探究教师行为与学生学业成绩间的相互关系，造成公众普遍将学生学业成绩的好坏看作评价教师和学校是否成功的主要标准。对学校和教师没有承担他们所应承担的怀疑义务导致对学校和教师的问责以及考试运动的风行。技术理性取向之弊造成理论与实践分裂，使专家无法在本领域内交流，更不用说跨领域或与决策者、公众交流了。这种无力反过来又导致"过程—结果"研究在公共政策领域产生持续影响。这种知与行的分裂使得教育研究"脱离场域飞行"，导致教学和教师教育中既定"知识基础"（knowledge base）的建立。持技术—理性认识论立场的研究者和决策者认为这有利于提高教师专业能力，但对此持批判态度的学者则认为这种"知识基础"是有的大学研究人员和决策者控制教师和教学的手段。

（二）20世纪中叶至20世纪末：教师知识研究取向与路径的双重转变

冷战时期对人才培养、教育质量提出了新的要求。20世纪六七十年代，北美课程研究技术主义和行为主义的研究范式取向严重，导致课程理论和实践缺乏创造活力，教师成为课程的执行者，职业倦怠现象严重。技术主义和行为主义的课程研究取向完全脱离教育的实际情境，学科专家取代了课程专家和教育实践工作者的角色。1970年，美国教育学家约瑟夫·施瓦布（Joseph J. Schwab）发表了《实践：课程的一种语言》(The practical: A language for curriculum) 呼吁课程复兴。此文一时间在北美教育学界掀起了实践取向的课程运动和教师知识研究的热潮，并直接促成了实践取向教师教育研究流派。有学者称施瓦布"在鲍比特和泰勒的意识形态世界的墙壁上制造了第一道裂缝"[1]。施瓦布关于实践取向的课程观扭转了美国当时理论驱动的课程发展轨迹，使课程模式在认识论和经验理论上有了一个不同的起点，这个起点是围绕正在进行的经验现实中的、用以处理选择和行动的思想形式而建立的，对美国乃至世界的课程和教师教育领域都产生了极大影响。20世纪80年代后，科学技术迅猛发展，由此带来的技术革命对教育提出了新挑战与新要求。在此背景下，欧美国家开始反思传统教育带来的弊端，并以国家政策为主要干预手段进行教育变革，由此引发了全球范围内自上而下的教育变革新浪潮，代表性的变革法案有《国家处于危机之中：教育改革势在必行》（美国，1983）、《1988年教育改革法》（英国）和《中共中央关于教育体制改革的决定》（中国，1985）等。这些教育政策主要针对传统公立学校缺乏教育创新、因循守旧等问题，力求确定学校教育发展的新方向。在此背景下，教育研究者的目光也从仅关注理论转向具体的教育情境和实践中去。

在教师教育和教师知识研究层面，基于施瓦布实践观和"教师是课程创制者"的观点，北美的教育知识研究出现两条主要路径：

第一条研究路径主要围绕"教师需要知道什么"探讨教师教学所需要

---

[1] Westbury. Reconsidering Schwab's "Practicals": A response to Peter Hlebowitch's "Generational ideas in curriculum: A historical triangulation."[J]. Curriculum Inquiry, 2005, 35(1): 89-101.

的知识种类，强调教师教学知识基础和结构的研究。假定前提是：知识外在、客观，可被传授和习得。教师首先要学习外在的知识体系，再应用于教学实践。而"教师习得的共有的知识基础构成教师的知识体系"[1]。最早对此进行研究的是美国教育心理学家李·舒尔曼（Lee Shulman），他认为教师知识包括"学科的知识、学科教学法知识、课程的知识、一般教学法知识、学习者和学习特征的知识、教育环境（情境）的知识、教育理念和价值的知识"[2]。舒尔曼认为作为课程创制者的教师具有实践智慧，能够将学科知识（content knowledge，简称CK）转化为学科教学知识（pedagogical content knowledge，简称PCK），即将抽象的、概念的知识具体化、场景化，根据学习者的不同兴趣和能力改造成学习者易于理解的知识并表达，从而进行有效教学。在此基础上，美国教育学者帕梅拉·格罗斯曼（Pamela Grossman）认为教师知识具有两种性质，一是范式形式的教师知识，能运用于不同场合，二是个人叙述形式的教师知识，来自教师的个人实践。[3] 此类教师知识研究揭示了教师胜任教学需要哪些教师知识的支撑。虽然不同学者的分类表述不同，但基本都包含学科内容、一般教学法和学科教学法的知识，均承认教师知识既有理论层面的，也有实践层面的。强调学科教学知识取向的教师知识从外部对教师应然知识进行了设定，为教师知识评估提供了可量化的指标。但是它没能揭示教师知识如何在教师实践中生成，对教师在知识建构过程中的主观能动性强调不够，而第二种教师知识研究路径则对此做出了全面而详细的阐述。

---

[1] 韩曙花，刘永兵. 西方教师知识与教师专业发展研究述评[J]. 外国教育研究，2011（11）：62-67.

[2] 王秀芳. 教师知识的现状、问题及对策研究：以济宁市两所小学为例[D]. 兰州：西北师范大学，2011.

[3] 邹斌，陈向明. 教师知识概念的溯源[J]. 课程·教材·教法，2005（6）：85-89.

第二条研究路径关注的是"教师已经知道什么"的问题，这类研究的前提是：假设教师经过培训和教学实践，本身已有丰富的经验和大量的教学知识。研究者需要做的是寻找更适切的概念和方法论以了解教师的所知及他们如何看待教学和教育改革，同时尽可能避免将外部理论和框架结构凌驾于教师个人实践之上。[1]这条路径的代表学者有艾尔贝兹（Elbaz）、康纳利和克兰迪宁、让·莱夫（Jean Lave）和爱丁纳·温格（Etienne Wenger）等人。艾尔贝兹运用教师日常教学工作中的实践性知识（practical knowledge）来解释教师知识，包括关于自我的、学科内容的、环境的、课程和教学的实践性知识。这些知识形成于教学过程和一定的实践情境中，也服务于这一实践情境。她还指出教师的实践性知识有原则（principal）、意象（image）、规则（rule）三个层次。最初的源头是理论知识，经过教师在具体情境中整合后，在实践中运用，然后形成教师自己独特的教育理念和价值观。较之艾尔贝兹，康纳利等人受波兰尼（Polanyi）的启发，更关注知识所具有的主观和个人的特征。他们区分了给教师的知识（knowledge for teacher）和教师知识（teacher knowledge）：给教师的知识可以理解为教师获得和知道的财产、物品；教师知识，也就是个人实践性知识，植根于生活，是一种在环境、行为和经验中生成的知识。这些环境、行为和经验本身对个人具有情感上的内容和意义。这种知识是个人的，因为它源于个人叙事，同时它又是实践的，因为需要满足某一特定情境。[2]叙事是了解教师经验和教师知识的一种方式，叙事探究则成为沟通教育理论与实践的一种重要视角。莱夫和温格将教师知识看作一种情境性知识，他们认为知识发展于实践者对所处具体

---

[1] Fenstermacher. The knower and the known: The nature of knowledge in research on teaching[J]. Review of Research in Education, 1994（20）：3-56.

[2] Clandinin, Connelly. Teachers' personal knowledge: What counts as "personal" in studies of the personal[J]. Curriculum Studies, 1987, 19（6）：487-500.

工作情境的回应中，因此教师的教和学生的学，都是一种社会实践和活动参与的过程。① 总体而言，较之以往对知识的定义，艾尔贝兹、康纳利和克兰迪宁等几位学者更关注教师知识中的经验本质。他们认为教师知识是在特定的教学实践情境中，教师个体通过自己的经历、思考、情感、领悟和总结所产生的、与公共知识所不同的、有时效性特征的知识，强调教师知识的个体性、实践性、境遇性、对话性、整体性。② 而莱夫和温格的研究关注情境在教师知识中的重要作用，体现了教师知识与环境之间的辩证关系。除经验与情境外，也有诸多学者开始关注教师教学实践的积累和反思对教师知识形成的作用，将"教师反思学习""教师反思性教学"作为教师知识发展的一把钥匙。马克斯·范梅南（Max Van Manen）认为教师的教学反思包括三个水平：对技术合理性和实践行动的反思，以及批判性的反思。③ 唐纳德·舍恩（Donald Schon）提出，教师可通过"行动中反思"和"行动后反思"，对教学中遇到的疑难问题进行建构或重构，以找到解决问题的具体策略。他认为更为重要的是"行动中反思"，在此过程中，教师能够意识到缄默知识的存在，并对其进行验证、评价或发展，最终转化为实践性知识。教师的反思受内部因素和外部因素的共同影响。外部因素包括政策文件、教师群体、与教育研究者的交往、反思工具等，内部因素则包括教师的个人信念、价值取向、教育观念等。

国内的教师知识研究，也经历了类似的研究取向和路径的转变。20世

---

① J. 莱夫，E. 温格. 情景学习：合法的边缘性参与[M]. 王文静，译. 上海：华东师范大学出版社，2004: 45-47.

② 姜勇. 论教师的个人知识：教师专业发展的新转向[J]. 教育理论与实践，2004（6）：56-60.

③ Hatton, Smith. Reflection in teacher education: Towards definition and implementation. Teaching and Teacher Education, 1995, 11（1）：33-49.

纪后期，国内关于教师知识的应然研究（教师应当具备什么知识）居多，重心在于论述教师职业素养问题。学界通常认为教师知识应该包括一般文化知识、所任教学科的知识和教育学知识等三个方面的专业知识。后来随着国内外对教师知识的实然研究兴起，国内研究者开始关注教师知识的实践性。辛涛等从认知心理学视角出发，认为教师知识应包含本体性知识、条件性知识、实践性知识和人文性知识。本体性知识是一种特定的、教师自身所具备的学科知识，条件性知识指的是教师所掌握的心理学与教育学知识，实践性知识是指教师在面对目标做出具体行为时与之相应的课堂情境等相关知识。[1] 这种观点被大多研究者所认可。随着研究的深入，国内学者也越来越关注教师知识的经验性和情境性特征，并强调教师在自我专业发展中的主体性作用。例如，叶澜指出"教师知识应该包含一般文化知识，学科专业知识，一般的和学科的教学法知识，以及个人实践知识。教师应当将所教学科的专业知识与教学法知识结合，并不断在教学实践过程中完善个人知识体系"[2]。陈向明将教师知识分为两类：理论性知识和实践性知识。理论性知识有学科内的、学科教学法的、教育学的、心理学的、一般文化的原理性知识，实践性知识主要是教师实际运用和体现于具体教学实践中的知识。也可以说，前者是根据一定的外在标准，教师认为"应该如此"的理论，而后者则是教师内心真正相信的、被实际应用于日常生活的理论。[3]

---

[1] 辛涛, 申继亮, 林崇德. 从教师的知识结构看师范教育的改革 [J]. 高等师范教育研究, 1999 (6): 12-17.

[2] 叶澜, 白益民, 王枬, 等. 教师角色与教师发展新探 [M]. 北京: 教育科学出版社, 2001: 237.

[3] 陈向明. 实践性知识：教师专业发展的知识基础 [J]. 北京大学教育评论, 2003 (1): 104-112.

二、教师知识景观：教师知识研究的新视角

（一）教师知识景观的本体论与知识论假设

如前所述，在20世纪末，受杜威哲学观、施瓦布实践课程观和教师观的影响，康纳利、克兰迪宁等学者认为，要关注"个体实践性的知识"，强调教师知识的意义生成和叙事性。它是一种具有历史叙事性以成长为导向的拓展性知识，具有连续性。它涉及人们之间的关系。它既是个人的，是个人生活经验的反映，又是社会层面的，它反映了教师生活的整体环境。那么我们要如何进入教师的世界并探析这种知识的生成呢？

为了解答这一难题，康纳利和克兰迪宁提出"教师知识景观"的概念，将教师的知识置于所处的复杂背景（环境）中，尝试以此获得对教师及其专业成长的完整理解。这一概念的提出，是在前述"教师知道什么"这一基础上对"教师怎样知道"的进一步追问和思考，其本体论和认识论的基本假设就是"教师作为课程创制者"和"个人实践性知识"。

1. 教师作为课程创制者

教师作为课程创制者，可以理解为将教师看作教育事业中的知者（knowers）和行动者（doers），教师是自己、学生、情境、教学主题、教与学的知者。教师是施瓦布提出的课程四要素（也包括学习者、主题和环境）之一，是"课程的决策根源（源头）""必须辩论、商议和决定教什么和如何教"。不同于"教师作为实施者"的历史形象，作为"课程创制者"的教师不会单纯地遵循政策制定者的需求，而是和学生共同设计。他们相信，虽然意图、目标和教材起到了一定的效果，但是教师和学生也在共同实践着这门课程，课程就是教师和学生的生活体现。生活课程强调"经验"和"情境"，即课程就是情境中的经验（体验）。从四个层面来看：第一，教学情境是人与其所处的环境之间的互动关系。其中"人"的核心是教师与学生，而"事

物"则包含书籍、桌子等,"过程"则与教学有关。这三大要素组成了整个课堂教学场景。第二,人、事物和过程在每时每刻都有正面的交互作用。第三,各个课堂教学情境都来自以前的课堂教学情境。情境在时间上具有历史延续性,对当下课堂教学情境进行反思时,应将其视为历史延续性的重构。第四,情境具有后续的、指向的特征。每一种情境都必然引发另外一种情境,所以,在课堂上的情境描述必须具备"未来感"。情境指向未来和特定的目标。总之,生活课程的课堂教学情境不仅包含着使人与物互动的张力,也包含着反映过去与未来之间的时间张力。

2. 个人实践性知识

教师知识景观认识论的重要基础就是教师所具有的知识——个人实践性知识。此处的"个人"并不是说与个人所处的社会和环境无关,而是强调除了传统的历史、文化和社会的显性结构之外,有助于构成性格的个人因素。个人实践性知识并不是说知识是私人拥有或专属于个人的秘密。虽然它是一种个人的知识,但可以在实践、对话或叙述中显现。用"个人"来定义知识,意义在于它是一种从环境、行动和经验中生长出来的知识,这些环境、行动和经验本身对个人具有重要的情感内容或意义。

关于教师个人实践知识的表征路径和语言,康纳利、克兰迪宁首先强调反思,包括自我反思或与同事协作进行反思;其次是寻找一种清晰的语言表征。他们提出了一套接近经验的、道德的、情感的和审美的话语,即意象(image)、规则(rules)、实践原则(practical principal)、节奏(rhythm)、个人哲学(personal philosophy)、隐喻(metaphors)和叙事—贯性(narrative unity)。[1]

---

[1] Connelly, Clandinin, He M. F. Teachers' personal practical knowledge on the professional knowledge landscape[J]. Teaching and Teacher Education, 1997, 13(7): 665-674.

意象涉及"人们经验中的内容,存在于个体自身,并表现在个体的行为以及具体实践之中……意象涉及过去,并整合对当下有意义的经验"[1]。意象是人类行为在意义层面的一种表征,包括语言层面的、肢体层面的,关于时空的、符号的,等等。不管怎样,都能够呈现个体行为背后的意图与意义。[2]规则就是在特殊情境中做什么以及如何做的一种简明的、正式的陈述。实践原则是对教师意图清晰明了的表达,但意图在规则中是内隐的,较少外显。个人哲学是教师在教学情境下对自身进行反思的一种方式,它体现出教师的信念和价值观。隐喻是一种经验性的术语,包含教师对现实的思考和理解,以及看待世界的方式和视角。隐喻既是个人实践知识的重要组成部分,又是实践语言的主要形式,教师对教学和生活隐喻的具体化表现就是教师的行为和实践。当人们经历自己从未经历过的事情时,人们会依赖于用他们所熟知的内容来解释新事物。在教师知识景观的研究中,隐喻形象体现人们的经历和经验,是探寻教师的知识和实践的有力工具。叙事一贯性可以理解为一个贯穿经验叙事的主线或主题,用来理解在特定时间情境中,意象、规则、原则和隐喻是怎样互相关联的。叙事一贯性是个体经验的连续体,它对个体进行全面和整体的把握,并将意义赋予生活经验中。节奏反映了学校生活的周期、教师参与的步调和课程设计的安排等。节奏包含一种方法,通过这种方法,我们可以从教师的视角"知道"学校教育的周期。在叙述学校生活的过程中,我们逐渐地"知道"特定的周期模式何时会产生出特

---

[1] F.迈克尔·康纳利,D.琼·克兰迪宁.教师成为课程研究者:经验叙事:第2版[M].刘良华,邝红军,等译.杭州:浙江教育出版社,2004:62.
[2] 康晓伟.论康纳利和克兰迪宁的教师个人实践性知识思想[J].外国教育研究,2016(5):90-98.

定的意象。①

（二）教师知识景观的研究进展

在教师知识景观的研究中，"教师知识景观是怎样形塑和影响教师知识的"是最为核心和关键的问题。克兰迪宁和康纳利于 1995 年首次提出"教师知识景观"概念后，便一直致力于通过叙事探究来深入解读和阐释教师知识景观及教师工作，并由此生成了一系列重要的相关概念，使之成为教学和教师教育领域中一个极为重要的研究术语。奥尔森（Olson）、克雷格（Craig）、库珀（Huber）、康勒（Conle）等叙事探究的代表学者，则把教师知识景观与叙事探究的其他重要概念结合起来，推动了研究的发展。教师知识景观逐步成为一种重要的、综合的视角和眼光，用以深入观察和了解教师实践知识、教师工作及其专业发展。下面研究者将以教师知识景观研究的关键概念，包括通道（conduit）、张力（tension）、知识社群（knowledge community）、叙事权威（narrative authority）和共鸣（resonance）、生活故事（stories to live by）和故事群（story constellation）为主线，对研究的主要发现和进展加以概述：

1. 通道（conduit）

教师知识景观的隐喻让康奈利和克兰迪宁聚焦于教师教学工作的两个最基本场域：教室之内（in-clssroom）和教室之外（out-of-classroom）。教室之内，教师和学生进行面对面的专业实践；教室之外，是所有教师共享的、规范性的专业场所，任课教师与其他教师、教育行政人员、政策制定者工作的场域。教师每日穿行于这些场域中，但这些场域之间并非完全独立的，特别是教室之外的景观充满着各种各样的知识，这些知识都需要通过一些媒

---

① F. 迈克尔·康纳利，D. 琼·克兰迪宁. 教师成为课程研究者：经验叙事：第 2 版 [M]. 刘良华，邝红军，等译. 杭州：浙江教育出版社，2004: 62–79.

介传递到学校景观内,从而改变教师和学生的课堂生活。这些媒介被称作"通道"。"通道"是一个隐喻性的概念,它在哲学、语言学中被广泛使用,被理解为支撑语言和人类交流的一种交际性结构,主体之间的交流本质上就是利用通道来沟通思想观念与语言的过程。[1] 康纳利和克兰迪宁将这一隐喻用于教育学中,将它描述为在理论与实践交汇之处的一个漏斗,理论思想通过这个漏斗注入实践之中,成为教师知识景观中的一个重要特征。研究者、政策制定者、教育行政人员等,运用不同的实施策略,将研究结果、政策、计划、改进方案等,经由通道注入教师知识景观。但这些经由通道进入教师知识景观的理论知识,常常被视为一种强加的、抽象的、客观的、命题的、非暂时的、非历史的、不涉及情境的、一般的结论的体现,与那些个人的、具有关系性的、时间的、主观的、语境的、历史的和特殊的教师知识截然不同。[2]

教室内外景观之间的巨大鸿沟,使得研究者们格外重视"通道"的存在是如何影响教师实践的,如何塑造教师知识景观的边界,以及经由通道所引入的知识在教师知识景观中是如何发展的等问题。克雷格就通过教师的叙事,呈现了通道所包含的复杂而交织的单位、主体和力量。比如校长在执行区域的教育政策时,如何像三明治一样被夹在学校与区域、教师与管理者之间;新任教师怎样在大学理论与一线实践的协商沟通中重新定义"什么是好教师"的认识;教师的教学理念与家长期望之间的冲突平衡,不同改革方案之间的冲突与博弈,带给学校及教师较大的压力;等等。[3] 通过克雷格

---

[1] Lakoff. Women, fire, and dangerous things: What categories reveal about the mind[M]. Chicago: The University of Chicago Press, 1990: 114.

[2] Clandinin, Connelly. Teachers' professional knowledge landscapes[M]. New York: Teachers College Press, 1995: 14.

[3] Craig. A meta-level analysis of the conduit in lives lived and stories told[J]. Teachers and Teaching: Theory and Practice, 2002, 8(2): 197–221.

的研究可以看到，通道打破了教室内外的边界，给教师的个人和专业工作带来了各种张力。大多数学者将这种张力视为一种消极的存在，但也有一些学者认为，张力的存在会迫使教师直面自己，更深入地反思自己在教师知识景观中的位置与角色。[1] 但不可否认的是，张力的存在的确增加了教师知识景观的复杂性。张力存在于教室内，作用于课堂情境中的师生之间[2]、教与学之间[3]，同时也存在于教室外，作用于教师与其他主体的交往之间[4]、政策理想与实际教学管理实践之间的差距中[5]、教育改革进程中的不断变化的学校里[6] 等。总体上，张力反映了应然与实然之间的差异，教师个人实践知识与外部规定之间的矛盾冲突，以及教师作为课程创制者与改革实施者的角色对立。

化解张力的重要途径是利用教师知识社群。

2. 教师知识社群（teacher's knowledge community）

作为教育改革的基本单位之一，教师知识社群是超脱于学校以及学校外部权力范围的安全成长场域，教师可以在此避开教师知识景观中由通道带

---

[1] Clandinin. Handbook of narrative inquiry: Mapping a methodology[M]. Thousand Oaks, CA: SAGE Publications, 2006: 35–80..

[2] Clandinin, Murphy, Huber, et al. Negotiating narrative inquiries: Living in a tension-filled midst[J]. The Journal of Educational Research, 2009, 103（2）: 81–90.

[3] Huber M., Huber J., Clandinin. Moments of tension: Resistance as expressions of narrative coherence in stories to learn by[J]. Reflective Practice, 2004, 5（2）: 181–198.

[4] Yu W. M., Lau C. K. Understanding education reform: Insights from stories of the changing school context. Planning and changing, 2006, 37（3–4）: 219–233.

[5] Huber J., Whelan. Beyond the still pond: Community as growing edges. Reflective Practice, 2001, 2（2）: 221–236.

[6] Latta, Kim. Narrative inquiry invites professional development: Educators claim the creative space of praxis. Journal of Educational Research, 2009, 103（2）: 137–148.

来的紧张、挣扎与不确定性。[1]教师知识社群是一个安全的、叙述分享的场所。在这里,教育工作者可以叙述自己的原初经验、商榷其意义,以及解释情境。教师知识社群围绕经验的共通性形成,而不是围绕宣告谁知道,应该知道什么以及什么才是构成'好的教学'和'好的学校'的[2]。根据工作的联系,教师可以和不同的主体同时组成多个教师知识社群。成员之间相互分享自己的实践和经历(包括积极和消极的经历),通过对话、讨论和反馈,获取审视自己经验的新视角,进而将其转化为教师的个人实践知识。在未来的工作实践中,教师将运用新视角去审视和发展自己新的故事。这些新视角和新知识,有时仅靠教师个人反思是难以获得的。

教师知识社群的概念与诠释共同体(interpretive community)理论有着紧密联系。诠释共同体不是文本本身或者某个读者赋予了文本意义。一个个体同时属于多个诠释共同体,如果我们对文本解读有了变化,与所属诠释共同体产生了差异,我们就会脱离这个诠释共同体,进入其他共同体。诠释共同体是具有生命活力的有机体,其内部既有权威的存在,也可以彼此达成一致。知识社群与此类似,只不过不是解读文本,是解读知识与经验。教师知识社群以经验来关注知识的形成和改变过程,通过建构式的互动过程,成员间不断发展出对社群有价值的观念与思想。[3]一些学者指出,实践共同体与知识社群有着一定类似之处,其中就包括都认识到社群和共同体的领导力来源于其内部,并且形式多种多样,具有内在合法性;都将社群/共同体

---

[1] Clandinin, Connelly. Teachers' professional knowledge landscapes[M]. New York: Teachers College Press, 1995: 137–141.

[2] Lyons, LaBoskey. Narrative inquiry in practice: Advancing the knowledge of teaching[M]. New York: Teachers College Press, 2002: 115–129.

[3] Marlene Scardamalia, 张建伟, 孙燕青. 知识建构共同体及其支撑环境[J]. 现代教育技术, 2005(3): 5–13.

视为复杂的关系网络,其核心是发展与共享知识;并且都认为外部组织可以将社群/共同体的参与合法化。[①] 当然,知识社群也有自身特点,例如,教师知识社群可以是非正式的,但也可以是由外部组织自身有目的地正式形成;教师知识社群成员之间的知识共享是平等的;而且,教师知识社群非正式地受到成员所知的制约,换句话说,就是他们有一个共同的知识基础;在教师知识社群中,学习既具有社会性又具有个体性。[②] 一般意义上的教师专业学习社群(例如教师集体培训时组成的社群)与教师知识社群不同,这种类型的专业学习社群通常由上级管理系统决定谁(一般是决策者、教育研究者或行政管理者)可以创造知识,哪种知识应当被学习和传播,以及哪些是"优秀的教学"和"优秀的学校"等[③]。而在教师知识社群中,教师的重心在于探讨如何解读自己的经验和知识,最终目标是构建与自己工作、生活情境紧密相关的个人实践性知识。

与教师知识社群紧密相关的是叙事权威(narrative authority)和叙事共鸣(narrative resonance),这两个概念构成了教师知识景观中的重要视角,能够用来阐释教师经验和实践性知识形成的过程。所谓叙事权威,也就是教师叙事的权力。知识建构的叙事是交互性的,权威不可或缺,它来自经验,每个个体在形成知识的过程中,同时在接受自己和他人的塑造。叙事权威是个体的个人实践知识的表征和呈现,并在个体与他人的关系中通过意

[①] J. 莱夫,E. 温格. 情景学习:合法的边缘性参与[M]. 王文静,译. 上海:华东师范大学出版社,2004.

[②] Seaman M. Birds of a feather? Communities of practice and knowledge communities[J]. Curriculum and Teaching Dialogue, 2008, 10(1-2):269-279.

[③] Clandinin, Connelly. Teachers' professional knowledge landscapes: Teacher stories-stories of teachers-school stories-stories of schools[J]. Educational Researcher, 1996, 25(3):24-30.

义的建构而得到发展,而且也会受到他人叙事权威的制约或强化。[1] 教师所做出的选择和他们所采取的具体行动,源于他们自身的叙事权威。由于是以连续经验为基础的个人实践知识作为关注焦点,叙事权威代表的不是脱节的、一刀切式的视角,而是一种生成性的教师发展视角。[2] 在知识社群中,基于他人的经验,或根据他人对自己经验的回应,个体可以表达、确认、检查、扩展或修订自己的叙事权威。教师运用自己的叙事权威,合法化自己和他人的叙事知识,并在个体经验和情境中表现。[3] 叙事共鸣是一种动态的、复杂的、具有隐喻性的关系过程。[4] 在这个过程中,教师通过与别人的密切交往进行自我发展,在分享叙事经验的同时,对自己的实践性知识进行更充分的认识。这一共鸣是基于群体信任,对经验的深入理解与观察以及意义化叙事的。

3. 生活故事(stories to live by)与故事群(story constellation)

教师知识景观为"教师怎样知道"这一问题提供了叙事性诠释路径,而对教师生活故事(stories to live by)的探究是其中一项重要方式。生活故事是一种叙事性理解,反映了个人实践知识、教师知识景观和教师身份之间互相关联的关系。在生活故事中,对个体身份的认知就是"对知识和情境的

---

[1] Lyons, LaBoskey. Narrative inquiry in practice: Advancing the knowledge of teaching[M]. New York: Teachers College Press, 2022: 115–129.

[2] Olson. Conceptualizing narrative authority: Implications for teacher education[J]. Teaching and Teacher Education, 1995, 11(2): 119–135.

[3] Olson, Craig. Opportunities and challenges in the development of teachers' knowledge: The development of narrative authority through knowledge communities[J]. Teaching and Teacher Education, 2001, 17(7): 667–684.

[4] Conle. Resonance in pre-service teacher inquiry[J]. American Educational Research Association Journal, 1996, 33(2): 297–325.

叙事理解"①。景观中的历史、社会、文化等诸多因素,都会对教师身份认知产生一定影响,库珀和奥尔森将此称为"'身份'中的多重'我'"。生活故事反映了教师在多维度(包括今昔、教室内外、学校内外)景观中的生活,鲜活呈示个体及其生活,以及个体所处环境是怎样复杂交织在一起的。在教师知识景观中,教师可能会加入一些特定知识社群,同时也会认同或排斥其他知识社群。他们所处的知识社群可能会随着时间流逝而拓展、延伸,也可能会消失不见。在这些知识社群中,教师会意识到教师知识景观中,知识和道德、个体和主体间在经验中积极或消极的方面,这些有时仅靠个人反思无法意识到。在教师知识社群内的互动中,知识是意义的生成结构,而非某种特定的知识属性(比如对需要知道什么和怎样知道的进行有限列举)。教师知识景观中不同个体间的知识互动见图 2-1。

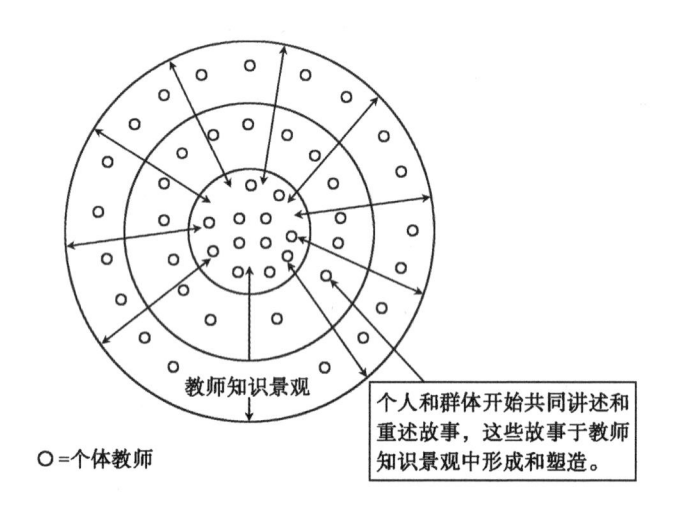

图 2-1 教师知识景观中不同个体间的知识互动

① Ling, Niyozov. Negotiating teachers professional identity in a changing Chinese society[J]. Education and Society, 2008, 26(2): 69–84.

在生活故事的概念基础上，教师知识景观的叙事探究衍生出一系列有用叙事术语："教师故事—教师的故事（teacher stories-stories of teachers）""学校故事—学校的故事（school stories-stories of schools）"。教师故事也就是教师的"个人实践知识"，是教师生活教师讲述，教师再生活和再讲述的经验故事，教师的故事是别人期望中的教师故事。同样，学校故事是由教师、校长、儿童和家长主动建构的持续叙事，而学校的故事主要是关于"学校是什么"或"应该是什么"的外部规定。[1] 在此基础上，克雷格拓展了教师在有组织的学校改革中的生活故事，即"改革故事—改革的故事（reform stories-stories of reform）和社群故事—社群的故事（community stories-stories of community）"[2]，与之相似，改革的故事是学校和教师被期望被规范叙述的故事，而改革故事是主体亲身经历和讲述的叙事。上述四对关系共同构成了教师知识景观的故事矩阵，即故事群。

在故事群里，教师的经验叙事相互关联，看起来就像一个蜂巢。研究者以同一事件为核心，挖掘教师知识景观内不同叙事者的经历，这些不同视角下的经验故事构成一个故事串。这一故事串包含了教师个人和群体对学校改革现状的理解，使得研究者可以完整地建构与重构学校在宏观与微观上发生的所有变化。故事群的方式将具体情境中不同视角的叙事关联在一起，建构出新知识，从而为相关理论和实践带来启示。（见图2-2）

---

[1] Clandinin, Connelly. Teachers' professional knowledge landscapes: Teacher stories-stories of teachers-school stories-stories of schools[J]. Educational Researcher, 1996, 25（3）: 24-30.

[2] Craig. The relationships between and among teacher knowledge, communities of knowing, and top-down school reform: A case of *The Monkey's Paw*[J]. Curriculum Inquiry, 2001, 31（3）: 303-331.

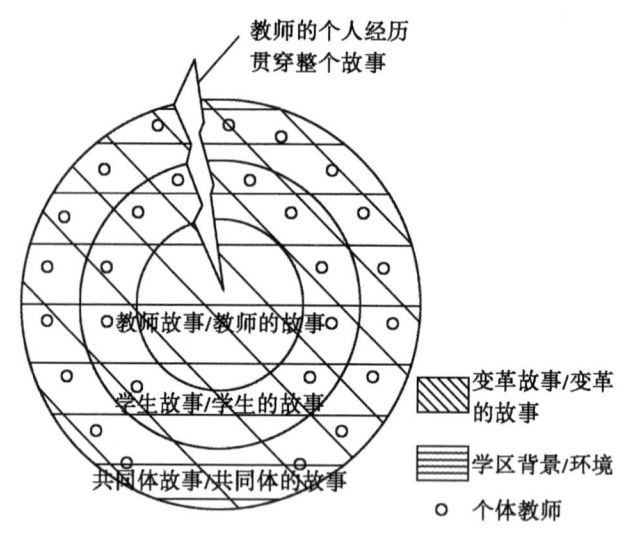

图 2-2 发生于教师知识景观不同维度的故事群

故事群旨在将教师知识景观内外影响教师经历的各个复杂因素融合,展现并且构建新的教师知识,包括影响学校和教育者经历本质的各个因素,例如,由谁来决定哪部分人可以成为知识的创造者,究竟什么可以被称作知识。这些影响因素在教育领域内、教育体制外都存在着。通过这种方式,个人的、集体的、专业的、公共的、课程的、历史的以及机构的视度有效融合到一起,像一束束亮光照进了学校,带领研究者解密学校中发生的变革,探索教师如何在自身所处的情境里,从自己经历中提炼出个人实践知识,获得发展和成长。故事群的方法既关注到了学校特征,又把握了教师和上层管理者的经历、知识,以及景观内人与人、人与实践的动态关系,为人类经验的探究提供了一个空间。在这个空间内,研究者可以在特定时间节点上同时捕捉到个体的生活与叙事经验,这些经验共同揭示了复杂关系网络交织下的教师知识景观生活。[1]

---

[1] Craig. Story constellations: A narrative approach to contextualizing teachers' knowledge of school reform[J]. Teaching and Teacher Education, 2007, 23(2): 173-188.

三、已有研究评述

综上，可发现当下的学校变革研究虽然关注到了教师与变革之间的关系、变革生态等对教师转变的影响，但忽视了教师作为知识主体，其知识得以形成和发展的整体背景（条件），教师知识与所处脉络之间的互动和内在关系等对学校变革中教师转变的深层影响。而"教师知识景观"概念则为我们洞察和剖析教师知识背景提供了一种全面的、叙事性的视角。

纵观目前教师知识景观的研究，我们可以发现，其认识论和本体论的假设基于个人实践性知识与作为课程创制者的教师形象，相关研究多从教师经验出发，对教师在教师知识景观中的生活和专业实践进行探讨，最主要的研究方法是叙事探究。在这些研究中，对"通道"何以沟通理论与实践以及跨越景观边界，"通道"的基本构成、不同主体及其角色对教师知识产生的影响等研究较多，从而衍生出张力、知识社群、叙事权威和共鸣等重要概念。透过这一系列研究，我们可以窥见教师知识景观中，也就是教师知识得以形成和发展的叙事性语境中，理论与实践的相互转化、应然与实然的冲突、师生课堂生活、多主体间的关系脉络、多种力量交织错杂构成的复杂图景。但现有研究亦有一些不足。

首先，对教师知识景观的基本构成、关键要素间的关系等缺少系统性的分析和变革背景下的深度理解。

目前为止，除康纳利、克兰迪宁等在 20 世纪后期将教师知识景观分为"教室内外""学校内外"和"教师个人生活景观"外，尚未有学者对其基本构成做进一步界定。其实，上述划分更符合国外的教育情境，从我国的教育情境来看，这一划分层次就显得简单、笼统和零散了。特别是在目前生态取向的教师发展趋势下，大中小学的多主体协作研究、区域的多元专业指导、校内/校际教师社群等纷纷兴起，加大了教师知识景观的复杂性和系统化程度，需要对教师知识景观的整体面貌和分析路径做更进一步的讨论。

其次，关于教师知识景观的研究，在理论视角方面不够多元，在理论阐释的广度和深度方面都有所欠缺。

目前，相关研究大多以叙事探究为研究方法，倾向于微观叙事，关注研究对象的个别性、研究材料的细节性、研究层面的深入性以及研究结果的特殊性。这些都是教育叙事探究的本质特点，但叙事研究中的意义诠释同样不应被忽视。当前教师知识景观的研究多侧重于现状描述，对于意义与重要性的解答还不够充分，特别是在大与小的关联、理论与实践的互动转换、交错复杂的人际关系等方面，更迫切要求研究者进行深层次的解释和反思。

除叙事探究外，知识社会学理论，以及与变革相关的其他理论等，理应为教师知识景观的构成及变构的问题提供重要思考角度，但教师知识景观现有的研究却很少将这些重要理论纳入思考范围内，这导致教师知识景观理论阐释深度和广度上的弱化。

最后，中文语境中的教师知识景观研究亟待补充。

在国际上，教师知识景观已经成为教师教育研究领域的重要概念，成为人们观察教师知识及其生活世界的关键视角，而国内相关研究较少，仅有几篇介绍性质的文献。我国教师教育的相关研究，教师知识景观是一个重要的、整体而综合的视角，它为我们探讨教师专业发展的系统性环境、教师知识的认识论提供了重要思路。特别是在当前国家大力倡导建设高质量教师教育体系的背景下，迫切需要丰富该视角下的教师教育研究成果。而在国际教师教育研究中，东方社会文化背景中特殊的教育情境，如教研组等，对于教师知识景观研究的深度和多样性而言，同样具有十分重要的价值与意义。

以上也凸显了本研究在当前教师教育研究、学校变革中的教师发展研究上的理论价值与实践价值。

第三章　教师知识景观形成的前期基础

教师知识景观具有动态发展性和历史性。本章将以月城初中的发展历史为背景，透视教师知识景观的变迁，从而充分认识月城初中教师知识景观在变革前的现实起点。

第一节　教师知识景观形成的历史脉络

探寻月城初中发展历史的过程是极艰难的。月城初中并不重视对历史的记录，学校没有档案管理人员，建校以来的文字资料也不曾留存。因此只能通过教师访谈对历史进行追溯，而教师记忆中的故事通常零碎又不连贯，一些细节难以考证。为了确保内容的完整性与准确性，研究者另外查阅了南海区档案馆、地方志和网络新闻报道等与月城初中相关的文本资料，在教师叙事基础上对学校的发展历史作补充与再构。在梳理的过程中，研究者发现所有的叙说者都不约而同地根据历任校长的到任时间来划分学校发展阶段。这是有章可依的——在此历程中，校长总被认为是推动学校改革的关键。因此本章最终决定遵循教师们的阶段划分方式，以历任校长的到任时间为分界点进行梳理（见图3-1）。

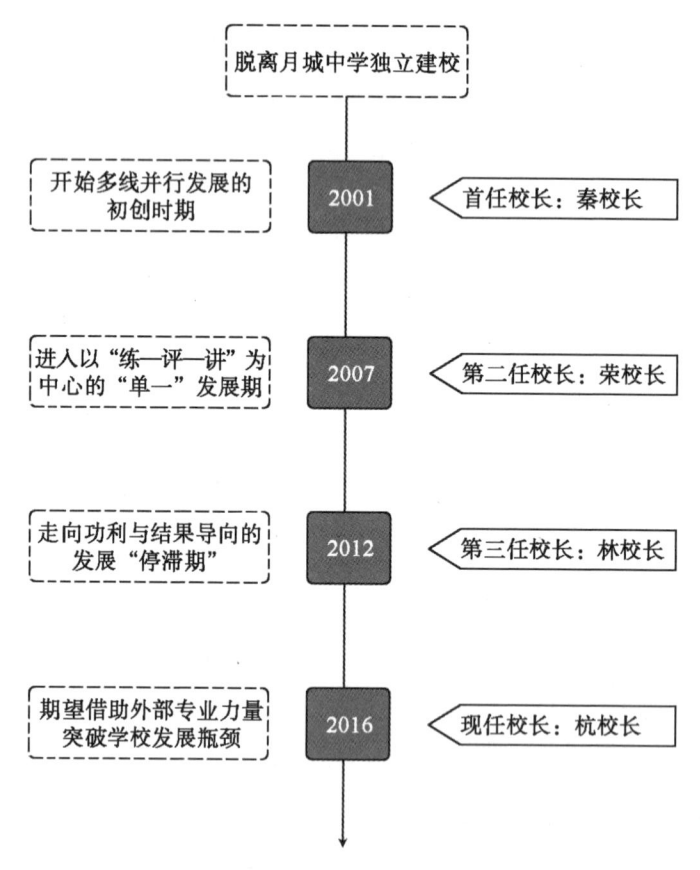

```
脱离月城中学独立建校
         │
         ▼
开始多线并行发展的   ── 2001 ── 首任校长：秦校长
    初创时期
         │
         ▼
进入以"练—评—讲"为  ── 2007 ── 第二任校长：荣校长
中心的"单一"发展期
         │
         ▼
走向功利与结果导向的  ── 2012 ── 第三任校长：林校长
   发展"停滞期"
         │
         ▼
期望借助外部专业力量  ── 2016 ── 现任校长：杭校长
突破学校发展瓶颈
         │
         ▼
```

图 3-1 "新基础教育"变革前月城初中的主要发展阶段

一、学校发展初创期的教师知识景观

1988年3月，为满足当地教育发展需要，南海县委、县政府（2002年撤县改区）决定在月城街道建立一所初高中一体的完全中学——月城中学，后于1997年8月停招高中学生，成为单设初中。月城中学是月城初中的前身。月城街道既是南海县的经济中心，也是文教中心。月城中学当时位于月城街道的主干道之一——南海大道旁,处于核心地段,地理位置便利,周边多是机关单位的职工家属院,因而也成为机关单位职工子女首选公立学校。2000年,南海县被确定为首批国家信息化试点城市和全国中小学信息技术教育实验区,县政府投入大量资金用于基础教育设施的改善。月城中学也得以大力整修校舍,将教学楼、科学楼、办公楼和图书馆等用连廊接通,每间教室均增配了现代化电子设备,校园环境也得到很大改善。便利的地理位置、良好的校园环境、优秀的师资力量,加之稳定的升学率,使得月城中学在当地一直享有很高的声誉,曾连续两年(1999—2000年)被评为市一级学校。为满足日益增长的就学需求,分担本部就学压力,月城中学在镜湖附近建了分校,初一师生被安排在新校区,其余年级如故。两校区之间有一定距离,骑电动车需要七八分钟,"论距离不是很远,但是往来也有点麻烦",尤其在需要开教研组会议和行政会议时,教师不得不在两校之间奔波,有时确实会影响既定的课程安排。2001年7月,为了解决两个校区教学与管理的不便,月城中学正式拆分为两所学校:位于原校区的月城初中和位于镜湖校区的月城二中。这是月城初中独立建校的标志。

(一)多线并行的学校发展状态

月城初中独立建校后的首任校长是秦校长,她有想法且行动力颇强,办公室的梁主任称她是实干家。上任之初,秦校长就立志要开创学校发展的新局面。2001年,正值我国新一轮基础教育改革如火如荼之际,素质教育质量的提升和教师队伍的专业发展备受关注。在北京进修的秦校长受到新一轮改革理念的影响,意识到"学校既是培养学生的地方,也是培养教师的场所"[1],她决定扭转学校工作的重心,将师生的发展置于学校发展图景的中心,并以此为核心进行改革。

---

[1] 引自秦校长上任时所制定的《月城初中2003—2007年发展规划》。

在教师专业发展上，月城初中与国内某师范大学建立了合作关系，希望借助高校的专业力量推动教师身份的转型，即教育思想上由教书型向育人型转变；工作方式上由经验型向科研型转变。2002年，月城初中顺利成为该师范大学教育科学研究重点实验学校，并参与该高校"促进教师自主发展的行动研究"课题。高校研究团队先后派出了6批12位专家和教授对该校教师进行专业培训和课题指导。其间，为了实现"人人有课题，个个会研究"的目标，秦校长带动教师撰写了150余篇论文，同时还积极申报了多项省级、区级课题。学校的教研氛围非常浓厚。除了通过课题带动教师参与教研，实现教师的自主发展外，秦校长也非常关注教师教学方式的改革。她邀请全国各地的名校长和名师来学校进行课堂教学和班级管理的经验分享，并大力推广上海特级教师钱梦龙的"三主"教学理念（学生为主体、教师为主导、训练为主线）和当时十分热门的"讲—练—测—评"四步复习法。为了保证月城初中的升学率，秦校长还编制了详细的教学考核评价表，对评分较低的教师进行教学成绩提升策略的专门指导。

在学生培养上，秦校长认为21世纪要培养现代人才，学校理应将科技教育放在重要位置。2003年，南海区制定了《面向未来的南海教育创新行动纲要（2003—2007）》，其中提到了"科研提升教育"和"技术改造教育"。秦校长关注到了这些信息，决定将科技教育打造成月城初中的品牌。她带领学校的领导班子制定了《月城初中2003—2007年发展规划》，描述了学校未来四年的发展目标与基本理念：

在全面推进素质教育的同时，突出办学优势，彰显科技教育特色，努力提升核心竞争力，打造"科研立校、科技强校"的优质教育品牌的四年发展目标，以及"走科学管理之路，创合格＋特色学校"的基本理念。

基于发展目标与基本理念，秦校长带领学校举办了多届科技节、物理创意竞赛等科技创新实践活动，组建了科技兴趣小组，并组织开设相关课程指导学生。学校每年会选送多名学生参加科技比赛，物理、数学和信息学竞赛，都能获得较好的名次。2004年，随着《国家基础教育课程改革实验区2004年初中毕业考试与普通高中招生制度改革的指导意见》出台，广东省教育厅提出广东优质高中允许自主考试招生或联合考试招生的意见。月城初中这一批竞赛成绩优异的学生，被顺利保送至多所优质高中，为学校在信息学、物理、数学等学科竞赛方面的声誉奠定基础，逐渐树立了月城初中在"科技教育"上的品牌与特色。

总体上，秦校长在任时采取了多线并行的方式，以师生发展为核心，对学校的教研方式、教学理念和品牌教育等进行改革，可谓在基础教育改革的时代之风中开拓了学校发展的崭新局面。教师普遍认为秦校长时期是月城初中发展历史中最辉煌的一段岁月，对她的评价颇高：

"秦校长有时代的敏锐性，那种教研精神也比较强。"

"秦校长在的时候，教学成绩真的很好，而且教学、教研、学科竞赛全面开花，那时（学校）声誉真的很好。"

不过常副校长也承认秦校长对"学校日常抓得过紧，事无巨细"，她在任期间制订的严格的日常管理制度让学校工作变得非常烦琐。但这种严格细致的管理方式却能够保证学校日常工作的平稳运行，所以大多数条款延用至今。

（二）多元合作为主要特点的教师知识景观

如果以"宏观—中观—微观"的维度大致勾勒出该阶段月城初中教师知识景观的主要样态（见图3-2），可以发现该阶段月城初中的教师知识景观与国家宏观政策、所处地方性文化背景之间相互影响、关联密切。例如，国家新一轮基础教育改革的理念引发月城初中对教师自主发展、合作教研、学生主体性等方面的关注，南海区在教育信息化上的快速发展，促使月城初中关注学生科技、信息化素养的培育等，都是月城初中在国家政策、地方文化等因素影响下的改革尝试。

图 3-2 初创时期月城初中教师知识景观的主要样态

具体而言，该阶段教师知识景观发展有以下重要特点：

首先，教师教研具有明显的合作性特征，且方式多样。秦校长通过与高校的课题合作来推动教师自主发展，促使学校从传统师徒结对式专业发展模式转向以课题为依托，有主题、有组织的合作式教研模式。这一转变对教师知识景观的发展极为重要。

秦校长在任期间，月城初中因规模扩大招了一大批新教师，老教师多是中专毕业，且教学理念陈旧，传统师徒结对方式难以满足新教师专业成长需要。与高校研究人员的合作课题研究、合作教研等极大丰富了教师专业发展的方式，而且为教师提供了前沿的和较具体系的理论知识学习机会。

其次，教师的教学观和学生观开始关注主体性与育人价值。新一轮基础教育改革呼吁关注学生的主体地位，"三主"教学理念对学生主体性的强调也是一种"以学生为中心"的表现。当然,这种转变并不彻底,因为在教师知识景观中,仍旧有一个重要特点是对结果性评价的高度关注,比如学校仍以成绩来考核评价教师的教学工作,有严格繁杂的日常管理制度,教学中对练习、测试和评价的高度强调,等等。这与南海区地方性文化相关。作为全省首批教育强区,南海区一直高度关注竞赛和考试成绩,家长也十分重视升学率,中高考成绩成为衡量学校办学质量的关键指标,这些地方性文化对月城初中的教师知识景观产生了深刻影响。但从秦校长时期的学校整体发展来看,那时的月城初中已有了转型变革的意愿,应试虽然很重要,但并非知识景观最核心的特征。

二、学校"单一"发展期的教师知识景观

(一)"练—评—讲"为中心的学校发展状态

2007年9月,荣校长经过竞争上岗成为月城初中的第二任校长。荣校长履历丰富,曾在外省任过教研室主任,还担任过一所农村薄弱学校的校长。在担任教研员时,荣校长就开始反思当时较为盛行的"讲—练—测—评"教学模式。他认为这种课堂教学以教师为主导,难以发挥学生的自主性,因此他主张将"讲—练—测—评"改为"练—评—讲",即学生先自主练习,助教(担任"小老师"的学生)评讲,教师再补充讲解。"练—评—讲"模式的产生源于荣校长的练武经历。在其几十年的习武生涯中,他发现有些师傅不闻不问,让徒弟自己先练,等徒弟在练习过程中出了问题,再来告诉徒弟错在哪里、原因为何、如何改正,这样更能帮助徒弟发现问题,进而快速掌握动作要领。这些经历触动了荣校长,让他意识到了成长中的自主实践的重要性。他将这一理念迁移到教学中,先用练习激发学生的学习自主性和兴趣,再通过学生互评进一步体现学生的自主性。任职于农村中学时,荣校长尝试将"练—评—讲"模式运用于课堂教学中,结果学生成绩进步

明显。这给了荣校长巨大信心。

担任月城初中的校长后，荣校长决定在全校各领域大力推广"练—评—讲"。他将"练—评—讲"修正为"学生先练—助教点评—教师后讲—小组竞赛"的"四步走"教学模式，要求月城初中全部教师使用该模式教学，并将其推广到学校日常管理、德育工作等方面。大多数教师内心抗拒在自己的课堂上做如此大的调整，一些老教师建议稳步进行，先选择低年级做试点，避开应试压力最大的初三年级。但荣校长认为"初三老师比较忙碌，没时间说三道四，反而可以减轻课题主持人的舆论压力。而且初三取得成功后就更有说服力，有利于推广"，因此执意全校推行。在这一阶段，学校各方面的发展都紧紧围绕"练—评—讲"展开，教师教研也是如此。不同于秦校长时期"人人有课题"的百花齐放状态，荣校长在任期间举全校之力攻坚"练—评—讲"课题。作为掌舵人，他牢牢把控课题发展方向，当对"练—评—讲"有了新想法时，他会转告给科组长，由科组长将具体工作分配给教师去完成。教师失去了教研的自主空间，自主开展的热情也逐渐降低。

为了进一步扩大"练—评—讲"的影响力，荣校长经常邀请外省市的校长和教师来参观月城初中"练—评—讲"模式的公开课。下面是公开课的一个简短片段：

上课铃响后，课堂静悄悄的，同学们都在做没有学过的练习，十分钟后，学生以小组为单位对所做的练习进行自评。接着，一名同学自信地走向讲台，他是今天当值的助教。他先请各小组代表分享练习完成的情况，然后开始讲解练习中的难题，并给各组打分。这节课的授课教师一直安静地站在一旁，等学生都讲完后，她才开始对练习中的一些知识点进行讲解。

这就是"练—评—讲"模式下的课堂教学过程。据教师所言，在全面推广的初期，"课堂中的确产生了一些喜人的变化"，学生们在课堂上更活跃了，"有些学生越来越大胆，能够站在台上侃侃而谈，比老师讲得更流畅，无所顾忌的,很自信"。学生这种状态感染了来参观听课的老师们,"练一评一讲"模式获得了外界的一致好评。但几个学期下来,月城初中的考试成绩不升反降,学校的区域口碑日渐下滑。大多数教师将升学率的下降归因于民办学校对优质生源的抢占:

"实验中学(民办初中)没开的时候,我们学校算是整个南海区最好的初中了。实验中学办了以后,我们学校片区属于区政府所在地,家长要求是比较高的,所以我们片区最优秀的生源都去了实验中学。学校跟以前比起来可以说是一落千丈。"

"很拔尖的那些学生都给人家民办学校招揽去了。人家那边,怎么说呢,第一个,民办嘛,它那个办学的条件比我们好很多,就是学校环境好;第二个,人家的师资生源这几年都比我们强得多。以前我们片区都是政府机关单位职工子女,生源算很好的,不过这几年呢,原来的居民大都搬走了,周边好多都是买不起新房,在这里买二手房的人,家长素质可能比以前也是差了些。家里经济好点的,或者家长要求高一些的,也首选民办初中,所以我们学校这些年的生源质量是直线下降。"

2000 年前后,随着国家对民办教育的大力支持,南海区各街道涌现出一批由公司、个人投资的民办学校,光月城街道就有两所。成立初期,这两所学校的口碑和声誉远不如资历深厚的月城初中,然而通过"掐尖"[①] 的方式,短短几年,两所学校的升学率就远超公办学校。如教师访谈中所言,民办学校成为家长和学生心中的择校首选。这种情况并非个例,在全国各地,民办学校利用政策和财力优势招揽优质生源和师资,挤压公办学校办学空间,影

---

① "掐尖"是教师针对民办学校利用政策和财力优势提前招生,抢占大量优质生源和师资的一种比喻。

响地方教育生态的现象已引起了诸多争议。[①] 除了民办学校的竞争外，2009年，月城初中从南海大道旁搬迁到现址，虽然距离南海区的文体中心更近，但校区却又小又破，硬件设施上远不如原校区，师生心中落差很大。加之学校扩招后学生总量增多，陡增的教学压力使教师深感疲惫。"练—评—讲"模式的硬性推行、优质生源与师资的流失、教师教研积极性的降低、新校区环境的落差等"内忧外患"共同作用，月城初中不复从前，整体风气与氛围日显低迷。

（二）任务趋向为主要特点的教师知识景观

接下来，研究者将勾勒出该阶段月城初中教师知识景观的大致样貌（见图3-3）。可以看到，荣校长在任期间，月城初中的教师知识景观是单一中心，且具有封闭性，一切都围绕"练—评—讲"展开的。尽管随着国家教育改革的进一步深入，教师专业化、高质量教育、核心素养、以生为本等改革热词纷纷出现，但都对月城初中影响甚微，月城初中的发展与教育改革的大背景渐行渐远。不过地方政策对学校知识景观的影响仍旧显著，地方教育生态变化使得公办学校优势不再，而民办学校对教育资源的垄断助长了家长对考试成绩和升学率的追求，无形之间强化了地方的应试文化。这对教师知识景观产生了重要影响，升学率再次成为知识景观最受关注的要素。

---

① 顾明远. 正确认识民办教育的公益属性 [N]. 中国教育报，2021-08-10.

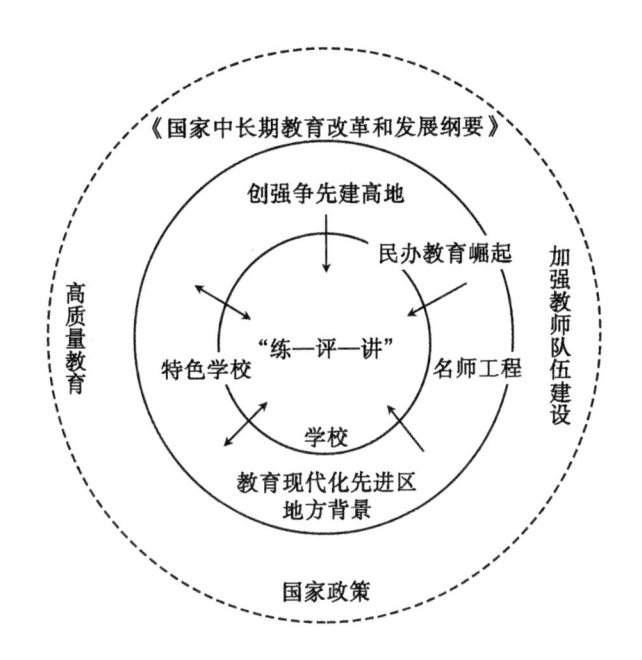

第三章 教师知识景观形成的前期基础 089

图3-3 "单一发展"月城初中教师知识景观的主要样态

该阶段教师知识景观的主要特点如下：

首先，教师的教学观和学生观呈现"知识中心"取向。虽然荣校长推行"练—评—讲"的本意是凸显学生的自主性，但在具体教学上却强制要求师生执行一种固定的、模式化的行为程序，既没有考虑到不同学科知识的不同价值，也没有考虑个体学习者的需求与特征，且过程中极其强调知识训练，在教学观和学生观上反而呈现一种"以知识为中心"的取向。其次，教师教研失去了自主空间，方式单一。如前所述，"练—评—讲"研究取代了以前百花齐放式的教研方式，教师教研基本没有自主空间。虽然南海区为了落实国家"加强教师队伍建设"政策，成立了若干个名师工作室来带动教师专业成长，但名额十分有限，月城初中教师专业发展仍主要依靠校内师徒结对和街道的教师培训。最后，结果性评价对知识景观的影响逐渐加强。这一特点体现在多个方面，比如在学生发展层面，民办初中带来的竞争与压力使得升学率成为学校发展的重中之重；在教师发展层面，此时月城初中教师的平均年龄在35岁左右，以中年教师为主，这部分教师对职称评定的需求远大于专业的发展。南海区职称评定的主要指标是竞赛成绩和奖项荣誉，这也促使教师更加关注结果性评价。

三、学校发展"停滞期"的教师知识景观

（一）功利与结果导向的发展"停滞期"

2012年9月，林校长被教育局任命为新校长。林校长曾担任一所农村学校的校长，在常规教学成绩的提升上颇有经验。此时的月城初中，升学率已经从公办初中领头羊滑落到了中游，教育局希望林校长能够发挥他在常规管理和教学成绩提升上的经验，挽回月城初中在区域内的口碑。林校长面对身陷"内忧外患"的月城初中，决定通过加强日常管理和强化考核评价两条路径来改变学校现状。他制订了较之秦校长时期更为严格的日常管理制度，希望通过监管力度的加强来让学校尽快回归稳态，然而校内老教师经历了荣校长时期的"一刀切"改革后，对这种自上而下、强制性的推行方式褒贬不一，大多数应对态度消极。据现任的杭校长所言，林校长推行制度的过程中阻碍不少，压力很大：

"林校长常规教学是抓得比较好的。教学成绩和学校管理这块，就靠他一点点抓，学校逐渐在常规上回归到了原来的样子，成绩也已经开始进步了。但后来林校长因为身体不好离职了，算是积劳成疾。他在这里任职那几年确实干得很辛苦。为什么呢？这里的老教师比较多，每一项制度的推进都有好大的阻碍，他们有资历嘛，觉得只要管好自己班里的事情就好，其他事情应付着来，学校也没有办法。我拜访林校长的时候，就听他家里人说在这里干压力好大，身体吃不消，干不了了，这也是后来教育局派我来这里的原因。"

除了日常管理外，考核评价成为学校工作的重中之重。月城初中每学期有四次大测，另外还有期中和期末考试，几乎每个月都会有一次重要测试。对于这些测试的成绩，月城街道教育办公室的费主任说："原则上我们是不搞排名的，但可能会每学期搞个'教学评估'，评估一下核心素养的培养情况。"所谓针对"核心素养"的教学评估，其实就是尖子生和竞赛生的专门培养，南海区公认的评判学校教学质量的标准就是屏蔽生[①]数量和重点高中上线率。月城街道作为南海区教育资源的核心，对日常成绩的监测也十分关注，且有严格的评判标准：

"除了核心素养这块呢，我们也会有综合评价，就是合格率、优秀率、特优率这些，基本上通过这个就可以知道学校的情况。合格率怎么算？一般呢，街道就先给个平均数，然后容许个别学校低于平均数多少，这样去监控把握。比如说我们定了英语学科平均分是80分，可能学校平均分是79、78或76，那是不是一定要批评学校？不是的，我们允许你在中间线上下6名或这个区间内，因为街道里学校那么多，总是要有排在后面的嘛。所以平均分或者总分，相差几分以内，我们都可以算你达标。有的学校办学质量差，你也得给空间。举个例子，平均分80分，有的学校我知道它达不到，那我容许差距在5分之内，就是75分以上，学校就算达标。

如果没有这种评价的话，怎么区分学校好坏？是吧？不过我们也有相应的奖励方案，有奖有罚嘛，具体的大家就都有自己的办法了，是吧？"（言及至此，费主任笑了起来，摆摆手表示不愿再谈这个话题）

对于街道如此严格的成绩监测，林校长自然不敢怠慢。他十分关注每次测试的成绩，会对成绩较差或落后的班级进行单独指导，尤其是一些细致的

[①] 为了避免高中提前抢夺优质生源，南海区教育局会将中考成绩前一百名或前一百五十名考生的个人信息隐去。每年中考屏蔽生的上榜数量是南海区衡量一所初中办学质量的重要标准。

成绩提升技巧，比如如何通过试卷和练习的分析来诊断学生的薄弱项，如何抓后进生、临界生，等等。这些技巧确实有效地提升了学生的成绩，月城初中的升学率在这一阶段稳步回升，虽然与民办学校之间还存在着巨大差距，但逐渐回到了公办学校前列。对于这一点，无论是教师、校长还是教研员，都给予了林校长肯定：

"林校长在的时候呢，每次成绩出来以后，他就找老师谈话，怎么分析试卷啊怎么带后进生啊，手把手地教（老师）。这方面他确实很有经验。他这样带着，学校成绩确实上来了不少。"

"林校长刚来的时候，月城初中跟以前比已经差距很大，后来在他严格管理之下，成绩和常规慢慢才又回来一些。"

（二）精细规范为主要特点的教师知识景观

这一阶段，学校发展的重心是提高升学率，学校的日常工作基本围绕着管理和评价展开，教师知识景观依旧呈单一取向且具有封闭性，只不过重心从"练—评—讲"转向了结果性评价（见图3-4）。较之前一阶段，这种封闭性特征更加明显。学校不仅脱离了教育变革的大背景，也忽略了区域教育对教育均衡发展的强调，只将目光停留于应试和学校品牌建设上。教师的教学、日常教研等基本围绕成绩评测或具体管理事务展开，教师积累了大量足以应付考试和日常管理的技巧与经验。这种技术性的、问题解决式的"精细化技艺"成为教师知识景观中的关键知识。

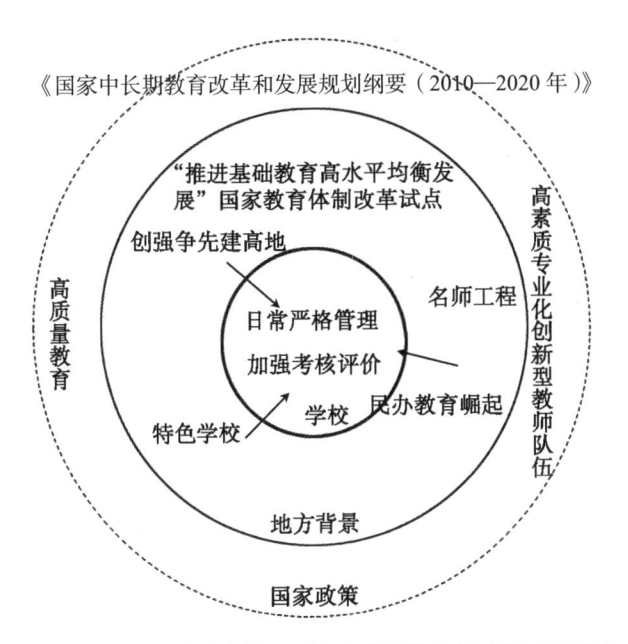

《国家中长期教育改革和发展规划纲要（2010—2020年）》

图 3-4 发展"停滞期"月城初中教师知识景观的主要样态

至此，研究者已经描绘出月城初中从独立建校（2001年）到参加 NBE 变革之前（2016年）的变革发展历史，并大致勾勒出了每一阶段的教师知识景观样态。我们可以发现，月城初中几任校长都具有改变学校现状的意愿，并采取了相应的变革性行动。月城初中的教师知识景观受校长变革理念影响，在不同阶段呈现不同样态，总体上是从多线并行到单一化、封闭化的发展趋势，其核心特质一直未能发生真正转变，始终是知识中心和结果取向的，未能实现转型性变化与实质性突破。究其原因，是学校变革缺少深度的、系统性的、具有内在一致性的变革理念和行动支持。因此，杭校长上任后，开始尝试寻找外部力量来支持、帮助学校实现整体转型发展。

第二节　教师知识景观的起始状态

2016年，杭校长被教育局任命为月城初中校长，此前他是南海实验中学的教导主任。经历了荣校长时"一刀切"的强制改革和林校长时的严厉管控，月城初中虽然升学率略有提升，但师生都因为"弦绷得太紧而深感疲惫"。杭校长上任初期，就敏锐察觉到了师生这种消极懈怠的情绪。他认真分析了月城初中现状，认为学校当前正处于转型发展的十字路口，需要重点解决两个问题：一是要改变师生的消极态度，找回老牌名校的自信与归属感；二是寻找一条能够提升办学质量，从根本上解决学校发展问题的改革路径。对于第一点，杭校长的措施是举办一系列的师生活动，比如艺体节、体育联赛、教职工拓展活动等，让师生放松身心，加强集体凝聚力，激发学校日常生活的活力。此外，为了提高升学率、挽回学校口碑，杭校长带领教师在招揽优质生源、培养尖子生和竞赛生上下了很多工夫。在中考屏蔽生和学科竞赛获奖数量上，月城初中逐渐又回到了公办学校领头羊的位置。对于第二点，杭校长认为学校的转型变革过于复杂，仅仅依靠个别领导的力量是不够的。尤其在教学质量的提升上，他自认不具备专业引领能力，因此尝试寻找外部力量来支持、帮助学校实现发展目标。这一想法与南海区教育局不谋而合。

在教育变革的大背景下，南海区教育局意识到区域教育急需转型升级。2016年，南海区教育局提出"品质教育"的发展目标，"以往区域教育只关注一些硬件建设（如竞赛、中高考成绩、品牌学校建设等），而忽视了软件（如教师队伍的建设、教学理念的变革等）的提升，当前急需以新思想、新理念以及新经验引领区域教育的发展，亟需高水平的'教练'"①。为了寻找合适的"教练"，南海区对各高校团队引领的变革项目做了了解与比较，最终认为NBE变革研究在课堂的深度、师生参与的广度、学校整体转型变革的高度和成效及影响力上最为显著，因此决定开启区域NBE变革研究。杭校长听闻这一消息，主动报名参与项目，他认为这就是他一直寻求能够促进学校转型发展的外部专业力量。

在2017年3月"新基础教育"研究团队对南海区第一次正式调研的座谈会上，南海区教育局领导、月城初中的校长和中层干部分别表述了变革愿景。从内容上看，他们都秉持着一个共同愿望，那就是借助专业力量来改变现状。

"南海区目前在竞赛、中高考等方面处于高位发展状态，从结果上看比深圳市或广州市都要好，但"这个'好'做得比较累，总是担心今年好，会不会明年不够好，如何保持？这涉及学校的可持续性发展和根基问题……我们的教学方法、课程改革都比较落后，除了信息化的切入相对跟得上，整个内核的变化与改革的勇气不够，没有把握。有些校长想改，但不知道行不行。我们希望能够借助研究团队的专业力量突破南海区在'软件'上的瓶颈。"

"我们学校由于种种缘故，比如管理滞后、教育教学方式陈旧、办学成绩上不去，教学质量呈现下降的趋势，学校处于发展的十字路口。我们的愿望是以'新基础教育'的价值理念和生命实践来冲出困境，浴火重生。"

"就希望有个外力，借助下外力……就是说，能带动老师们去搞课题，写东西，对老师们是一个利好，是吧？老师们也需要这些东西，评职称也好，

---

① 南海区教育局局长在"新基础教育"研究团队、区教育局和中小学三方座谈会上的讲话（2017年3月28日）。

评名师也好,也要有理论作支撑的嘛……第二个也是希望通过这种课堂的改革,能够提高老师们的效率,提高学生们的成绩。这就是我们最主要的初衷。"

愿景的阐述,背后蕴含的是主体对变革意义的解释,即变革对不同主体而言究竟意味着什么。这一问题的答案所体现的是参与变革的主体如何理解什么才是真正需要变革的东西,以及如何才能更好地付诸实施。[①]从愿景上看,南海区和月城初中对变革具有决策权的三个关键主体,对变革意义的解释都是实用主义和工具取向的,这显然与"新基础教育"变革研究所倡导的意义相悖。不过,教育变革的发展是复杂的,究竟变革会有何种发展充满着未知,意义与行动在学校日常情境中的结合以及动态发展是变革成败的关键。研究者尚无法根据最初的愿景来判断月城初中变革故事的最终走向,目前它仅仅为后续解释变革于不同主体而言"是什么"以及变革为何"如此发展"提供了原初的依据。值得注意的是,研究者发现在愿景的阐述中缺少了一个重要的表达主体——教师。作为变革真正执行者的教师如何理解自身参与变革的现实?这会对变革的发展带来何种影响?这是接下来的变革故事中需要重点关注的问题。

在经过 NBE 研究团队和南海区教育局的数次考察调研后,2017 年年底,月城初中终于成功拿到了参与项目的入场券。随着 NBE 变革的开启,月城初中教师知识景观的变构也拉开了序幕。

[①] 迈克尔·富兰. 教育变革的新意义:第 4 版 [M]. 武云斐,译. 上海:华东师范大学出版社, 2010: 6-8.

本章小结

此处我们将再一次总体论述变革前月城初中教师知识景观的整体样貌。

1. 学校发展背景下教师知识景观的整体变迁（2001—2016年）

通过对月城初中学校发展历史的梳理，我们可以看到月城初中教师知识景观在不同发展阶段所具有的不同样态。从纵向时间发展脉络来看，月城初中的教师知识景观受校长的变革理念影响较深，在不同阶段具有不同的发展取向，但总体呈现从多线并行到单一化、封闭化的发展趋势。如果从知识维度进行横向对比，虽然每一阶段教师知识景观在变革性知识、专业性知识和身份性知识上的具体表现不同，但始终具有知识中心和结果取向的特点，且这种特征在月城初中教师知识景观的发展中占据核心位置。这一点在专业性知识上的表现尤为明显，比如初创期教师教学理念中对训练、测评的强调，"单一"发展时期将练习视为学习重心的教学模式，发展"停滞期"对管理与应试技巧的高度关注，等等。在这种专业性知识的影响下，教师的自我认知（即身份性知识）也是工具和技术理性取向的（见图3-5）。

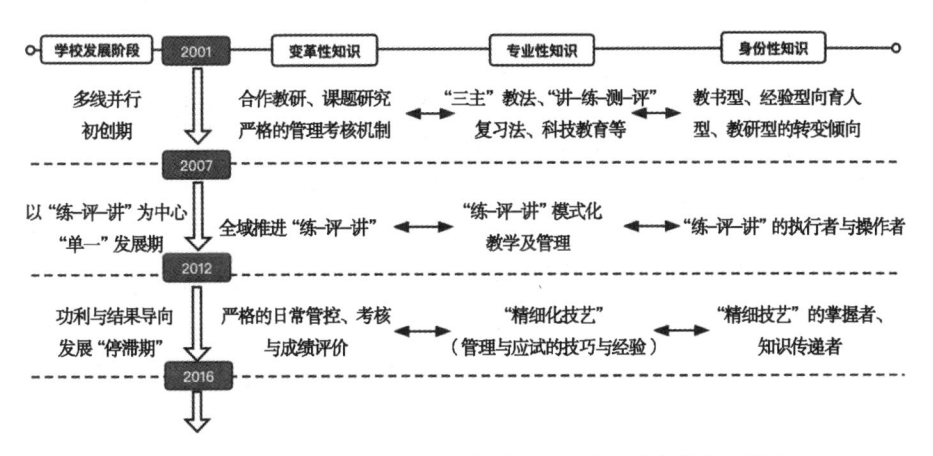

图3-5 月城初中教师知识景观在学校不同发展阶段的主要样态

2.开始变革时月城初中教师知识景观的基本样态（2017年）

如前所述，在学校发展历程中，因为缺少深度的、系统性的、具有持续性和内在一致性的变革理念和行动支持，月城初中教师知识景观的核心特质始终没能发生根本性转变，反而一直在强化传统教育教学理念与行为。在此背景下，杭校长只好转求外部专业力量（NBE研究）的帮助，期望以此突破学校发展的瓶颈。那么，在NBE变革前，月城初中教师知识景观的现实样态究竟是什么样的？接下来，我们将从生态与知识两个维度探讨变革前月城初中教师知识景观的大致样态。

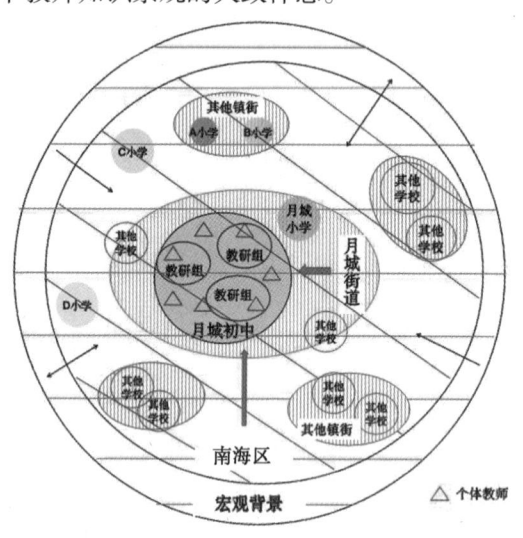

图 3-6 变革前月城初中教师知识景观在生态维度的基本样态

首先，从生态维度审视教师知识景观。我们会发现月城初中教师知识景观是一个相对封闭、单线互动的生态系统。虽然月城初中身处"国家—地区—街道—学校"的多层意义网络中，但与外部力量的互动中，月城初中一般处于被动地位。而且较之宏观背景，地方背景对月城初中影响更加显著，在互动频次和程度上都更加强烈。同一区域的其他学校，与月城初中之间的互动并不频繁，基本属于彼此竞争而非合作关系。这种生态样貌导致月城初中的教师知识景观具有一定的封闭性和强烈的地方性特征。

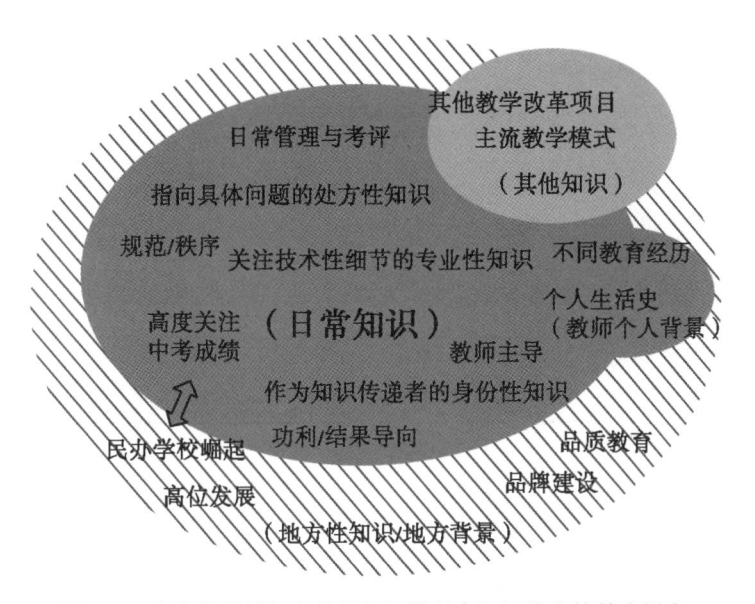

图 3-7　变革前月城初中教师知识景观在知识维度的基本样态

其次，从知识维度审视月城初中的教师知识景观。我们会发现占据教师知识景观核心位置的知识是日常知识，也就是舒茨提出的主要用以解决具体问题、与个体所处情境密切相关的一种习惯性知识。这种高度惯例化、类型化的知识是教师行为的主要参照图式，影响教师对自我身份及其专业实践的理解。也就是说，它是教师知识景观中身份性知识与专业性知识的主要内容。此时，月城初中教师知识景观的日常知识，主要受地方背景与学校日常生活中惯例活动的影响，在具体内容上表现为三个方面：与日常管理、考核评价和具体事务等相关的处方性知识，受功利与结果导向影响、高度关注知识传递与技术性细节的专业性知识，以及与之对应的教师作为知识传递者的身份性知识。

总体上，无论是生态维度还是知识维度，变革前的月城初中及其教师知识景观与 NBE 研究所设想的现代型学校的理想状态仍有不小差距。这预示月城初中即将面临的是一段相当艰巨甚至是脱胎换骨的整体变革,这种变革会给教师知识景观带来震动与冲击。那么,在变革开始后,月城初中的教师知识景观又将发生什么样的变化?其间会遭遇何种张力与冲突呢?在下一章,我们将走进NBE变革背景中的月城初中教师知识景观,来探究这一问题。

第四章　学校变革对教师知识景观的挑战

变革具有不确定性特征，然而教师面对的是具体实践情境，必须迅速做出决定，他们需要并渴望确定性。随着变革进入教师的日常生活，确定性与不确定性、变革理想与现实基础、新知识与旧知识之间的矛盾将逐渐显现。这种多维度且复杂的张力及其引发的矛盾与冲突，是本章重点关注内容。

第一节　被扰乱的学校日常生活

2017年年底，月城初中的NBE变革正式开始。在变革开始之时，南海区和月城初中需要在人员、制度、规范等外部条件上为NBE变革的实施提供制度化保障，创设促使教师知识景观理想变构的环境，让教师能够具身参与到规范化和惯例化的变革活动中。从知识维度来看，就是在教师知识景观中引入变革性知识。变革性知识的"闯入"意味着新现实替代旧现实的开始，势必会引发教师知识景观基本样态的改变，并给教师的日常生活带来一定冲突。本节主要讨论的问题是：变革性知识的"闯入"给教师日常生活带来了何种变化？这种变化背后蕴含着哪些张力？本节将分别阐述学校日常"语法"（日常知识）和变革性知识的具体内容，并揭示变革的开启给教师知识景观带来的具体影响及张力，以及教师面对张力与冲突所表现的实际状态。

一、学校生活中的日常知识

在教师知识景观中，日常惯例活动在不断的重复实践中被铸成一种模式，主体可以毫不费力对其进行复制。[①] 这些惯例活动的意义由此被嵌入教师知识中，指导教师的日常行为，让教师得以在熟悉的情境中直接行动，省去思考、判断和重新定义的时间与成本，构成教师在常规程序上的知识惯性。这种高度类型化、惯例化的知识就是舒茨所提出的"日常知识"，其中蕴含每一所学校所特有的日常运作的逻辑与规则，"有学者将这种逻辑和规则称为'学校语法'，即组织教学工作的基本结构和原则"[②]。

"学校语法"中蕴含着的隐秘的力量和因素，构成教师知识景观中规范化、常规化的知识基础。富兰曾经说过："我们应该重新思考教师究竟如何工作，否则我们不会前进。"[③] 教师日常究竟如何工作是我们思考教师知识景观变构的现实基础。接下来研究者将首先描述学校的日常"语法"，再聚焦于个别教师日常生活中的节奏与周期，综合呈现教师知识景观中日常知识的主要特征。

[①] 彼得·L. 伯格，托马斯·卢克曼. 现实的社会建构：知识社会学论纲 [M]. 吴肃然，译. 北京：北京大学出版社，2019: 70-71.

[②] Tyack, Tobin. The "grammar" of schooling: Why has it been so hard to change? [J]. American Educational Research Journal, 1994, 31（3）: 453-479.

[③] Fullan. Professional culture and educational change[J]. School Psychology Review, 1996, 25（4）: 496-500.

（一）学校日常"语法"

对学校日常语法的描述包括两部分。首先是校园内随处可见的各类规范性和评价性的文字，这是学校语法于文本上的具象表达。其次是对学校一天生活的细描，这体现学校语法在日常生活中的运作逻辑。

1. 学校语法在文本上的具象表达

在月城初中，随处可见学校日常语法于文本上的表征（如校园与楼道的宣传栏、各个班级的大门与墙壁等）。这类文本主要有两类：一类是关于教师与学生日常行为的规范与准则（规范性的文字），一般以学生守则、日常行为准则、班规等方式存在于宣传栏、楼道和教室墙壁上。另一类是根据现有教育评价体系，对各个班级和学生日常表现与成绩进行的考核评价（评价性的文字），以及各个班级内独具特色的各式与考试相关的标语与口号。

（1）事无巨细的日常行为规范

在第三章，我们能够发现，在学校发展历程中教师知识景观中的一些核心特质始终未能发生改变，其中一个重要特质就是对规范和秩序的高度关注。这种对秩序与确定性的高度追求，使得月城初中内充满能够预先决定师生行为的完整规范体系[①]。这些规范体系是学校生活得以顺利、有序开展的程序与制度保障，也构成了教师知识景观中重要的文化内容。在类别上，有国家或地区统一的师生守则，学校层面的各类规章制度，以及各个班级内部的班规，等等。随着与师生日常生活关联性的增强，规范体系在内容上越来越具体与细致。

国家或地区层面的《教师职业道德规范》与《中小学生守则》更多是从道德层面对师生言行进行理想约束，比如期望学生能够诚信守信、勤劳笃行、自强自律等；期望教师能够敬业奉献、教书育人、为人师表等。但这种

[①] 涂尔干.道德教育[M].陈光金,沈杰,朱谐汉,译.上海：上海人民出版社，2001: 5.

表达较为宽泛，且无法直接迁移至学校日常惯例活动中，因此月城初中日常生活中所遵循与贯彻执行的一般是学校和班级根据管理需要另外制定的一套规则体系。这套规则体系一般包括两个方面，一是事无巨细的日常行为规范与要求，二是与之相应的行规考核与评比制度。这套日常规范体系在内容上更为具体详细，是判断师生言行是否符合规范清晰明确的参照标准。月城初中实行年级与班级双重管理的制度，不仅以年级为单位，由各年级德育级长每日负责检查各年级班级行规，将各班级每日的评比结果即时公布在宣传栏内，而且在班级内部设定更为精细准确的班级管理规范，由教师和值日班长等负责监管。由此产生的分数被月城初中师生称为"操行分"或"德育分"，关系到班主任绩效考核以及学生班级内的一些荣誉或"特权"。下面我们以初二年级某班级为例，具体看一下这类规范性文字是如何约束和监管师生行为的。

某班墙上贴着操行分日常管理的内容与评分标准。我们可以看到，操行分主要包括卫生、纪律、作业、课堂规范、学业成绩、文体和品德七项内容，对每位学生在校时的日常行为做出了明确规定，内容十分详细，甚至规定了每周每人举手回答问题的最低次数，并有详尽的加扣分标准。在篇幅上，纪律、学业成绩和课堂规范是占比最重的部分，尤其是与学习相关的内容，不仅包含了课堂表现，还包括课后作业的完成、记笔记背书情况和成绩等。可见日常生活中月城初中对学生学习情况的高度重视。这也是教师知识景观功利与结果导向，高度重视成绩与知识传递等特征在日常语法中的具体表现。此外，我们会发现评分表中学生的"操行分"直接决定其能否自主选择心仪的座位、同桌，以及能否拥有免除作业的"特权"。这种以结果，尤其以学业成绩为主导的奖惩措施，不关注意图与价值，只关注行为是否符合规范，结果是否满足期望，体现月城初中对精细规范与确定性的高度关注，也显现了应试文化的深刻影响。

（2）关注学业成绩的结果性评价

在月城初中，我们不仅可以在规范性文字上看到学校对学业成绩的高度关注，楼道或教室也随处可见如"学习擂台榜""年级/班级名次表""成绩登记表"等围绕应试展开的结果性评价。除了结果性评价外，还有许多强调拼搏、努力、勤奋等学习品质要求的标语与口号，它们分布于校园各处，已经成为月城初中景观文化的重要内容。

这种将主体置于统一考试评价体系内进行整理、分类和编排[①]的方式，使得学生将彼此视为显性或隐性的竞争者，促使师生将成绩视为自我认知的尺度，加剧师生自我存在的工具化。

综上所述，在月城初中的日常生活中，无论是规范性文字，还是特定文化（主要是应试文化）的具象表征，都具有明确的目的性：通过对主体日常行为的详细规范与约束来确保学校生活的秩序性，从而保障师生有更为充分与稳定的环境来掌握特定知识，更好完成考试和考核的外部要求。可以看到，这指向的是功利和应试的价值，最终是为了让学校能够在现有教育评价体系中获得更好结果。在中考指挥棒的影响下，月城初中的日常语法带有根深蒂固的应试惯性，育人的目标被遮蔽，应试的价值被无限放大。受此影响，师生将规范和成绩视为评判自我和他者的重要依据，主体的自我认知呈现工具化和功利化的取向。

2. 学校语法的日常运作逻辑

此处以月城初中一个普通的周一为例，描述学校一天的日常生活：

早　晨

6点30分，天刚蒙蒙亮，广播里嘹亮的起床铃宣告月城初中新的一天。

[①] 金生鈜. 规训与教化 [M]. 北京：教育科学出版社，2004: 99-100.

学生纷纷起床洗漱、打扫卫生、去食堂吃早饭,这些事务要在7点30分前完成。7点40分,早读正式开始,所有学生都已坐在座位上,领读班长站在讲台上根据当天早读科目带领大家读单词、读课文等,负责看管早读的老师也来到了教室,他们在教室内四处走动查看早读状态。走廊上少有人影,除个别仍在打扫卫生的学生外,只剩下几个年级级长在四处巡视、观察各班级早读情况。早读时间有20分钟,没有看班任务或者忙完班级管理事务的老师,可以趁着这个空当去食堂吃早饭。8点05分,早读结束铃响起,每个班级里都有几个学生冲出来跑去洗手间,大多数学生待在位置上没动,因为5分钟后,第一节课就要开始了,他们还要抓紧时间准备。

上 课

8点10分,第一节课开始。从8点10分到11点35分,一共有四节课,每节课40分钟。下午2点到5点15分有四节课,另有5分钟的眼保健操。从课程类别上看,除每日必安排的语数英外,还有物理、政治、历史、地理、体育、信息和音乐等课程(详见表4-1)。每周一的第七节课是班会课,大多数情况下,班会课会被各科老师占用为自习课或习题课。

表4-1　月城初中某班级的课程表

	时间	星期一	星期二	星期三	星期四	星期五
早读	7:40-8:05	语文	英语	语文	英语	单周:政治 双周:历史
第一节	8:10-8:50	历史	英语	物理	数学	政治
第二节	9:00-9:40	语文	物理	语文	英语	历史
9:40-10:05 升旗或课间练					
第三节	10:05-10:45	数学	生物	地理	美术	语文
第四节	10:55-11:35	英语	政治	数学	地理	体育

（续表）

时间		星期一	星期二	星期三	星期四	星期五
		11:45–12:30 午餐　　12:30–14:00 午休				
第五节	14:00–14:40	物理	语文	体育	语文	英语
		14:40–14:45 眼保健操				
第六节	14:55–15:35	信息	数学	综合	生物	数学
第七节	15:45–16:25	班会	单周：心理 双周：数学	英语	音乐	物理
第八节	16:35–17:15	数学	物理	英语	语文	
		18:30–19:30 第一节晚修　　19:40–21:00 第二节晚修				

学生上课期间，没课的老师基本在办公室备课或批改作业。较之老教师，新教师在备课上会花更多时间。批改作业是教师每天最费精力的事务，研究者曾就学生每日作业量咨询过教研组老师，他们将办公室桌上堆积如山的作业拿来一一向研究者展示：每日默写、听力卷、阅读册、作文册、周报、周测卷……这些按理说教师每天都需要批改，但他们精力实在有限，只能选择重要的作业批改，一些不怎么重要的作业发答案让学生自己核对。最耗费时间的是每周测试，不仅需要批改还要记录学生的分数情况和易错点，在晚自习或者其他时间再逐一找学生针对性解决。

跑　操

9 点 40 分至 10 点 05 分是月城初中的大课间，除周一升旗或者举办特殊活动外，大课间多数时候是安排学生跑操（绕着操场跑步）。9 点 40 分下课铃一响，学校顿时热闹起来，后勤师傅提前将早餐包（每个学生一盒牛奶和一个面包）分发到各个班级门口，负责分发的学生赶紧将面包和牛奶放到每个学生桌子上。

刚刚讲完课的教师还站在讲台旁，身边围着几名学生，他们或者是作业未完成，或者是测试没考好，被老师单独留下来指导，其他学生则在班级门口排队。教学楼下，体育老师、教导主任等面对排队学生吹哨维持秩序，同时大声催促："快点！某某班！就你们磨磨蹭蹭！快走！"学生低着头匆匆忙忙往操场赶。

各个班级陆陆续续来到操场，都由班主任带领。主席台上几个男老师，估计是德育级长，一直用话筒大声说话，说的是方言，可能是在维持秩序。各班级到齐后，体育老师开始吹哨，指挥跑步。德育级长也在喊加油，操场上各种声音混杂，一时热闹非凡。杭校长和常副校长也在，杭校长抱臂站在操场中央看着学生一队队跑过。常副校长则在跑道上维持秩序，有几个班级经过时队形有些散乱，常副校长立刻放大声音紧跟上去，纠正队形，有几个学生落后于队伍，她也会立刻对这几个学生喊话，让他们跟上队伍。各班级班主任聚在操场边缘，一边聊天一边关注自己班级的队伍，当所带班级跑步经过时会立刻站出来纠正学生："某某，快跟上！某某某，跟旁边人对齐！"除了杭校长和几位体育老师外，操场上的老师大多是女性。有趣的是，这些女教师，尤其是有些年纪的教师，似乎很不注意自己的形象，训斥学生总是叉着腰，手舞足蹈。有一名女教师虽然穿着时尚，踩着高跟鞋，但是走向学生的样子却"威风凛凛"，手臂挥舞着，仿佛要去打架，气势汹汹。研究者跟随导师参观过全国各地不少学校，印象中的教师形象或精致温柔或严肃不苟，但都十分注意言行。但在月城初中，精致似乎不太被需要，朴实才是。

跑完两圈，教师各自带着班级队伍回去。时间还不到10点，距离上第三节课还有一小段时间，学生可以短暂休息并享用早餐包。教师也回到办公室，有的在备课，有的在批改作业，很少有人悠闲地聊天，大多数行色匆匆。

午餐午休

11点35分，随着最后一节课下课铃声响起，学生蜂拥至食堂，他们有45分钟可以吃午饭，因此要抓紧时间排队。每个班级都有固定入座区。为了防止学生打闹，不时会有老师或学生班长四处巡视。教师的食堂在学生食堂的上一层，第四节没课的教师为了避开高峰会提前过去，而第四节有课的往往要忙到12点多才能过去。教师食堂要比学生食堂小得多，不同年级或学科的教师三三两两坐在一起边吃边聊，聊天话题通常与班级学生、具体事务有关。如果正逢NBE变革活动期间，聊天内容多围绕着NBE展开。教师们吃饭速度很快，饭后大部分会去宿舍午休，有的会忙着准备下午的课程，或者处理一些班级事务。

12点30分，所有学生必须睡午觉，不时会有宿管或教官检查。午睡起床哨声响起，所有学生起床，午休结束。这几年月城初中学生扩招，宿舍床位有限，非住宿的只好趴在课桌上休息。教师床位也很紧张，为了尽可能多安排床位，一间不到10平方米的房间可能要住三四个教师，逼仄拥挤，因此很多教师宁愿在办公室桌上趴着凑合一下。

晚自习

17点15分到18点30分是晚饭时间。这是一天之中学生最快乐的时光，他们可以有集中时间休息娱乐。操场上随处可见学生三五成群地聊天，宿舍楼边的乒乓球台旁也挤满了人，充满欢声笑语。没有晚自习看班任务的教师，在办公室或教室抓紧时间处理最后事务，匆匆忙忙准备回家。需要加班或看晚自习的则赶去食堂吃晚饭。18点30分，铃声响起，校园再次安静。每个教室都坐满安安静静写作业的学生，看班的教师坐在讲台旁批改作业，会随时叫一些学生上来进行指导。晚自习是各科目教师和班主任都紧盯的

"黄金时段",他们会在这个时段找个别学生补课,或者做一做思想工作。21点,晚自习结束,学生回到宿舍洗漱打扫卫生,21点25分准时熄灯睡觉。而劳累了一天的教师也回到办公室收拾东西准备回家。此时办公室还有个别教师在加班,他们大多是年轻教师,干劲儿很足,常常忙到22点多才回家。23点,随着最后一间办公室的灯熄灭,月城初中忙碌的一天终于结束,整个校园陷入一片静谧。第二天清晨起床铃响起,一切又重新开始。

这种日复一日的学校生活呈现了深层的"学校语法"。师生在什么时间做什么事情,都有清晰的规划,学校生活像棋盘一般整齐划分、切割有序,是一种对高度确定性的追求。我们可以看到,为了保证有序性,学校在每一环节都安排了教师作为"秩序监督者",比如早读时的级长和看班教师、午休时的宿管教师、跑操时的班主任和晚自习的看班教师等。教师担任秩序监督者,也是规则和秩序的代表,其行动逻辑自然是遵循和维护惯例。"学校日常生活的'切割分块'以及'碎片化',构成了教师行动的基本生境和内在法则"[①]。接下来让我们看看具体教师在这种隐秘的学校语法中的一天生活。

(二)教师生活的周期与节奏

下面将以日志形式呈现教师林秀玲的一天学校生活。她不仅是英语教研组的骨干教师,同时是初二年级组的德育级长。

林秀玲的一天:

每天我7点左右就会来到学校,要比学生和其他老师来得早,因为我是德育级长,早一点过来便于安排一天的事务。到了学校我通常就会开始巡查,巡查不是说四处走走就可以了,要看各个班级早读的情况,有些班级纪律比

---

① 李云星.学校变革中的冲突与观念生成:一项教育人类学田野考察[D].上海:华东师范大学,2013.

较差，还有的学生早读时趴着睡觉，这都要去纠正他们，还要看看各个班级领读班长在不在，看班教师在不在，巡查的时候这些都要关注一下。8点左右，差不多巡查完一圈，趁着最后一点时间赶去食堂吃个早饭。紧接着就是上午的两节课，两节课之后的大课间，要去操场维持纪律。忙完这些事情，大约10点，我会有一段集中的时间来处理教学事务，比如备课或批改作业。我每天要花很长时间改作业，其他老师也是一样，学生多作业多，每天大把的时间都花在改作业上。

14点，我们要开级长会议，集中处理一些学校德育和日常管理层面的事务，当然还有近期要完成的街道和区教育局安排的德育工作。我们学校离教育局近，经常要承担一些对外活动，什么消防演练呀，禁毒学习呀之类的。开完会就快到16点了，我要抓紧晚自习前的一段时间找各层面老师沟通布置下来的德育事务，偶尔还要处理一些突发事件，比如学生打架啊，旷课啊，这些事情处理起来非常麻烦。

18点多，开始晚自习。晚自习我们是轮班制，一般一个月会轮到我两三次，轮到我的时候就坐在班里看着学生自习，改改作业，或者找几个临界层的学生（成绩处于优等生和中等生之间的学生）补习功课。这些学生是要单独抓的，对于提升班级平均成绩至关重要。其实就算没轮到我看晚自习，我也基本上会留到20点，一天里能够有这一整段的时间，真的很难得，要集中精力批改作业和备课，不能拖到第二天。第二天有第二天的事情。

当然，除了这些日常工作，还会有每周一次的集体教研、街道评课、偶尔的外出学习等。这些虽然会让我的生活更忙碌，但我本人很喜欢这些活动。因为我很喜欢钻研，这些活动让我有机会去思考我的教学，通过这些活动成长带来的喜悦是难以形容的。每天我回到家里，都想再看看书，提升提升自己。我对专业是有追求的，我真的很喜欢研究课堂。但白天累了一天，忙得像个连轴转的陀螺，经常是晚上一回到家就瘫倒了，实在是心有余而力不足。

什么时候我能再多一些自己的时间就好了……

  林秀玲学校生活的一天,呈现的是教师生活的周期以及与周期相随的节奏(节律)[1],这些构成了教师知识景观中最基础的一部分。日常生活的节奏与周期决定教师如何看待自己的教学,采取何种态度对待学生,如何解释自己的行为,等等。在林秀玲的一日生活中,我们能感受到教师日常生活中的压力,这种压力是即时的、具体的、非预期的和多维的,它以不同的方式影响教师,使得教师关注日常的效果或眼前利益,消耗教师的精力,限制了他们持续性反思的机会[2],导致教师产生心有余而力不足、疲于应付的心态。这种情况并非林秀玲个人或月城初中所独有。国内学者王建军曾以小时为单位对小学教师日常教学工作时间做调研,结果发现,在理论上相对于中学而言,尚无很大考试压力的小学教师,平均每天在学校事务上居然要花费11.75小时(见图4-1),最占用时间的分别是教学任务、作业批改和学生管理事务。[3]

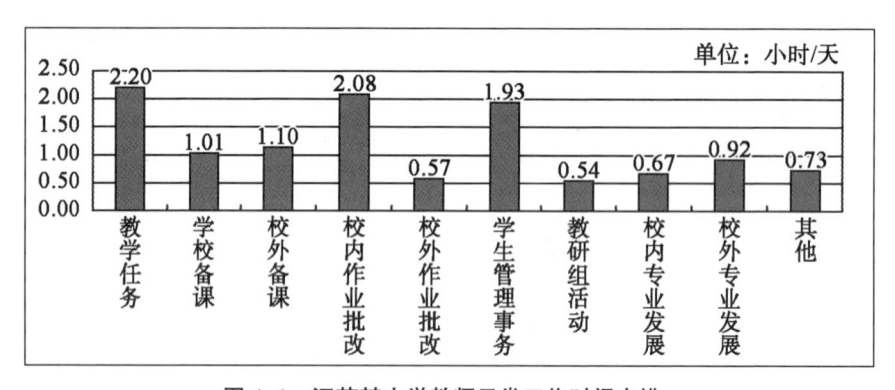

项目	小时/天
教学任务	2:20
学校备课	1.01
校外备课	1.10
校内作业批改	2.08
校外作业批改	0.57
学生管理事务	1.93
教研组活动	0.54
校内专业发展	0.67
校外专业发展	0.92
其他	0:73

图4-1 江苏某小学教师日常工作时间安排

---

[1] F.迈克尔·康内利, D.琼·柯兰迪宁, 何敏芳. 专业知识场景中的教师个人实践知识 [J]. 华东师范大学学报(教育科学版), 1996(2): 5-16.

[2] 迈克尔·富兰. 教育变革的新意义: 第4版 [M]. 武云斐, 译. 上海: 华东师范大学出版社, 2010: 19.

[3] 王建军. 学校转型中的教师发展 [M]. 北京: 教育科学出版社, 2008: 75.

综上所述，在这种日复一日、清晰规划和整齐有序的学校生活中，教师习惯了对确定性的高度追求与对秩序的绝对掌控，其行为逻辑深受日常知识影响。而从日常学校生活的节奏与周期中，可以看出教师日常专业生活琐碎、繁杂而又缺少自由支配的时间。这导致教师个体或群体缺少集中的、持续的时间对意义问题和专业问题进行理性的思考或反思。因为他们的日常生活就是由一个个琐碎的片段拼接而成的，事务之间缺少意义的联系。在这样的学校语法与节奏周期中，教师会格外关注具体的、技术性的细节，缺少从现象中反思问题，进行整体和系统理解的眼光。

那么，当一个本有体系的变革项目（比如NBE变革）进入这样的现实背景时，教师的日常节奏和周期势必会被打乱，此时月城初中的教师知识景观又将呈现何种样态呢？接下来将首先阐释变革开始之时变革性知识的具体内容，再分析这种变革性知识的"闯入"给教师知识景观带来的影响。

二、变革性知识的"闯入"

2017年年底，月城初中中高层领导，也就是学校变革主要负责人，如杭校长、常副校长等，合作撰写了《月城初中开展"新基础教育"实验研究三年规划》。目的在于使学校中的变革主体形成共同的变革目标和清晰的变革路径，其中一项重要内容是将变革理念下的行动制度化和惯例化。由此，制度化和系统化的变革性知识将成为教师知识景观中不可分割的一部分，逐渐消解知识景观内原有知识惯性的影响，实现新现实的更替。

NBE研究认为，学校变革首要的是改变师生的日常生活，只有改变学校日常生活才能真正改变师生在学校的生存方式。这种改变不是简单抛弃原有生活，这会使教师知识景观变得动荡不安，极易引起教师反抗。但一次性或偶然性改变，仿佛在平静湖面上投掷一颗石子，只会引起一片涟漪，无法实现真正意义的改变。理想方式是在日常生活中加入有节律、规范的变革活动，使变革活动与日常生活处于动态交织的发展关系中，"以日常生活为基础，改造日常生活，又通过日常生活将改革形成的新认识与新行为稳固下，而形成新的日常生活"（见图4-2）[①]。这种规律性的变革活动就是教师知识景观变构过程中的关键事件（重要节点），能够促使教师走出原有框架，反思知识惯性。

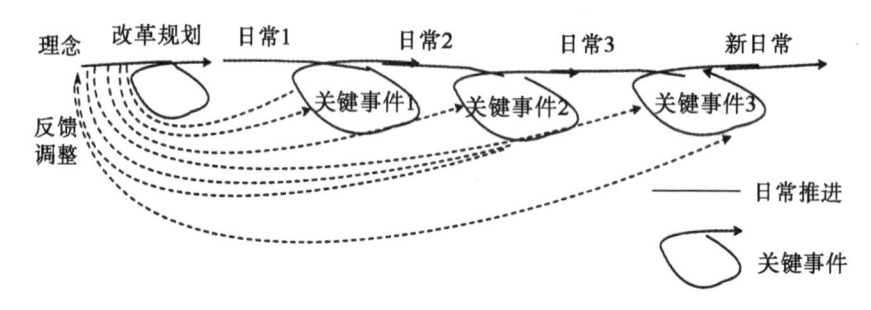

图4-2　日常生活与变革活动的动态交织发展

如图4-2所示，这种有节律、规范性的活动就是NBE研究变革性知识的体现，是促进教师自我发展的一种日常变革机制，能够帮助教师从一般性的接触转向深入的、有意义的学习。变革性知识对学校日常生活的"闯入"主要包括两个方面：一是区域层面教师知识社群的建构；二是变革活动的日常推进。

（一）区域层面教师知识社群的建构

学习型文化的构建是学校变革重要驱动力之一，能够促进变革中的教师深度学习，而学习共同体或专业学习共同体，被认为是学校变革中推进教学范式转型，生成学习型学校文化的重要手段[②]。实际上，中国在20世纪50

[①] 卜玉华. 变革力的生成：学校转型性变革的内生路径研究 [M]. 北京：教育科学出版社，2014: 111.

[②] 佐藤学. 学校改革：学习共同体的构想与实践 [M]. 于莉莉, 译. 北京：北京师范大学出版社，2020: 69.

年代前后建立教研组制度，同学科和跨学科的教师以教研组为单位共同学习，一起备课、听课与评课，研讨与分享彼此的意见，建构的就是以教研组为基本单位的学习型学校文化。当然这一学习型文化因其组织形式及制度的固定，也具有一定局限。教研组中的教师处于同一稳定现实框架内，日常交往密切，在这种群体文化氛围中很容易产生一种"集体意识"，即"对该集体不加任何评判的支持和赞同，或者打压不同意见"[①]。教师的个人知识深受"集体意识"影响，缄默的、共识性的集体知识内化于教师的个人知识中，构成教师知识景观中极为重要且不易受质疑的一部分，从而导致知识及其行为的封闭性和惯性化。

在学校变革过程中，突破原有的教研组单位，在知识沟通与分享意义上建构学习共同体，可以促使缄默的知识向显性知识转化。这是明确事物意义的过程，它使那些可以共同分享的知识变得更加明显，从而唤起教师对"什么是好的教师知识"或"哪些教师知识更有价值"的深度反思。校际共生体的建构一般要经历如下过程：先由地方教育局发起，在考虑区域均衡规划、学校变革基础和自主自愿参与等因素后，确定若干所可以参与 NBE 变革研究的学校。接着，经 NBE 研究团队多次调研后，对区域教育变革性质、各校变革基础条件等进行初步判断，并筛选出若干所首批参与学校变革项目的学校，组建为校际共生体。最后，入选学校需要在了解 NBE 变革理念基础上，诊断学校变革的现实基础，制定三年学校变革规划，促使学校全体人员初步形成变革共识。至此，校际共生体的组建基本完成。南海区校际共生体学校共有 6 所，分别来自三个镇街，除月城初中外均为小学，月城小学和月城初中同属月城街道。在校际共生体中，NBE 研究团队和区域、街

---

① 迈克尔·富兰. 变革的力量：续集[M]. 中央教育科学研究所，加拿大多伦多国际学院，组织翻译. 北京：教育科学出版社，2004：24.

道教育办公室是变革的主要推进力量,共同形成行政支持和专业指导上的合力(见图 4-3)。

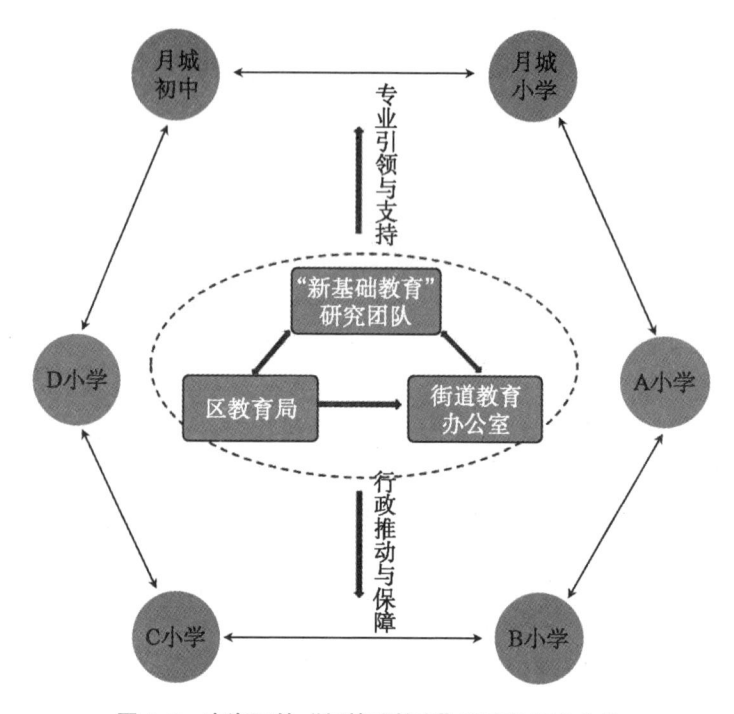

图 4-3 南海区的"新基础教育"研究校际共生体

从本质上来看,校际共生体是一个以学校整体转型变革为共同目标、以 NBE 变革理念为共同理念的多主体组成知识社群。校际共生体中的主体包括高校研究人员,区域和街道教育研究人员(教研员),共生体学校中的校长、中层领导和骨干教师等。骨干教师是学校变革的领跑者和主要力量[①]。变革初期,我们无法要求所有教师同步进入变革状态,因为变革意味着对教师现有经验或自我的部分否定和再造,会给教师知识景观带来诸多不确

---

① Yuhua Bu, Xiao Han. Promoting the development of backbone teachers through University-School Collaborative Research: The case of New Basic Education reform in China[J]. Teachers and Teaching, 2019, 25(2):200-219.

定性。

如果简单地自上而下，强制要求所有教师进行变革，容易导致教师的集体抵制，因此变革需要循序渐进。在学校初步达成变革共识后，需要根据差异将教师分成三到四个梯队，每个梯队由若干教师组成。骨干教师就是第一梯队，是变革先行者，其他梯队的教师则作为变革参与者和合作者，在变革研究中实现教师个体与群体间的互动生成。

在骨干教师的选择上，月城初中遭遇了不小困难。如前所述，该阶段月城初中教师的年龄结构偏大，专业发展需求并不强烈，且受之前"练—评—讲"改革经历影响，对学校变革普遍持消极态度。虽然杭校长和常副校长多次在教职工大会上鼓励教师："月城初中参加新基础教育，是学校脱胎换骨、整体转型的契机，全体师生有新发展，学校才有新希望，每个人都要主动积极"[①]，但响应者寥寥，大多数教师对变革仍持观望态度。出于无奈，各学科负责人只好和教师进行一对一"谈心"，在半劝说半要求下，月城初中初步确定了第一梯队的教师。英语学科的主要负责人是常副校长和薛主任，第一梯队的骨干教师则是林秀玲、葛慧、赵淑华、薛主任和曾晨。考虑到初三年级处于中考冲刺关键期，为了保证升学率的稳定性，杭校长不敢在初三年级做太大变动，因此仅鼓励初三年级组旁听参与，没有让他们参与安排。随着共生体学校、各学校负责人和骨干教师队伍确定，南海区校际共生体终于在 2017 年年底正式建立，共生体的变革活动也被提上了日程。

（二）变革活动的日常推进

校际共生体一般会以月为一个专题或主题研究的时间单位，将该月某日作为共生体学校"公开研讨课"的时间点，以此为时间节点进行"前移后续"式的教研活动。这种"前移后续"式的教研活动就是具有节律性、制度化

[①] 转引自《月城初中"新基础教育"研究三年规划》。

的变革活动，也被称为研究性变革实践。研究性变革实践在共生体学校内轮流进行，每次由共生体内一所学校的教研组授课，其他共生体学校的教师代表（主要是骨干教师）全程参与。"前移活动"即备课组或学科内的教师共同围绕公开研讨时所授课程展开的教学探究，其间可能会经历数次试教和集中研讨，通常会持续一到三周，取决于教学任务安排与实际进度。在时间节点，即公开研讨时，骨干教师面向校际共生体授课，展示学校教研组的教学研讨成果，在授课后进行学校英语教研组、其他学科的代表教师、校际共生体的骨干教师、NBE研究团队的指导专家、区教研员等多主体参与的集体研讨。活动结束后，教师或重建教学，或反思教学实践的不足，这类活动通常为"后续活动"，其价值在于让教师能够在汲取各类主体的意见与建议后，反思自身不足，在实践上深化和进一步验证各种建议的实际效果。[①]（见图4-4）

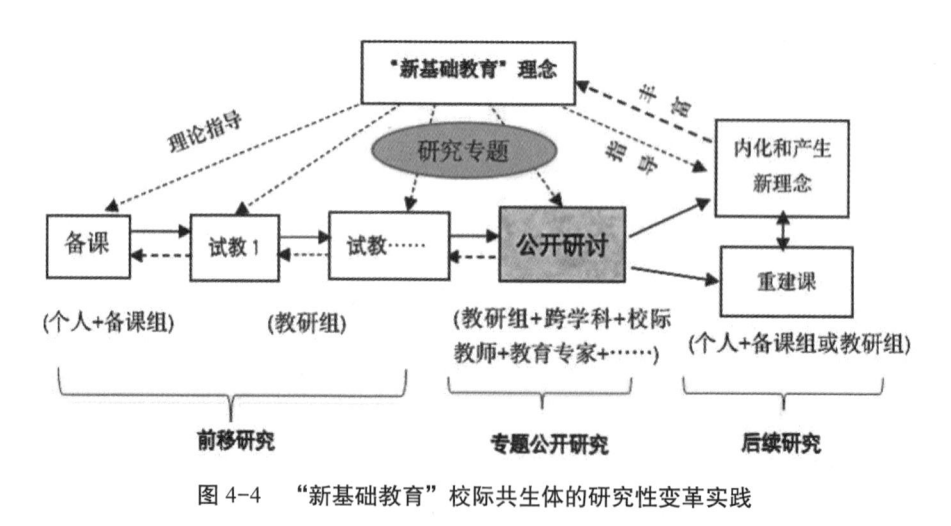

图4-4 "新基础教育"校际共生体的研究性变革实践

---

① 卜玉华. 有效课例研究的基本特征及其认识论原理：兼析中国教学研究特色形成的问题[J]. 教育学报，2019（5）：35-44.

总体上，校际共生体的研究性变革实践活动对教师知识景观的变构具有如下重要意义：

第一，以明确的教育理念作为行动参照系，为教师知识景观的变构明晰了方向。"一个组织所拥有的知识财富不是一池静水，而是活水源头，即新的思想或观点犹如涓涓溪流不断汇入其中，构成一个永远涌动和更新的知识源泉。"[1] 研究性变革实践活动强调"理论先行"，这有助于教师在变革过程中清晰把握方向，对"在什么意义上追求好的教学课"形成一定判断力。这种判断力也被 NBE 研究团队的专家称为"专业眼光"，是教师在备课、上课、观课与评课各环节行动的方向与价值参照，像一盏明灯引导教师对惯性知识进行反思和自我突破。

第二，依据学期教学节奏有节律安排教研"时间节点"，为教师知识景观变构提供了时间和制度上的持续性和可行性。学校教育生活是有目的、有计划、有组织的生活，呈现一定节律性。教师知识与其学校生活的节奏和与之相随的节律相关联。[2] 基于时间节点的"前移后续"式教学研究，于规律化的节奏中逐渐影响教师的日常实践，教师将在这种循环持续的教研生活中实现知识转变。

第三，在研究内容上采用专题推进方式，为教师知识景观的变构提供了内容上的连贯性和深度。所谓专题研究，"就是把教材中相关内容的教学以专题的方式进行集中，探讨相关知识之间的内在关联与结构教学……可以帮助教师发现这些看似不相关其实却有着非常密切的内在结构关系"[3]。专题

---

[1] 迈克尔·富兰. 变革的力量：续集 [M]. 中央教育科学研究所，加拿大多伦多国际学院，组织翻译. 北京：教育科学出版社，2004: 25.

[2] F. 迈克尔·康内利，D. 琼·柯兰迪宁，何敏芳. 专业知识场景中的教师个人实践知识 [J]. 华东师范大学学报（教育科学版），1996（2）: 5-16.

[3] 张向众，叶澜. "新基础教育"研究手册 [M]. 福州：福建教育出版社，2015: 207.

能够促使教师充分认识知识的前后衔接与转承，使其在专业性知识层面取得集中突破。

变革活动对日常生活的改造是渐进而缓慢的，这种集中突破能够很好地弥补变革活动在时间跨度上的不足。

第四，多类型主体参与的教研充分促进了知识的转化与共享。如前所述，研究性变革实践活动的参与主体包括教师、大学研究人员、地方专业人员、校际共生体的教师等，多主体的参与有助于引入新视野，避免同组教师视野同质化现象产生。校内不同梯队教师的参与也很重要，一方面骨干教师能够更好地体现教学意图，有利于更有成效地实现理想教学研究，他们的成长可以为其他梯队提供示范；另一方面，教师在一段时间内的持续交流和沟通，可以启发彼此，同时增强了备课组和教研组作为教师知识社群的凝聚力，有利于合作型教研文化的形成，也有助于激发教师自我改造的意愿，在变革研究中实现教师个体与群体间的互动生成（见图4-5）。

I:个体教师
B:骨干教师
G:教研组
R:地方教研员或高校研究人员

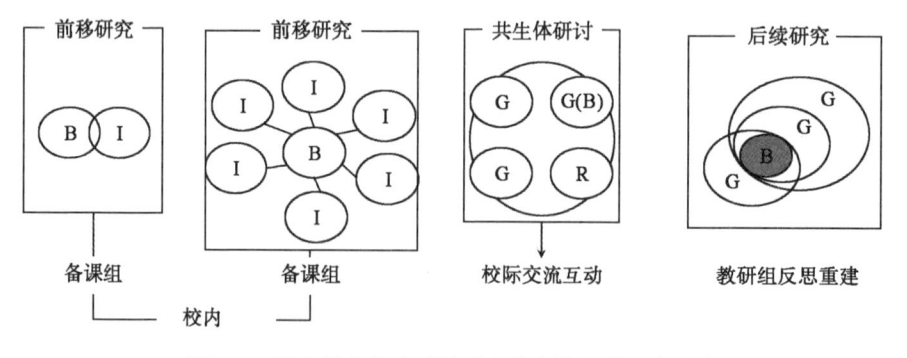

图 4-5　研究性变革实践活动中多主体间的互动生成

第二节　被重构的教师专业生活

2017年12月,在校际共生体成立后,出于充分了解各个学校的具体情况和让教师尽快进入变革情境的目的,NBE研究团队分别到6所共生体学校观看了语、数、英等学科骨干教师的课堂教学。月城初中的教学研讨活动,其他共生体学校并未参与,只有区教育局蓝主任和教研员全程陪同。英语组授课的教师是葛慧和林秀玲。观课后,NBE团队英语学科负责人蒲教授指出了月城初中英语课堂中存在的诸多问题,比如重心太高,只关注知识点,而不关注课堂上学生的真实情况,教学过于碎片化等。蒲教授如此直接而"不留情面"的点评,让月城初中的教师感觉到了压力,也意识到这次的变革"与以往那种只是洒洒水或者雷声大雨点小的变革不同,原来这次是要动真格的"。此次研讨课的授课教师林秀玲在个人反思日志中写道:

"这节课在蒲教授来听课之前我们上了两次,只是备课的出发点都在怎样完成听力和说的任务上面,较多是从怎样方便老师上课这方面出发,对教材也没有深挖,特别是没有从学生的认知角度出发去深层次地备课。蒲教授的点评很犀利,但也让我收获很多,让我意识到我们原来的备课方向是错误的。"[1]

可见,NBE研究人员对月城初中课堂教学一针见血的点评给教师带来了很大冲击,使得他们对自己习以为常的日常教学进行了反思。在日复一

---

[1] 源自林秀玲的教学反思日志(2017年12月)。

日的教师专业生活中,教师形成了自己固有的个人哲学和实践原则[①]。前者是教师思考自身的方式,可理解为教师知识景观的身份性知识;后者是教师教学意图的表达,可理解为教师知识景观的专业性知识。对这两类知识的反思与重构是教师知识景观变构中的重要内容。在共生体研讨活动中,除了蒲教授这类高校研究人员外,其他主体也担任重要他人的角色,如教研员和共生体教师等,共同促使教师对专业性知识进行反思,并重新理解自己在教师知识景观中所处位置及责任。

下面我们将视线聚焦于2018年月城初中英语教研组的一次校际共生体研讨活动,以该过程性事件为例,阐述月城初中教师知识景观中存在的知识惯性,以及高校研究人员在变革初期是如何发挥自己重要他人的作用,教师是如何在知识社群中通过言说、对话等方式进行知识表征和意义互动,从而实现身份性知识层面的意义重释和专业性知识层面的视域转变的。

一、教师知识的"惯性"

2018年3月,月城初中的教师迎来了第一次面向校际共生体的公开研讨活动,研讨课的授课教师是赵淑华和林秀玲。基于2017年年底蒲教授对课堂教学提出的问题及建议,教研组将备课重心放在了如何体现学生立场上。他们花了很多时间阅读与NBE研究相关的理论书籍,并尝试用"新基础的理念"[②]进行教学设计。经历了长时间的"备课—试教—研讨—再试教"的集体教研过程,赵淑华和林秀玲的研讨课可以说是教研组集体知识与智慧的表征。

[①] Connelly, Clandinin, He M. F. Teachers' personal practical knowledge on the professional knowledge landscape[J]. Teaching and Teacher Education, 1997, 13(7): 665-674.

[②] 南海区的教师在访谈时,习惯于将"新基础教育"研究团队基于学校变革提出的教育理念体系称为"新基础理念",用以区分传统教育理念和其他变革思想。

让我们一起进入赵淑华的听说课现场，通过对这节课教学思路和重要教学片段的呈现与分析，洞察课堂教学实践中教师知识所表现的惯性特征。

（一）教学设计的主线：PWP模式

南海区初中英语统一采用外研社的教材。从结构上看，教材以不同主题的模块（module）为基本单位，每年级所学模块数不尽相同。但每模块都分为三个单元：第一单元为 listening and vocabulary 和 pronunciation and speaking，以听说为主，兼顾读写，并包括了词汇和语法学习；第二单元为 reading and vocabulary 和 writing，以培养学生阅读和写作能力为主，兼顾听说并包括词汇、语法学习；第三单元为 language practice 和 module task，主要是语用和复习巩固，同时增加了对国际文化的一些补充介绍。此次赵淑华上的是七年级下学期 Module 3 "Making Plans" 的 Unit 1，是一节听说课。该模块的教学主题为 Planes and Arrangements，语法结构是 "be going to + verb" 和 wh-questions and answers。

教研组教师在教学过程中重点关注了三点：教学流程（procedures）、教学活动（teaching and learning activities）和教学目的（purpose）。在教学过程上有三个主要环节：pre-listening（学习前）、while-listening（学习中）和 post-listening（学习后）。

主要教学过程设计如下：

Procedures	Teaching and leaning activities	Purposes
pre-listening	师生："What do you usually do at the weekend?"的回答 生生：小组讨论，完成学案 师生：选择部分学案进行展示	复习旧知
	师生："What are you going to do at the weekend?"的回答和句型归纳	引出新知
while-listening	师生：核对文本短语（第一次听） 师生："What kind of weedend are they going to have?"（第二次听） 师生：齐读听力文本，完成教材上四个问题；再分角色朗读（第三次听）	通过听力学习文本
post-listening	生：完成 weedend plans 写作 师生：选择个别学生进行汇报	运用和巩固

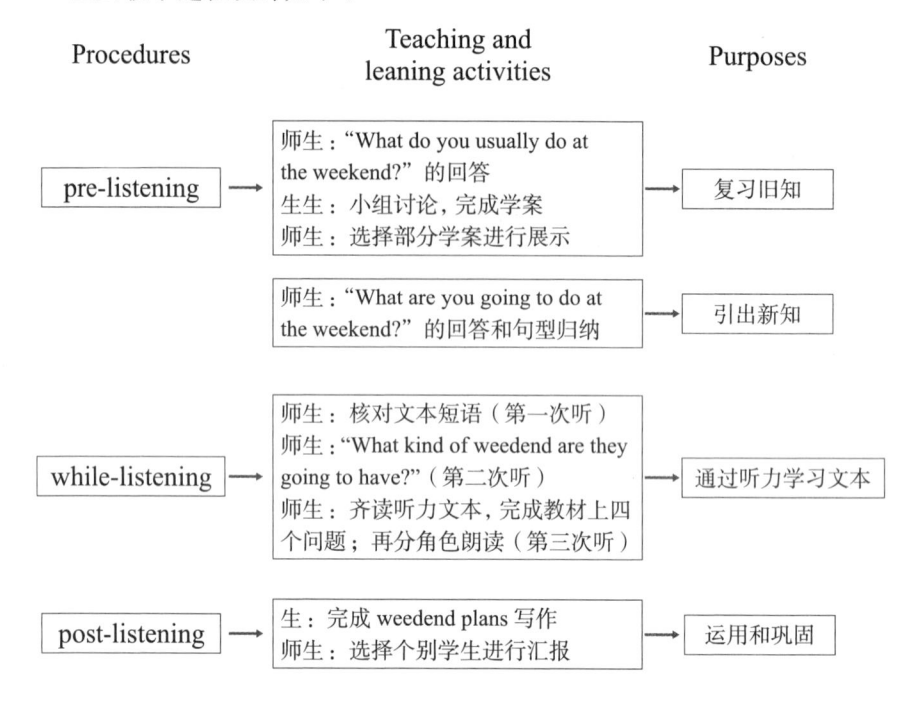

图 4-6　赵淑华听说课的主要教学过程

在教学设计思路上，可以看到赵淑华的听说课有一条非常清晰的教学主线：pre-listening — while-listening — post-listening，这种模式即 PWP 教学，也被称为三段式教学。在中学英语课堂上，尤其是阅读课中最为常见。PWP 教学关注学生的学习过程，认为语言学习应该经历 pre-learning、while-learning 和 post-learning 三个阶段。学习前是为新的语言学习做准备，可能包括导入、复习、激活等活动。学习中是学习新语言的阶段，也就是课堂教学中的核心推进环节。学习后指新语言的运用及评价阶段，"这一阶段应该是课堂之外的运用活动阶段，因为课堂内的活动本质上都属于学习阶段的活动,即使是课堂内的运用活动也是促进学习的运用活动"[①]。但教师在实际教学时习惯于将"post-"设计为课堂上的语言运用与评估阶段。21世纪初新课改后,PWP模式被广泛运用于一线教学中,也有不少教师将之与任务型教学整合为 pre-task—while-task—post-task 的课堂任务链。本质上,PWP模式立足于学习者的学习过程本身,是一种建构的学习观,将课堂教学的重心从"知识传递"转向"自主学习"。在 PWP 教学模式中,教师是学习促进者,帮助学生利用自己原有的知识、经验主动建构新的知识。

但就本节课的具体设计而言,我们会发现三个阶段彼此割裂,无法形成一个基于学生学习的、完整而有序的教学逻辑。每一阶段内的教学活动也是碎片化的推进方式,无法相互关联。比如在 pre-listening 阶段,从 what do you usually do at the weekend（旧知）直接跳跃到 what are you going to do at the weekend（新知）,缺少具体语境的支撑,旧知与新知之间无法相互关联；在 while-listening 阶段,三次听力的指向的目标是核心短语和文本的识记,"听"成为知识识记的工具。可见在教学思路上,虽然教研组认可 PWP 模式背后的教学观,并判断出这种教学观与"新基础的理念"是一致的,但受其知识惯性的影响,落实到具体设计上仍旧体现知识中心和结果取向的特征。

接下来,让我们将视线转向与教学主线相对应的具体教学活动中,看看教师的具体实践是否也出现了类似特征。

（二）课堂的主要推进方式：师生问答式互动

在具体教学实践中,从教学设计上来看,师生问答式互动是主要课堂推进方式。赵淑华告诉研究者,这种师生问答式互动于他们而言是一种教学

[①] 鲁子问. 专题二新课程理念的高中英语课堂教学过程[J/OL]（2008-07-11）. https://wenku.baidu.com/view/b3b20f8a58cfa1c7aa00b52acfc789eb162d9ea3.html.

方式上的突破，在他们以往的课堂中其实并不常见。"以前那种上课的模式，跟学生的互动更少，总是老师在讲学生在听，我在课堂上就很少去问"。在阅读了理论书籍和观摩相关课例后，教研组发现这种传统的、以教师为中心的知识传递式教学方式不符合"新基础的理念"。为了能够体现蒲教授所说的学生立场，他们特意增加了许多师生问答互动："不是让我们把课堂还给学生嘛，所以我们就套用新基础的上课步骤，加了很多（师生问答）。其实我们还是不懂该设计怎样的问题或者活动，才能让课堂真的实现新基础说的那种重心下移啊什么的。"下面我们可以通过几个课堂上的具体片段来看看赵淑华是如何进行师生问答互动的。

教学片段 1

课堂开始，赵淑华首先向学生展示了一张带有 indoor activities 和 outdoor activities 表格的 PPT，她解释了一下这两个词组分别是"户外活动"和"户内活动"，接着她开始问学生"What do you usually do at the weekend?"的问题，目的是带着学生复习一般现在时语境下 do sth 的表达。

赵淑华："So, what do you usually do at the weekend? A?"

学生 A（慢慢站起来）："I usually do…emm…paly computer games."

赵淑华（走近学生）："OK, you usually paly computer games. Playing computer games is an—（拉长声调）"

赵淑华等了几秒钟，学生并没有领会她的意思，没有接话，她笑着自己接了下去："It is an indoor activity, right?"

学生点头，赵淑华示意学生坐下。

赵淑华接着叫第二名学生："B. What do you usually do at the weekend?"

学生 B："I ride the bicycle."

赵淑华："You usually ride the bicycle. It's an—"

赵淑华指向 PPT，示意学生对词组进行分类。

学生 B（犹豫）："It's an… outdoor activity?"

赵淑华点点头："Right."

可以看到，赵淑华与学生最基本的问答互动方式是"教师提问—学生回答—教师反馈"。这是一种典型的"I（Initiation）-R（Response）-F（Feedback）"话语结构，其核心特征是教师处于明显的主导地位，因为话语的发起和结束都取决于教师，学生的任务是单向回应。虽然这种话语结构常常被认为是一种传统的、教师支配的互动表征，并非真正的对话过程①，但假如教师在过程中尝试使用开放式问题提问、延伸式的反馈提升，也可以有效减少该话语结构的封闭性。可以说，教师设计 IRF 环节的意图、提问及反馈的方式决定了师生互动的质量。②但就上述教学片段来看，赵淑华对于学生的回答，一般采用重复或肯定的方式进行反馈，这是一种累积式的对话方式，通过阐述和重复实现知识的再现。因为对话的主体是教师与个别学生，其他学生并未参与其中，我们很难确认在知识共享层面其他学生是否也"在场"，因此这种互动方式显然具有一定封闭性。

除了重复和确认外，赵淑华也经常使用追问和引导的方式来进行反馈，例如以下教学片段。

教学片段2

在复习完 do sth 的表达后，赵淑华以自己为例使用目标句型造句："I am going to see the movie with my family next weekend."接着，她问学生："What are you going to do at the weekend?"随即点了几位学生来回答。

女生 C："I am going to ride the bicycle with my family."

---

① 佐藤学.学习的快乐：走向对话[M].钟启泉，译.北京：教育科学出版社，2004：43.
② 卜玉华，齐姗.学生思维发展与英语教学对话结构的改进：话语互动的视角[J].教育科学研究，2019（11）：64-69.

赵淑华："Great. What about D?"

女生 D 站起来正准备回答，赵淑华制止了她："Now listen to me. What is C going to do at the weekend?" 她指向 C。

女生 D："Em…She rides the bicycle with her family."

赵淑华（没有纠正时态错误，继续叫第三位学生，男生 E）："Good. What about E? What are you going to do at the weekend?"

在该男生回答后，赵淑华问下一位学生："What is he going to do at the weekend?" 通过这种方式，她将 "be going to do" 句型中所有人称的问与答都示范了一遍。

最后，赵淑华询问学生："So how to ask about the future plans? What—（拉长语调）"

学生们接："… are you going to do at the weekend?"

赵淑华（一边将问句写在黑板上一边问）："How to answer?"

学生："I am going to…"（赵淑华也写在黑板上）

赵淑华指着一名女生问学生："If I ask her, what is—" 学生们答："…she going to do at the weekend?" 赵淑华又指向一名男生，学生们答："What is he going to do at the weekend?"

通过这种一问一答，赵淑华依次将第三人称单数和复数的问答句都写在了黑板上。全部写完后，赵淑华带领学生将核心句型大声朗读了一遍，最后她总结："Boys and girls. We can use 'be going to do' to talk about the future plans. Are you clear? Are you understand?" 几名学生应声道："Yes!"

这一段教学的意图是引出新知，并在问答中让学生理解核心句型的运用。可以看到，这段师生互动中，教师的主导地位愈加明显，教师在学生回答后没有进行重复或确认的反馈，而是通过引导性的追问让学生继续进行知识归纳。在 IRF 话语结构中，适当的追问可以有效促进逻辑推理、探究与反思①，但很明显，赵淑华的追问指向既定知识，反而加强了师生对话的封闭性，限制了学生思考的空间。同样，因为对话发生在教师与个别学生之间，群体层面的知识共享目的是否达成仍旧无法判断（见图4-7）。

图4-7　赵淑华在黑板上板书核心句型

根据上述教学片段，我们可以发现，虽然通过理论书籍阅读和在蒲教授的建议下，教师开始对以往教学方式进行反思，并尝试将反思转化为实践，在课堂上勇敢"套用"新基础的教学互动方式，但教学的现实告诉我们，改变没有那么容易。我们仍能感受到以往教学理念和模式（如知识中心、结果取向、封闭化等）对教师教学行为的深刻影响。教研组对新知识（新基础的理念）的理解仍停留于工具和技术性使用层面，而没有触及其教育性价值。

这种理想和现实的差异，说明仅仅依靠模仿、借鉴或改变个别教学行为的方式，无法动摇课堂教学的根本特质。因为教研组基于原有的知识景观上理解NBE理念，在为相关教学行为补充具体细节时，原知识框架仍旧是最

---

① 内尔·诺丁斯. 培养有道德的人：从品格教育到关怀伦理[M]. 汪菊，译. 北京：教育科学出版社，2017: 137.

主要的意义来源。这是一种难以言明的隐性知识（缄默知识），无法以正规的形式传递，教师不能轻松表达或完全理解，甚至可能没有意识到它正在被应用。一方面，它带有地方性或背景性知识（context-dependent knowledge）的色彩，受到历史、文化和社会背景、共同社会关系网络等显性结构的影响，在言语符号上呈现一种"你知，我知"的背景知会式表达（context-informative express）；另一方面，它表现为一种个人实践性知识（personal practical knowledge），教师所具备的专业知识，对自我的探索和与之相关的具身性行为，具体行动以及所表现的信念、激情等，都是教师个人实践知识的一部分。这些知识并不是一种真理性质的知识，而是一种经验性的、有价值取向的、有目的的和面向实践的知识，具有暂时性和可变性，而不是固定、客观和不变的。[①]可见，教师"知道的远比能够说出的多得多"[②]。仅仅靠教研组集体教研来完全突破原有知识框架是困难的，要实现更深层次的转变，必须跳出这种固定的、带有一定封闭性的教研模式。

校际共生体所建构的合作教研文化更有助于教师知识景观的变构，其中的说课和评课环节为教师提供了公开言说和与多主体对话的机会。正如哈贝马斯所言，人类在对话和论辩中确认各自观点及其判断标准的合理性[③]，从而实现缄默知识的外显化和对知识惯性的反思。下面让我们进入校际共生体的集体教研现场，来看看月城初中的教师如何在这种合作教研氛围中，在高校研究者的引导、示范与诠释下，对知识惯性进行反思。

---

① Clandinin, Connelly. Teachers' professional knowledge landscapes[M]. New York: Teachers College Press, 1995.
② 刘永凤. 教师个人知识的内涵、构成与发展 [J]. 教育研究，2017（6）：101-106.
③ 尤尔根·哈贝马斯. 交往行为理论：行为合理性与社会合理化：第1卷[M]. 曹卫东，译. 上海：上海人民出版社，2004.

二、研究者的"对话式"介入

评课现场在月城初中的二楼会议室,这是学校召开各种重要会议的场所,NBE 相关的活动基本在这个会议室举行。会议室风格简朴,空间虽不大,但利用率很高。房间正中央是一个足以容下 20 余个座位的长圆桌,两边靠墙的位置另放了长桌长椅,整个会议室可以容纳 50 余人。座位安排上,蓝主任、蒲教授和章老师的位置在长圆桌的一头。在变革项目刚开始的第一学期,为表重视,蓝主任和杭校长基本会参与校际共生体的观课评课,后来因为事务繁忙,且两人均不是英语学科出身,出现频率就渐渐少了。长圆桌两边坐着上课教师、两位校长、教研组其他的主要成员和另外 5 所学校准备发言的教师代表,其他老师则三五成群地坐在靠墙的两个长桌旁。需要说明的是,座位图中研究者没有标注月城街道教育办公室费主任的位置,因为费主任并不常出现在 NBE 变革活动中。在变革开始的第一学期,研究者只见过费主任两三次,后来就"难见其面"。据他说,是因为"街道里的事情太多,实在抽不开身"。费主任参与研讨活动时,座位一般会在杭校长或常副校长旁边(见图 4-8)。

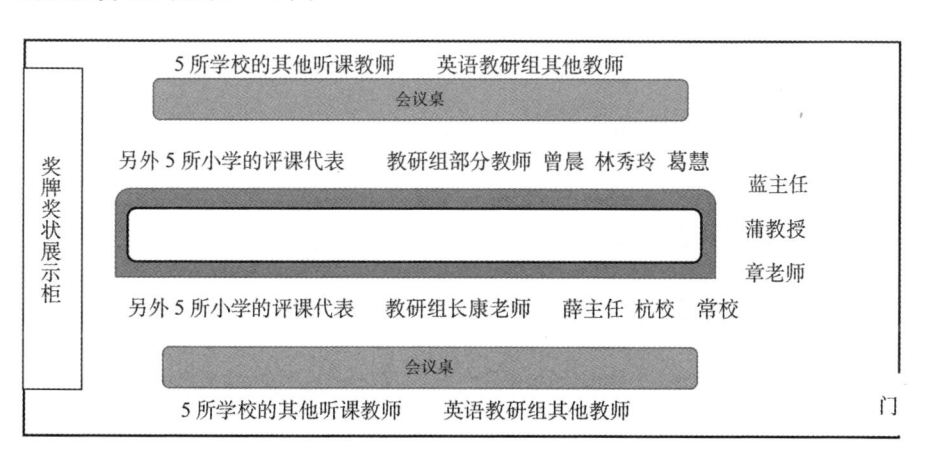

图 4-8 月城初中二楼会议室的布局及教研现场的座位安排

如前所述,校际共生体的教研活动致力于更替原有结构中的惯有教研模式,建构的是一个基于教师知识分享与沟通层面的新知识社群。原有惯习和角色在新结构中需要进行意义的再诠释。作为专业权威的代表,高校研究人员和教研员在意义再诠释的过程中起到了重要呈现和确认作用。身份性知识的重释是帮助教师重新认识自我的过程,教师对"我是谁"的反思,基于"我处于何种位置""我要做什么"等问题的确认。因此,在研讨一开始,蒲教授就尝试通过直接阐释来帮助教师理解这两个问题:

"大家知不知道我们为什么要进行这种研讨?通过这种研讨,我们逐渐会形成一个专业的眼光,学会看课和评课,这会指导你自己的教学实践。因为所有的教学行为都和你的专业'眼光'有关,和你的理念有关,理念就是拐杖,是隐形的,但也是有形的。在座的各位,你们是种子教师,种子教师的任务很艰巨,不仅是教学实践的示范者、引领者、指导者,而且将来也是团队的带头人。你不仅自己会上课,而且还要理解、指导他们上课。

以后大家要知道我们的规则,第一条就是每所学校至少骨干教师必须全程跟进,执教教师不能等我们来了再去试教,这样会丢失现场学习的机会。第二条,评课的过程中,我们教师要有参与,要有责任,要有分工,不能说我就在下面坐着,想听就听想做什么就做什么。现在我们6所学校就是一个学习共同体和知识共同体,要发挥集体的智慧。"

第一段发言意在让骨干教师认识到自己在学校变革中所担任的"先行者"身份,这种身份的重要性及其责任既体现在知识维度(个人知识的更新),又体现在情感维度(促进教育改进的集体责任感)。个体对身份的认同需要体现于言行一致中,因此蒲教授在第二段发言中表述了骨干教师应该遵循的两条"规则",也就是新的知识社群内教师需要遵循的规范和准则。两项规则都强调了骨干教师的"在场"。第一个规则是身体的在场,第二个则是心智的在场,因为学习是一种"嵌入身体和环境的活动,具备身心一体、心智统一的特征"①。

除了对身份及其责任进行直接阐释外,对称呼的强调,也是帮助个体认识自己在知识景观中所处位置及所扮演角色的重要方式。在研讨中,月城初中一位教师称呼蒲教授为蒲院长,蒲教授立刻更正:"请大家以后不要喊我院长,我就是老师,叫我蒲老师就可以,我们都使用专业称呼。"蒲教授对专业称呼的强调,是希望教师能够意识到自己的专业身份,在知识社群中成为平等的对话者和学习者。但教师们最终还是没有使用"老师"的称呼,而是将"院长"改为了"教授",显然他们无法忽视蒲教授在专业上的权威地位。教师们这种对专业权威的信任,可以使高校研究人员在知识景观的变构过程中具有绝对话语权,能够更好发挥重要他者的作用。

身份性知识的重释不仅包括对角色、责任和称呼等的再诠释,还包括交谈工具的使用,也就是知识景观中话语体系的更新。语言是建构个体身份、社会关系以及人们对世界理解的一个重要工具,在发言与对话中使用特定的话语体系,有助于身份的建构和知识的形成。②如前所述,教师因其知识的缄默性与背景的知会性,在言语符号上呈现一种"你知我知"的地方性/情境化表达。这种言语符号专属于同一脉络背景下的教师群体,某种程度上湮没了教师知识的延展性与更多发展可能性。NBE变革有自成体系的理论知识及其话语,变革初期,教师需要首先要学会使用更为抽象和正式,指向更为宏观的、一般性的社会文化背景中问题的言语符号,这是教师知识重构的基础。因此在初入变革时,高校研究人员通常会用正面示范的方式让教师尽快掌握新的交谈工具。

下面是研讨现场蒲教授与赵淑华之间的一段对话,从中我们可以看到这

---

① 李昱蓉.具身学习:立足学科核心素养的学习方式[J].当代教育科学,2017(9):7-10.
② 项蕴华.身份建构研究综述[J].社会科学研究,2009(5):188-192.

种专业话语使用的正面示范是如何发生的。

研讨的第一环节是执教教师说课。所谓说课，就是教师向其他教师解释自己教学希望实现的目标、教学思路、教学心得、教学中的遗憾，以及教学重建的思路等。这次研讨活动同样从这里开始，但赵淑华说课时并没有使用这种说课思路，而是直接解释自己的教学过程。

赵淑华："我首先通过问他们周末做什么。这个开放式问题，让学生去回应，那么我设计的 indoor 和 outdoor activities 表格呢，是想让学生去归类，让他们知道回答的时候可以从这两个方面来说，然后……"

蒲教授打断了赵淑华，告诉她不能先就环节谈环节，而需要将教学活动与目标结合在一起。她让赵淑华试着谈一谈自己设计这一环节的意图。

赵淑华："嗯……主要是为了后面，做一个铺垫，后面最后一个环节他们会说小组的周末计划是什么，那这个设计的话，能够给他们提供一些……一些……"赵淑华似乎有些迟疑，不知该如何说下去。

蒲教授（提示）："在语言意义上，你铺垫了什么？"

赵淑华（犹豫）："嗯……铺垫了一些活动？"

蒲教授（继续提示）："还不是学科语言的表达方式。你要在核心目标关联的意义上来讲，你这节课语言学习的核心目标是一般将来时的表达，那为什么开始的提问是一般现在时？"

赵淑华："因为他们之前学过现在时，有基础。"

蒲教授："什么基础？"

面对蒲教授的追问，赵淑华没有说话，她并不是很明白蒲教授所说的学科语言的表达方式是什么。当发现赵淑华不能很好地领会自己的意思时，蒲教授直接向教师做了示范。

蒲教授："我来帮你说，我看得出你的意图，但你自己解释不清楚。这是在激活相关的语言表达，为后面一般将来时的丰富表达奠定语言基础。

你是语言课，不是活动课，所以说课时要关联语言学习的核心目标。我们老师以后要学会用专业语言来说课来思考，而且要从关联的意义上讲，不能光说环节，而是要说意图：为什么这么设计？前后关联是什么？跟核心目标之间是什么关系？"

赵淑华点点头，她看起来仍旧似懂非懂，但在接下来的说课中，她开始学着用这种方式来表达。在后续研讨中，其他教师也开始尝试使用"新基础教育"的术语来阐释自己的观点。

在月城初中以往的说课中，教师比较关注具体活动、技术性细节和流程，因此赵淑华习惯性地开始解释自己的教学过程和具体活动。但蒲教授希望教师去关注理念，学会运用专业话语进行抽象化、概念化的正式表达。专业话语中的术语一部分来自语言学理论，另一部分来自 NBE 理论，是教师知识景观变构中重要的概念条件[1]。专业语言的使用，一方面为缄默知识的显性化提供了理性表达路径，另一方面重构了教师知识景观的话语体系。随着新的表达习惯的养成，教师之间所共享的原有地方化语意背景的作用将逐渐减弱。[2] 这也是促进教师形成专业"眼光"的重要方式。作为专业权威人物，高校研究人员是引导教师熟悉这一概念条件的重要他人，因此蒲教授去不断追问去引导教师表达行为背后的意图。但在变革初期，教师知识仍深受原有框架影响，赵淑华显然无法清晰表述，蒲教授只好通过正面示范来促使教师理解专业话语的表达方式。

随着教师知识更新，对新交谈工具掌握熟练程度的加深，专业权威人物会更多地将言说和表达的机会交给教师。因为只有在教师言说和对话中，

---

[1] 彼得·伯格，托马斯·卢克曼.现实的社会建构：知识社会学论纲[M].吴肃然，译.北京：北京大学出版社，2019: 191.
[2] 巴兹尔·伯恩斯坦.教育、符号控制与认同[M].王小凤，等译.北京：中国人民大学出版社，2016.

才能够实现缄默知识的外显化和对知识惯性的反思。

三、重新审视教师身份和转变专业"眼光"

在研讨的第二环节，教研组要集中表述备课过程中的困惑与难题，并通过研讨课进行反思。然后教师开始评课，最后教研组对教师的评课进行回应。在这种教师对话过程中，尤其在遇到观念冲突时，教师的缄默知识（主动或者被迫对课堂行为和语言的细节进行说明、辩护）就会显现。交流、矛盾、妥协、反思，再到最后意见一致的过程，就是教师重建个人知识和自我更新的过程。

对话中教师的关注焦点，就是其专业性知识的外在表征。接下来我们通过评课过程中的一段对话，来看看教师在关注些什么。

说课结束后，蒲教授请教研组的教师们谈一谈备课过程中遭遇的困惑和难题，教师们一共说了四点：

"第一个是 be going to 核心句型的引出。在磨课时，我们觉得直接让学生去归纳核心句型比较突兀，应该让学生进行更加充分的操练。第二个是生词的处理。第三个是如何让课堂处理得连贯和紧凑一点。最后是课堂的容量，如果把重心全放给学生，让他们去生成一点东西的话，会很花费时间，后面的步骤就会没有时间完成。"

在教研组教师说完备课中的困惑后，蒲教授请共生体的教师尝试回应。

共生体的一位老师："我觉得生词的话，我们可以发挥一下小组合作的力量，因为我觉得每一小组的学生，他们是有不同层次的……每个小组要有明确的分工，然后就可以解决（词汇教学问题），不要全部都是我们老师去讲，每一样都是老师教，我觉得一堂课没有办法教这么多东西。有些东西要重心下移，要下放给学生……"

赵淑华（举手打断）："我想插一下。我们的困惑不是不知道怎么去教，而是说你要保持整个课堂的连贯性，步骤与步骤的紧凑性的话，怎样去把这个单词呈现出来给它解决掉？是这样的。"

蒲教授："她就是在给你建议啊，生词教学不止是呈现的问题，更是如何让孩子学会的问题。"

赵淑华："平时我们也是这样操作的……"

蒲教授："其实你们遇到了很多问题。第一个，你怎么知道孩子们会这些单词？也许他们还有更多不会的，也许你认为他不会他已经会了，你的判断依据是什么？第二个，不会的单词出来后，这位老师的意思是说你不要直接教给他，而是要发挥学生交互学习的一种关系。"

赵淑华："这个我明白，但是我们的困惑不是说……"

蒲教授："不是困惑，你现在存在问题，她在诊断你的问题，你不要有防御的心态，你要去理解。我觉得她的建议是很合理的。"

赵淑华："对，她的建议是很好，那我是觉得，就是我们的意思是说，本来你这个课已经引入了，开放的问题已经抛出去了，进入到这个主题了，但突然间你又去教单词，那是不是……"

蒲教授："那当然，你这是教学逻辑上的不清楚。但她讲的不是教学逻辑，她讲的是你既然要教单词，那单词要怎么学才更好，在这个点上给你建议，不是在说你整个教学过程的逻辑。"

赵淑华没有再继续说下去。

通过教研组对备课中困惑的表述，可以看出，教师的困惑多围绕技术性细节，重点关注的是知识点的教学和课堂的具体环节与步骤。在随后的教师对话中，赵淑华执着于"我们的困惑"的解决，因此试图打断其他教师的言说。这显然不是蒲教授所期望的平等对话，她希望评课教师能够充分表达自己的观点，而授课教师能够认真思考和接纳别人的建议，所以她多次介入，希望赵淑华能够正视其他教师的建议。

赵淑华对于解决"我们的困惑"之执着,可能如蒲教授所言,有一部分是对来自集体(教研组)以外教师评价的抗拒心理,但更多是源于教师在面对变革时一种实用主义倾向。国内学者杨帆和陈向明在考察教师解释变革实践的话语特征时发现,"教师在面对变革时,其注意力所在并非'吸收新知识',而是从个人化的问题情境出发寻找解决之道"[①]。个人化的问题情境容易受到集体知识和地方背景的影响,赵淑华执着于解决教学环节顺畅与否的问题,对其他教师如何发挥学生学习资源的建议不以为意,因为这些问题并不是所在教研组平时关注的焦点。但就知识的性质来看,赵淑华所关注的问题具有明显的个人情境化取向,而评课教师所关注的学生学习资源的问题则是更具普遍性意义的教育问题。情境化取向的专业性知识深受地方背景和集体意识的影响,身处其中的教师很难主动觉察到其中的问题,要想促使教师进行更深层次的反思与知识重构,专业性知识中对个人情境化问题的关注必须让位于更具有普遍性意义的问题。那么如何在共生体研讨中实现这种关注点的转变呢?权威人物的引导、教师与教师间的对话都起到了极为重要的作用。

在蒲教授与赵淑华的对话中,我们可以明显感知到蒲教授作为权威人物所掌握的话语权。她可以控制话轮,通过总结、评价,或使用较高层次的概念(如教学逻辑、学习资源等)来诠释教师的观点。这是帮助教师实现"目光转向",形成专业"眼光"的重要方式。比如在以下两段对话中,蒲教授的引导和诠释就起到了关键作用。

蒲教授:"大家还有其他看法吗?"

共生体某老师:"我有个困惑,就是第二节课,我看不懂那个板书的设

[①] 杨帆,陈向明. "去情境化"与"再情境化":教师理解变革性实践的话语表征机制 [J]. 北京大学教育评论,2013(2):132-145.

计，不知道为什么要这么写，从板书上搞不懂这节课在学什么。"

蒲教授："就是，这些是你的核心教学目标吗？你为什么要板书这些内容而不是其他，是这个意思吗？"

提问题的老师点头。

蒲教授："那就请上课的老师来回应一下吧。"

这段对话中，教师虽然关注到了板书的问题，但其表述是日常化、具象化的。蒲教授对她的问题做了意义层面的提升，凸显板书是教学目标的一个具象表征的重要意义。

教研组某教师："我有个疑问啊，赵淑华那节课，最后都已经下课了，还让学生上台演示。已经下课了是不是还要继续上？我们上课过程中，是不是要看时间做一些调整？"

蒲教授："这一点提得很好，这就是预设与生成的关系。我们年轻的老师，容易认为教案走完了才叫好，不是这个意思。一定要恰当地处理，尤其是要动态地，根据学生真实的学习状态来诊断，及时调整你的教学方案、教学步骤以及教学策略。课堂上永远都有不确定性。"

与第一段对话相似，这里蒲教授将教师对某一具体教学行为的问题，引导至"预设和生成"之间关系的讨论上，将教师的视线从原本个人化问题情境中对技术性细节的关注，转向更大知识脉络中的现象和教育性问题。没有专业权威人物的引导或诠释，教师很难超越自己的原有经验而主动形成这种专业"眼光"。但一味依赖专业权威人物的引领，教师就无法发挥作为专业研究者的自主性。因此在经历了几次研讨活动，教师对研讨活动的性质、流程等足够了解后，教师间的交谈就不再由专业权威人物来示范和推动了。比如下面一段发生于 2018 年 5 月研讨活动的教师对话中，我们可以看到蒲教授将主动权交给了教师，基本没有介入，除非有部分教师评课时出现判断错误，她才会加以纠正。

共生体教师 A："大家好，我是 A 老师，我代表我们月城小学来说一下对两节课的感受。第一节课是葛老师的课，我们感受比较深的一点就是，在导入环节，葛老师对着一张 PPT 就说了很久，又做了很多活动，我们就有点搞不清楚，是不是一开始目的要明确一点，先让学生知道我们这节课的主题……"

葛慧笑着小声说："对，我忘记（说主题）了，太紧张了。"

A 老师听到后笑了一下："可不可以先收集一些广告的文体，让学生提前接触一下：广告是这样子的，是用来做什么的，让学生先有个意识，然后再接下来学习，可能这节课的目的性会比较强一点。然后葛老师挖掘了两个比较开放的问题，我们觉得这个环节是挺好的，但是我就没有看到有让学生 discuss the video 的环节。我是觉得那个 video 那个广告的语气语调跟一般的广告是不一样的，那让他们 discuss 一下，可能他们更加能感受到什么样的广告是更吸引人或者是更打动人的……"

葛慧："谢谢你的建议。我解释一下，坦率地讲，我是（在教案里）设计了这个环节，但当时我看到时间不够了，所以……"

在座的老师都笑了起来。

葛慧（笑）："我这是给自动删除了。"

A 老师（笑）："自动删除，哈哈，好的，我们是觉得如果保留这个环节，让他们去讨论下，更能凸显出教学目标。"

葛慧（不断点头）："是，对。备课的时候我们有思考这个（环节），（教案）也写上去了，就是上课时没把握好节奏，确实是……谢谢，谢谢！"

蒲教授（笑）："月城小学评课进步很大。"

共生体教师 B："其实你们这个课容量是很大的，初中（教材）文本内容又那么长，像你们平时这一个（文本）内容要用几个课时？"

葛慧："其实我们都是要上两个课时的……"

蒲教授:"哦,两个课时,第二课时上什么?"

葛慧:"第二课时主要就是单词、词汇的学习和运用,还有就是语法、语法结构还有它的使用。"

蒲教授:"哦,这里就涉及课与课之间的关联问题,可能你们要以单元为单位对课时进行设计,它是个层层递进的逻辑。"

这段对话的主体是共生体学校的评课教师和月城初中的授课教师葛老师。我们可以看到,较之第一次,评课老师在发表自己观点时更加清晰更有条理,而且对自己的身份以及所在备课组做了说明。作为授课教师,葛老师十分坦然地承认了自己授课中的失误,并对自己的教学行为做出了解释,以回应 A 老师的疑惑。在提及因为时间不够"自动删去"的环节时,在座的教师都心照不宣地笑了起来,因为这是属于一线教师一些"不足为外人道"的默契。这种经验之中的一致性和共同知识背景,引发了共生体教师的叙事共鸣[①]。这种共鸣有助于建立群体信任,促进意义化的经验分享,有时也会促使教师对彼此经验的一致性进行自我反思和关联,从而实现缄默知识的显性化。

在评课内容上,A 老师没有就环节谈环节,而是指向了教学活动背后的教学目标与意图,这证明教师逐渐脱离了个人化的问题情境,开始尝试用"新眼光"去观察课堂。B 教师对葛老师的进一步追问以及葛老师的回应,则反映出共生体教师一种自主研讨的倾向。她们基本上掌握了话轮,不再一味依赖蒲教授等权威人物的示范引导。但在认知层面,蒲教授仍旧把握研讨的主要方向,在研讨出现争议或错误时,会及时介入并进行专业话语上的修正与补充,比如接下来蒲教授与 C 老师之间的一番对话:

---

① Conle. Resonance in pre-service teacher inquiry[J]. American Educational Research Association Journal, 1996, 33(2): 297-325.

共生体教师C:"我想说的一点是上课的活动方式,在过程互动和动力内化这块,感觉初中老师很喜欢问答这种形式,我觉得可能会忽视其中一部分孩子的学习……我们老师可以想出更多活动形式,可能我们小学老师觉得小学生需要用很多的活动去吸引他们,其实初中高中,那个(多种)活动形式也是很重要的,要不断地去吸引你的学生。"

蒲教授:"一个学生是否在学习状态,要看他的注意力在不在学习上,要根据这个班的孩子学习状态来判断。你关注到孩子们的学习状态了吗?"

C老师:"嗯……我就是看到她没有把主动权交到每一个孩子手上。"

蒲教授:"那要根据学生的具体情况来看,不能一味地去追求公平,所以不能完全根据自己教小学的经验,而是要根据学生的现实状态来判断。我要对你的疑问反馈一下哈。她这个班的孩子其实有在思考和倾听,但有时候确实听不懂(老师说什么)。刚才有位老师评价到了,因为老师的语言太长太琐碎,指令不明晰,而不是活动太少。初二的孩子呢,从年龄段意义上来讲,已经不是完全靠外部活动来进行学习了,这个跟小学是有差异的,初二的学生有时需要通过安静的倾听、思考来学习。"

C老师:"谢谢蒲教授,确实没看准确……"

蒲教授:"问题提得很好,但就是归因没归对,没有看到年龄段的差异。"

在C老师的言说中,画横线的概念源自NBE的理念体系。在蒲教授要求大家尽量用专业话语表达后,教师在研讨时开始努力在表达时使用一些NBE概念。运用专业话语进行表述是重新审视和诠释教学方式[①]的一个过程,而且可以帮助教师超越对技术性知识的关注,并且重塑教师身份,比如C老师关注的就是如何更好地实现大多数学生的学习。虽然在对问题作判断时,C老师因为理论知识(不同年龄段学生认知层次有差异)的匮乏,在

---

① Freeman. Renaming experience/reconstructing practice: Developing new understanding of teaching[J]. Teaching and Teacher Education, 1993(9): 485-493.

比照自己所储存的、较为熟悉的知识库后,对问题的分析仍旧是个人化和经验化的,但在关注点上已经实现了从情境化到普遍化意义层面的转变。

总体而言,随着研讨活动的深入,校际共生体作为知识社群的特征愈发明显。教师通过共生体研讨中的意义互动,意识到并开始反思原有知识景观中存在的问题,在共同经验的分享、专业权威的引导、教师间的对话中,将缄默知识转化为显性知识,并逐渐实现了专业性知识中情境化取向到普遍化取向的转变。

在这个过程中,教师的变革心态也发生了微妙的变化:

"在新基础教育之前,学校接触到的变革项目都是蜻蜓点水式的,治标不治本……学校通知我们做'新基础',我们以为也跟以前一样,直到初一、初二的教师都被安排了相关的任务,大部分的教师才意识到这次的改革不再是走过场,而是'全民参与'的,心态开始从观望转向了服从……几次专家指导课和公开研讨后,我们发现这次变革是'动真格'的,专家的严格要求让教师首次感受到了切实的压力与紧张。"[1]

变革态度反映出教师对变革中自我身份的理解。从上述反思来看,在变革初期,教师经历了从旁观者到服从者的身份转变,这证明教师在理念认同和行动参与上发生了重要转变。但服从仍是一种被动的应对,与NBE所期望的具有生命自觉,能够主动发展和自我更新的教师形象还相距甚远。这种服从态度,我们在教师对专业权威人物极强的依赖性中也可以发现。虽然这种信任和依赖有助于新现实的维护和正当化,但也具有一定的危险性。当高校研究人员离场,担任专业权威角色的主体发生改变之时,教师可能就会面临不同专业话语的冲突,此时教师的抉择将会直接影响教师知识景观变构的方向。

---

[1] 引自《月城初中2018至2019学年"新基础教育"变革项目阶段反思报告》。

第三节 教师的"变革恐惧"

基于前述变革性知识要求，月城初中英语教研组初步草拟了2017至2018学年第二学期的集体教研活动安排表，将理论学习和变革活动作为学期教研组工作的重心（见表4-2）。

表4-2 月城初中英语教研组集体教研活动安排

周次	主题	初一发言人	初二发言人	初三发言人
第一周	自行备课			
第二周	磨课	董老师	赵淑华	J老师
第三周	专家指导周	薛主任	赵淑华	葛慧
第四周	英语单元整体教学	董老师	D老师	X老师
第五周	英语单元整体教学	Q老师	H老师	R老师
第六周	"新基础教育课堂教学改革的深化研究"第四章161—169页	Y老师	林秀玲	尹老师
第七周	第一次大测			
第八周	专家指导周	曾晨	赵淑华	X老师
第九周	"新基础教育课堂教学改革的深化研究"第四章176—183页	康老师	W老师	M老师
第十周	"新基础教育课堂教学改革的深化研究"第四章184—190页	B老师	G老师	L老师
第十一周	"新基础教育课堂教学改革的深化研究"第四章191—198页	薛主任	E老师	张老师
第十二周	"新基础教育课堂教学改革的深化研究"第四章199—224页	牛老师	赵淑华	R老师

（续表）

周次	主题	初一发言人	初二发言人	初三发言人
第十三周	"新基础教育课堂教学改革的深化研究"第四章 228—255 页	董老师	F 老师	尹老师
第十四周	第二次大测			
第十五周	"新基础教育课堂教学改革的深化研究"第四章 265—281 页	Y 老师	H 老师	J 老师
第十六周	中考备考			
第十七周	中考			
第十八至第二十周	初一初二期末复习及期末考			

从安排表里可以看到，一个学期20个教学周，教研组共安排了19次集体研讨活动，其中理论书籍的阅读与分享有7次，专家指导课研讨有5次，剩下的7次则与考试相关。在参与NBE变革前，月城初中的集体教研活动一般由教研组组长传达通知和解决一些具体事务，现在变革活动占据了绝大部分比例，可见变革开始真正介入学校日常生活，成为教师生活一部分，同时也对教师提出了更高要求。知识更新和自我改造往往需要教师花费更多精力，变革活动的介入影响了原有教师生活的秩序，如何调试变革性知识与日常知识间的冲突，成为教师知识景观变构开始之时遇到的难题。

较之有经验的教师，年轻教师所面临的冲突更加明显。因为对惯例化的日常知识熟悉程度不够，他们要在日常管理事务上花更多的时间。英语教研组中最年轻的骨干教师曾晨就向研究者描述了种种冲突所带来的困扰：

"如果遇到每个月的新基础教研活动，我的日常安排就会被打乱。比如说，周二上午我有两节课，这两节要用来磨课，磨完课就是研讨，然后下午我就要集中精力根据大家的意见去改PPT，晚上回到家还要做一些具体的表格整理，还有文字修改等工作。一天下来，基本上都是围着这个转了，没有时间分到我真正上课要做的准备。虽然按道理来说,这两个是相辅相成的,但我平时的课要投入时间,平时的教务工作也需要时间,所以准备新基础教研课的时候,其实是会影响到我正常工作的,时间一长,我就很担心自己带的班成绩下滑。因为平时我都会花很多时间给学生指导,现在这个时间却被占用了,真的很害怕影响(他们的)成绩。我觉得这个平衡的技巧,太难把握了。"

面对变革性知识与日常知识之间的冲突,很多教师会存在这种困扰和不安,富兰将这种现象称为"变革恐惧"[①]。在变革即将开始之时,变革主体对过程中将遭遇哪种损失是基本明确的,但收获却是短期未知或未明的,即便变革方向再明确,愿景再清晰,教师也会因恐惧变革性知识所带来的不确定而徘徊或停滞不前。这种冲突和不适应会导致教师知识景观在变革初始期出现暂时失衡。正如曾晨所言,NBE 研究的变革活动突然到来,成为教师繁忙日常生活之外的一种额外责任。即便教师认可变革的意义,但在具体行动上却显得力不从心。这种状态不可避免,一般情况下,随着变革活动的长期参与,教师会逐渐走出原有生活的舒适区,在适应了变革性生活与日常生活的动态发展状态后,就会对知识中的惯性特征进行反思,开启对新知识的探究。根据 NBE 变革的预期,随着变革的发展,变革生活会逐渐融入教师日常生活中,并逐渐更替原有的惯例化、类型化的日常知识,形成新的日常生活规范,从而使教师知识景观进入到新的平衡发展状态。

---

① 迈克尔·富兰主编.变革的挑战:学校改进的路径与策略[M].叶颖,高耀明,周小晓,译.北京:北京大学出版社,2013: 15.

本章小结

本章重点关注变革初期教师知识景观中的张力与冲突。下面将从生态和知识双重路径，审视变革初期月城初中教师知识景观的整体样貌，并具体分析出现了哪些张力与冲突。

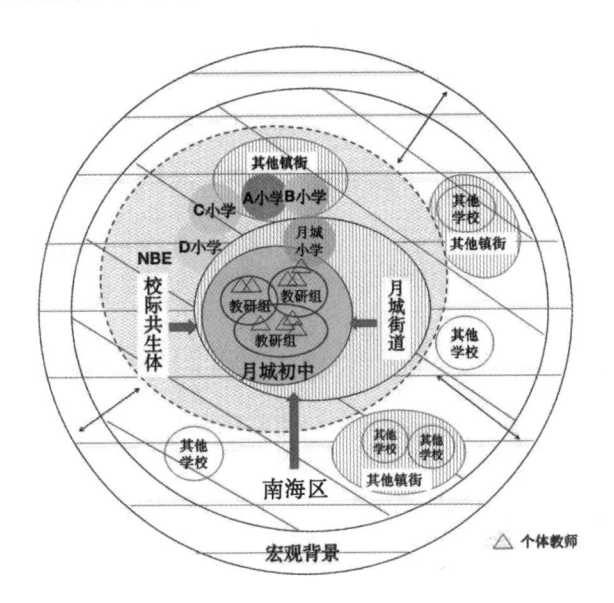

图 4-9 变革初期月城初中教师知识景观在生态维度的主要样态

首先，随着变革支持系统的建立，月城初中的教师知识景观在生态上从相对封闭、单向传递（详见第三章小结）转向了多元互动、力量聚集的样态。作为促进教师互动与意义共享的知识社群，NBE 校际共生体的建构打破了原本相对封闭的状态，促进了校际的专业互动。南海区教育局、月城街道教育办公室和 NBE 研究团队共同形成了推动校际共生体学校变革的合力，证明教师知识景观中多个力量主体在共同愿景的基础上建立了密切协作关系，学校与外部力量之间也不再是单向传递的简单互动。

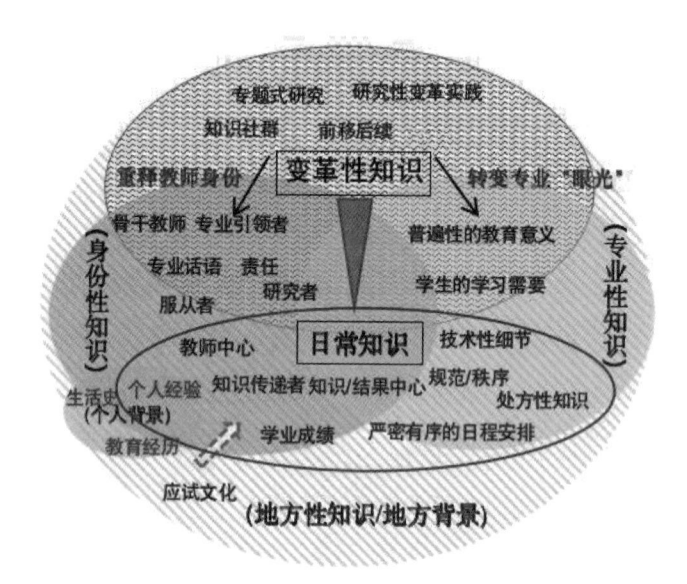

图 4-10 变革初期月城初中教师知识景观在知识维度的主要样态

其次，在外力推动和变革性知识带来的冲击下，教师知识景观在知识维度也发生了初步变构。具体表现为：变革初期，随着变革支持系统（如校际共生体、变革的日常推进制度等）的建立，变革生活开始与学校日常生活动态交织发展，打乱了教师原本的周期与节奏，给教师知识景观带来了不确定性，由此产生了日常知识与变革性知识、确定性与不确定性、旧观念与新要求等多种内外张力。在变革性知识的冲击下，教师知识景观开始了变构。例如，高校研究人员的直接诠释、正面示范与引导，帮助教师重新认识到自己作为变革实践者与研究者的身份；共生体研讨时的观点碰撞、交流与对话，使得一些缄默、内隐的知识开始浮出水面。教师对教师知识景观有了更清晰的认识，意识到知识惯性的存在，并开始反思长期以来形成的、集体所默认的"习惯做法"，对"什么是好的教师知识"的理解在转变。最为显著的表现，就是评课时教师的关注点从个人化的问题情境转向了更具普遍性意义的教育问题。

但是，我们同样可以看到，虽然 NBE 变革赋予了教师作为变革关键主体的身份，但此时教师能够明确的只有"我必须（应当）做什么"的外部要求，对"我需要/能做些什么"的自我追问与意义的确认还不够。也就是说，教师作为变革的主体还不具备自主性，所以他们将自己形容为变革的服从者。教师这种被动服从的心态对其知识转变显然是不利的，证明此阶段推动教师知识景观变构的主要动力源于外部，比如专业力量（NBE 研究团队的引导）、行政力量（区域及学校变革施行的硬性要求）等。虽然外部强制推行使得变革性知识占据了教师知识景观的核心位置，日常知识逐渐隐默于变革背景中，但变革性知识与日常知识间的冲突依旧存在。要完成新旧的更替，教师知识景观还需要更深层次的变构，不能一直依赖外部条件支持。

变革自觉对教师知识景观的深层变构至关重要。因为知识景观的变构不能仅仅停留于教师对新知识的认知了解，还需要教师在行动中的学习、反思并反复实践[1]，这样才能将外部的变革理论转化为自己的个人内在理论，进而真正改变已成自然的习惯的教育方式与方法。也就是说，在反思知识惯性基础上，教师要主动使用新知识审视和解决教育问题，使其真正成为个人的专业"眼光"。在此过程中，新知识与旧知识、理想与现实、新我与旧我等多种张力势必会引发更多矛盾与冲突。下一章将重点关注随着变革深入，教师将如何进一步转化与重构个人知识并化解张力与冲突。在此过程中，教师知识景观所发生的重要变化有哪些，受到哪些因素影响？

---

[1] 迈克尔·富兰主编. 变革的挑战：学校改进的路径与策略[M]. 叶颖, 高耀明, 周小晓, 译. 北京：北京大学出版社, 2013.

第五章 教师知识景观变构的多维样态

随着变革日渐深入，教师知识景观内新旧交替产生的张力与冲突愈发明显，教师要如何转化与重构个人知识，以完成教师知识景观更深层次的变构？其间又将受到哪些影响并产生何种结果？本章将重点从教师集体、教师个体、个体与集体间交互等多维样态，呈现变革深入中的教师知识景观变构。

第一节 集体探索中的教师知识景观

变革初期，我们可以看到，变革性知识带来的冲击引发教师对"什么是好的教师知识"这一问题的重新思考，教师知识景观中身份性知识和专业性知识，在外部力量推动下进行了初步变构。当然，在此过程中也出现了新旧更替带来的多种内外张力与冲突。随着变革的深入，教师对新知识体系有了越来越深刻的认识，开始尝试在专业实践中践行其理解的新知识，不断化解知识景观变构过程中出现的张力与冲突，从而改进与更新个人知识。

舍恩将这一过程称为"在行动中反思"和"对行动的反思"[1]，是教师摆脱充满不确定性的、独特而矛盾的实践困境时所表现出的为促进理论与实践相互转化的一种艺术。这也是教师知识景观深层变构的必要路径。接下来，本节将描述 2018 至 2019 学年，月城初中教师为实现理论与实践相互转化而进行的一系列反思性行动及其遭遇的知识转化困境。

一、"摸着石头过河"的集体尝试

月城初中的教师将教研组为促进理论与实践相互转化而进行的集体探索比喻为"摸着石头过河"。这个比喻生动反映出变革进程中月城初中教师对理论与实践的反身性关系的一种解读。于教师而言，步入变革的河流是打破常规的一次冒险，他们渴望有确定方向或导引来帮助自己渡河。NBE 研究的理论为他们"过河"提供了"理解变革和实施变革的共同的知识基础"[2]，和一套能够关联理论与实践的话语体系，促使他们对以往日常实践中常被忽视的行动背后的意图做出阐释。在这些"石头"的帮助下，教师"以身试水"，通过实践与不断反思，逐渐摸索出一条合适的路径。基于这种"摸着石头过河"的观念，在变革深入期，教研组做出了诸多勇敢尝试，比如进行制度化的理论学习、设计课堂观察表和尝试进行单元整体说课等。

（一）制度化的理论学习

经历了几次共生体研讨后，月城初中的教师意识到自己在说课、评课中专业语言的匮乏，决定将理论知识作为教师学习的重心。教师的理论学习

---

[1] 唐纳德·A. 舍恩. 反映的实践者：专业工作者如何在行动中思考[M]. 夏林清, 译. 北京：教育科学出版社, 2007.

[2] Lewison, Holigay. Control, trust and rethinking traditional roles: Critical elements in creating a mutually beneficial university-school partnership[J]. Teacher Education Quarterly, 1997, 24（1）: 105-126.

是一个复杂而艰难的过程,主要原因有:一是教师的日常生活充满烦琐事务,无论是教师个体,还是教师群体,都很少有集中的、持续的学习机会来获得新的概念;二是教师基于个人知识脉络对理论进行理解,很容易走向个人化的再构,需要通过群体互动来相互启发和确认。"制度化的理论学习有助于形成某种学习的氛围,逐渐使学习成为教师专业活动的一个有机组成部分。"[1]因此,教研组决定以一学年为周期,集体研读 NBE 研究的相关书籍。每周的集体教研活动中,理论学习是必不可少的一项。那么,这种理论学习的具体方式和效果如何呢?研究者曾经参与过几次月城初中教研组的集体学习活动,下面是 2018 年 9 月某次集体学习活动的一段田野笔记。

集体学习的时间被安排在周三上午的 8 点 30 分。8 点 30 分的时候,会议室里,零零星星地坐了几位老师,薛主任在群里催促大家快点赶来。发完群消息,薛主任向我解释,好多英语老师是班主任,班级事务很多,所以集体活动很难准时开展。等了十多分钟,教师陆陆续续到来,集体学习正式开始。

首先由个别教师分享学习心得。每周集体学习的主题和分享的教师都是开学前确定了的,这次按计划由董老师、赵淑华和尹老师分享学习心得,学习的主题是"新基础教育"研究的理论书籍中与练习课和复习巩固课相关的内容。董老师简单说了下书中对练习课的基本定位,以及给自己上练习课带来的启发,然后她提出了一个疑问:"如何把零碎的、松散的、跳跃状态的知识有机地串联起来?"但教研组组长康老师没有让教师就此问题进行讨论,而是让赵淑华继续分享。在赵淑华分享的时候,常副校长有事出去了(直到散会也没有回来),现场的气氛立刻轻松许多,教师们开始忙自己的事情,有的在用手机回复微信,有的拿着《英语周报》备课,大多数教师

---

[1] 王建军. 学校转型中的教师发展 [M]. 北京:教育科学出版社,2008: 109.

在批改试卷。赵淑华做了认真准备，不仅分享了阅读感想，还拓展了思维导图在复习课中可能起到的作用，可惜的是现场没有几个教师在认真听，大家各做各事。会议桌上摊放着教材、各种作业和试卷，除了负责分享的教师外，没有一位教师认真做笔记。

看到大家参与的积极性不高，在尹老师分享结束后，薛主任做了一番动员："我知道最近刚考完大测，大家都有改卷任务，都很忙，但是，我还是希望大家认真参加理论学习。俗话说'活到老学到老'，我们老师也要不断学习、不断进步。这个理论学习的机会很难得，我们的理论和教学都缺乏专业指导，现在有了'新基础'这个平台，我们老师，尤其年轻老师，一定要虚心学习。"薛主任虽然说了很多，于教师而言，却都是些很难引起共鸣的老生常谈，因此他们多不为所动，只有少数教师放下了手头的工作。薛主任见此，不再多说，接着对三位教师分享的内容做了简单的总结，然后开始交代本周要完成的日常管理事务。

可以看到，这次集体学习的时间比较特殊，恰逢考试周，大多数教师都将重心放在了考卷批改上，无心学习。事后研究者访谈了几位教师，他们告诉研究者，其实在非考试周时，这种理论学习活动教师的参与热情也不高，平时都太忙了，无暇他顾，轮到自己分享的时候就抽出时间准备，但别人分享的时候教师常常没时间提前看书，学习的效果自然也就一般。教师们提及的这个原因在前文已有所论述。教师的日常生活琐碎、繁杂，缺少集中和持续的时间对理论学习进行理性思考，阅读理论书籍需要教师花费大量精力，这使得理论学习成为教师日常中难以应付的负担。教研组希望通过制度化的理论学习，形成一种集体学习氛围，但就集体教研现场活动来看，教师缺少交流沟通，只有少数个体在单向输出观点，并没有在集体层面实现意义互动。而且集体中的专业权威角色，如教研组组长康老师和学科负责人薛主任，都没有发挥出专业引领者的作用。实际上，形成集体氛围或制度的理论学习对教师知识景观的变构十分重要。在学习了新理论后，教师才能意识到新旧观念间的差异和冲突，从而产生改变个人内在理论和外在行为的需求。但前提是在集体学习的过程中，教师间能够进行真实的意义互动，而不仅仅是表面的、一般性的接触。从这一层面来看，此次集体学习显然没有达到预期效果。

当然，要想实现个人知识更新，更重要的是将理论学习与教师过去的经验和未来的实践相关联，否则无法实现深入而有意义的学习。由此，教研组将 NBE 理论与教师具体的课堂教学相关联，做了一些新尝试。

（二）引入课堂观察表

理论学习是为了实现教师观念的更新，如果脱离了教学实际来学习理论，那么对于理论就会产生机械简单的理解，因此理论学习与教师教学行为方式的转变是交互进行、互为构成的。意识到这一点后，教研组开始将 NBE 理论与具体课堂教学进行关联。他们在 NBE 课堂教学评价标准的基础上拟订了课堂观察表（见表 5-1），帮助教师建构观课和评课的"专业眼光"。在 2018 年 9 月的一次研讨活动中，月城初中教师手里的课堂观察表引起了蒲教授和章老师的兴趣，在得知这是教研组最近做的新尝试后，蒲教授十分高兴，鼓励共生体学校多做类似的实践探索。

表 5-1　月城初中英语课堂观察表（修改前）

课程（名称与单元定位）		
评课分工	问题	改进方法
板书（整体布局+口头反馈）		
发言学生（是否固定+教师反馈）		
小组分工与活动		
教师对小组活动的指导		
教师课堂用语		

蒲教授和章老师的肯定让教研组的教师备受鼓舞。在使用了几次课堂观察表后，教师们发现观察表存在一定的局限，比如观察的内容不够具体，比较笼统，维度划分不够清晰，不利于教师快速地对课堂进行具体判断。经过集体研讨，教师们对课堂观察表进行了修改。从表 5-2 中可以看到，修改后的课堂观察表较之原来的观察表，在评课内容上更具体系性，且观察内容更加细化，更具有针对性，便于教师对课堂进行具体评价。

表 5-2　月城初中英语课堂观察表（修改后）

授课教师：		课题：			
＿＿年＿＿月＿＿日		授课班级		课型	
观察内容	记录内容				建议
教学目标定位					
教学过程结构和推进逻辑的合理性					
观察学生	1. 学生的参与力				
	2. 学生的学习力				
	3. 互动生成状况 （1）学生的互动形式 （2）学生呈现的方式 （3）呈现的内容 （4）语言表达中出现的问题				
教师教学互动观察（教学启动，有向开放，启动的效果；重心下移；回收反馈情况，巩固提升；等等）	1. 教学启动情况				
	2. 启动学生发言				
	3. 回收反馈，巩固提升 （1）教师评价学生语言的情况 （2）回收时的引导、提升、转化、反馈的方式 （3）巩固练习				

（续表）

板书观察	1. 体现教学的核心目标			
	2. 呈现结构性与可互动性的统一			
	3. 聚类板书，将与教学核心目标相关的资源回收			
教研团队小结及建议				

课堂观察表的拟订与使用，对教研组的教师起到了很重要的引领作用。第一，它关联了理论学习与教学实践，将原本抽象的理论与具体教学情境结合起来，实现了理论与实践之间的转换。第二，课堂观察表采用新的参照体系（NBE 理念），当教师使用课堂观察表来支撑自己对课堂的评价和建议时，其话语体系和关注视域也会发生相应转变。这将引导教师逐渐脱离原有惯性知识，采用新的参照体系反思教学，并在自己的教学实践中去关注这些评判标准，最终实现个人知识的转变。

（三）单元（模块）整体教学

2018 年 9 月，月城初中英语教研组的部分骨干教师参加了 NBE 在深圳举办的全国 NBE 共生体会议和专题研讨活动。这种全国性共生体会议和研讨活动基本每年都会举办一次。会议的主体是来自全国各地参与 NBE 研究的学校校长和教师，由会议所在地区的 NBE 实验校进行变革经验分享，并面向全国共生体学校开展现场研讨活动。这是 NBE 推广变革经验的一种方式，能够有效放大资源，促使更大范围的群体性研究文化生成，对处于变革发展期的学校具有极为重要的借鉴意义。

这次深圳的 NBE 研讨活动给教研组带来了很大启发。他们发现深圳共生体学校的教研组在说课时以整个单元为单位，回想起蒲教授在研讨活动中也多次提醒教研组要关注课与课、课与单元之间的关联性，教研组的老师决定以单元(模块)整体教学为主要方向对教研内容进行调整。2018年11月，月城初中的教研组在说课时首次尝试以整个模块为单位阐述教学思路。这一尝试得到了蒲教授的肯定，"以后其他学校的备课组组长在说课时可以借鉴月城初中的这种方式，展示课程所在模块的整体结构，这样可以了解这一模块整体的人文背景，明晰本节课在整个模块中所处的位置，与其他课之间的关联性。"随后的几次研讨活动中，共生体学校的备课组都开始进行单元整体说课的尝试，不断完善呈现的具体方式，并加强了对文本、学情和教学目标的分析，最终基本形成了相对统一的单元（模块）整体说课模式。单元（模块）整体教学分析范例如图 5-1 所示。

图 5-1　单元（模块）整体教学分析示例

单元（模块）整体教学分析的尝试，能够很好地引导教师从整体和关联的角度去理解课堂和教材，而不是只关注某些具体细节。从教案里单元整体分析的具体内容中，我们能看到教师关注焦点的转变：从以前只关注知识目标、割裂化的课时设计到现在将语言学习目标放置于单元整体语境中，实现了从局部到整体、从割裂到关联、从关注知识点到关注思维的整体转变。

二、理论与实践间的"无形壁垒"

如前所述,为了实现理论与实践之间的相互转化,教研组做了诸多尝试,"摸着石头"努力为教师建构合理的"渡河"路径。但教师知识景观具有现实复杂性,理论与实践间的转化也面临诸多难题。即便教研组意识到要将理论学习与教师过去的经验和未来的实践相关联,在理论联系具体实践的过程中仍然遭遇了很多困难。正如教研组的教师所言,"感觉理论与实践之间仿佛存在着一道无形的壁垒"。这种情况不仅出现在英语教研组,研究者在与不同学科组教师的访谈中,都听到了类似声音,由此深刻体会到了月城初中教师所面临的知识转化困境。

"学了理论以后,我评课能结合理论。一旦真的上起课来,我就习惯沿用之前的教学模式,上不出来想要的课。有时候自己的课堂就是按照自己所理解的,或者教研组所理解的这样的一个模式和理念去上的,但最后出来的效果总是不能令人满意。真的很努力地在做,但不知道为什么总是有点跳不出去的感觉。这是我的一个困惑。"

"'新基础理念'总是说(课堂教学)不应该有模式,每节课根据每节课的情境来设计,我就感觉很矛盾:到底应该是怎么样的?如果有模式的话我们可以按照这个模式走,如果没有的话,每节课都要付出很多精力,要想很多。有些课,经过专家的指导之后,我们的思路清晰了,知道这节课每一步应该怎样做。但是其他的课(就不清楚),比如说我们上的是这单元第一节课,专家给我们点评了,就觉得第一节课可以这样上,那么上第二节和第三节课时我们迷茫了。"

可以看到,在理论转化为具体行动的过程中,教师们常常提起的一个集体困惑是:"为什么我们总是上不出理想的课?"实际上,尝试实施变革理念却无法实现真正符合变革所期望的课堂教学,这种现象在学校变革中十分常见。一些学者称之为变革意义的"流失"或"变形"[1],即变革最初的意义在理念落实到具体实践的过程中逐渐产生了变化。需要说明的是,本研究中所指的"变革最初的意义",是指NBE研究所理解和倡导的变革意义,即NBE研究及其团队,作为变革最初的倡导者,对变革发生的背景、所要解决重要问题及期望发生变化等内容的最初诠释。在月城初中教师知识景观变构的过程中,教研组教师感受到理论与实践之间的"无形壁垒",就是由变革意义的流失与变形所导致的一种知识转化困境。这种知识转化困境的表现与影响因素是多方面的,我们可以从专业性知识和身份性知识的维度分别来阐述。

(一)多重阻碍影响理念与行为的同步改变

专业性知识的更新不仅包括教师的理念,也包括教师的行为,这是构成一个完整的教育实践的两个有机的组成部分。只有同时改变教师的观念和行为,才算是真正地改变了他的实践。[2]然而在专业性知识的更新中,二者的改变未必能够同步进行,各种预期之外的可能结果使得专业性知识的更新充满了复杂性和不确定性,也给教师知识景观变构带来了重重阻碍。

第一重阻碍是教师在变革中表现的强烈行动导向。教师对"模式"和"方法"表现出了高度的兴趣,关注按照新的原则(NBE理念)应该怎么做,或者热衷于观摩已经熟悉这一理论体系的其他教师是怎么做的。在教师尚未完成个人内在理论改造的情况下,这种强烈的行动导向将会促使教师为追求短期效果,仅仅在行为上对他人指令和做法进行简单执行或机械模仿。这种方式能够在短期内完成方法层面或操作层面的改变,但无法持续性地

---

[1] 杨小微. 新课程实施中若干问题的反思[J]. 教育研究与实验,2007(4):20-23.
[2] 王建军. 学校转型中的教师发展[M]. 北京:教育科学出版社,2008:98.

为教师知识的转变提供内生力。在学校变革中,教研组的许多教师多次表达出对正面案例的渴求,"希望能够多给一些好的范本,看看好的课究竟应该怎么上。我们总是在反面教材中成长,却不了解正面教材是什么样的"。这种对正面案例的模仿式学习,虽然也能够促进理论与实践之间的部分转化,但长时间不加思考地机械化模仿,最终结果就是行为上对理念的模式化和简单化呈现,无法实现个体知识的完全变构。比如,在第一次研讨会中,教研组为能体现"新基础理念",特意增加许多只具形式而不知其意图的师生问答互动,就是一种"治标不治本"的体现。这种情况一般发生于专业性知识更新的初期阶段。该阶段的教师因为刚刚进入变革情境,面对新知识体系和不熟悉的变革活动,出于观望或抗拒的心理,选择进行一些表面的、浅层的外在行为上的改变,其变革心态处于"关注具体操作"[1]层面。随着理论学习深入和变革性知识惯例化,专业性知识的更新过程中可能会出现另一种不同的阻碍。

第二重阻碍是教师对变革初意义的个人化、片面化理解。虽然教师通过理论学习对新知识有了初步认识,但在将理念落实到具体实践的过程中,教师往往以自己的个人知识或集体知识作为资源,对新理论进行诠释,造成对变革初意义的曲解或片面理解。比如,在集体研讨时,虽然教研组以NBE理论作为共同参照系,但因为理论内涵的丰富性,不同的教师有着不同的关注焦点和理解,这些焦点虽然有大致相同的方向,但落实到具体个人时就相差甚大。又比如在教学实践中,教师会将自己所理解的理论作为解释课堂行为的理由,并以此为基础补充课堂教学的具体细节。这种分散的理解和实践尝试,将导致变革中出现"失焦"现象,"即便不会扭曲变革,也可能

---

[1] 吉纳·E.霍尔,雪莱·M.霍德.实施变革:模式、原则与困境[M].吴晓玲,译.杭州:浙江教育出版社,2004: 78.

导致实践者浅尝辄止。妨碍变革之最核心目标的实现"[1]。

第三重阻碍是教师易受到以往固有教学模式、教学方法等方面的惯性知识影响。在理念转化为实践时，教师在课堂具体情境中面对突发情况或不确定性因素，往往会受到专业性知识中的惯性影响。NBE 研究认为，课堂教学留下了太多的不确定性和可变换的弹性目标、空间和时间"[2]，这样才能更加贴近每个学生的实际和现实状态，体现课堂教学的生成性本质。然而这种弹性空间的存在使得教师失去对课堂的确定性把握，面对即时出现的问题时，教师往往会不自觉地根据惯性经验或知识寻找解决方案，难以摆脱专业性知识中惯性的桎梏，结果就会出现教师在访谈中所提到的"思维想着去做新基础，但是惯性又带着到以往的那种教法，一直左右摇摆"的情况。这也是为什么理想的课堂一旦落实到具体情境中就会变成老套的方式，总是跳不出去的重要原因。

需要指明的是，虽然研究者是从理念与行为的双重路径来看待教师专业性知识更新中可能会遇到的各种阻碍，但在教师访谈中，二者往往混杂，很难做出严格区分。在研究性变革实践中，教师的内在理论与其具体实践之间是一种紧密关联和互动转化的关系。在理论与实践发展过程中，不同性质和不同程度的冲突、矛盾和不一致都是不可避免的、必然会存在的现象，这就要求二者通过双向反思、参照、互鉴、批判、转换来实现互生互成的资源，从而产生内生的力量和内动力。[3] 实现这一双向转换与交互生成的关键，在

---

[1] 王建军. 合作的课程变革中的教师专业发展：上海市"新基础教育实验"个案研究 [D]. 香港：香港中文大学，2002.

[2] 叶澜."新基础教育"论：关于当代中国学校变革的探究与认识 [M]. 北京：教育科学出版社，2006：258.

[3] 叶澜. 大中小学合作研究中绕不过的真问题：理论与实践多重关系的体验与再认识 [J]. 教育发展研究，2014，33（20）：1-5.

于具体的人的创造性活动和相互沟通。

(二) 现实背景阻遏反省的自我知识形成

一般认为,教师通过学习理论,在实践中不断运用理论,继而在实践中实现创造,最终才能完成从"操作工"向"思考—行动者"的身份转化。然而美国教育学者古斯基(Guskey T. R.)在一项关于教师发展的研究中发现,变革过程中教师知识的转变,并非完全如预想一般,可以先通过新知识的学习让教师认同新理念,再在实践中实现行为改变。更多的教师是先确认新知识能够给教学带来好的变化或结果(比如学生学习成绩的提升或课堂表现产生一些好的变化)后,教师的信念和变革态度才会发生重大变化。[①]教师对变革结果,尤其是可视结果的判断是影响教师变革参与和自我改造的重要因素。

在与月城初中教师的访谈中,研究者也有类似发现:虽然教师进入变革是由外部力量推动的,但在研究性变革实践中,教师逐渐产生了自我改造意愿,也就是前文中提及的教师变革态度的转变。只是这种态度的转变远不如教师对短期结果和可视性变化的渴求。这与地方性背景中的应试文化直接相关。

"'新基础教育'确实给了我们不少启发,比如在拓展学生的思维方面,之前我们在这方面考虑得很少。但如果全部课都按新基础理念来,进度肯定跟不上,毕竟中考是最终指挥棒嘛。新授课我都尽量采用'新基础教育'的方式,不过其他时间该讲的知识点还要讲、该操练还是得操练,这就是现实,没办法呀!"

"参加变革对我来讲是一个学习和提升的机会。我是一个比较有上进心

[①] Guskey. Staff development and the process of teacher change[J]. Educational Researcher, 1986, 15(5): 5-12.

的人，就想着乘着这个东风去促使自己有一点改变，不要束缚在以前的旧理念当中。不过这毕竟是思想的转换，是比较缓慢的，不是一下子就能够出结果的，而这期间学生的成绩不能耽误。初中就短短三年，中间一旦耽误了考不上（高中），对他们的人生会有很大的影响。"

上述访谈内容来自月城初中参与变革的两位骨干教师，他们都十分认可NBE研究的理念，而且愿意践行这种理念，然而从其言语中可以感知应试制度的现实如何深深地影响着他们的"个人哲学"。这种深植于教师个人知识中的不自觉关注，作为地方性文化影响下的产物，是一种毋庸置疑的存在。教师往往深受所处背景中权威性知识的影响，很难对情理之中的观念或现实产生怀疑。这种权威性知识还会直接影响到他们对于变革现实的基本判断，这也是变革意义发生流变的原因之一。

身份性知识的变构是教师知识景观变构的最终指向，也是最难突破的一个层面。即便完成理念与行为的双重改变，实现了专业性知识层面的变构，如果教师无法更新自我知识，所发生的变化也只是暂时性的，一旦失去持续的变革性知识支持，专业性知识也会倒退。

对于教师知识景观变构中，专业性知识与身份性知识之间的互动关系，学者叶澜有深刻阐释：

要想成为自觉的教育改革的实践者和创造者，教师不能仅依靠教学方法上的变革，而是要让他们对自己内在的教育理念有一个清晰的问题意识，并且产生变革的需求，从而努力把新的教育理念内化到自身的认识和实践之中，改变固有的教育方式方法上的习惯。只有当教学的新理念和新行为形成关联，并且能够自行设计、践行、反思和重建教育实践，创造出新的体验，并加以阐释之时，教师才算得上是真正的自主自觉的教育实践者。[1]

---

[1] 叶澜. 大学专业人员在协作开展学校研究中的作用[J]. 中国教育学刊，2019（9）：1-7.

可见，在教师知识景观变构中，身份性知识更新的起点是教师对个人知识产生问题意识和改变的需要。这种问题意识和改变的需要就是一种对自我进行反思的意识，是一种反省的自我知识。哈贝马斯曾以认知旨趣界定个体知识，包括技术性、实践性和解放性三种。其中解放性的知识能够激发"个人有关自己现存的目的、信念和行动"之反思，"是经过一再思考而获得的自我知识的一种形式……使得个人更加有意识地明白个人的自我理解之社会的或者思想体系上的根源，就能使有个人'有力量'以更加有理性地自主的方式来思考和行动"。卡尔（Carr）认为，这种解放性知识就是一种反省的自我知识，"个人通过理性的自我反省，能够免除习惯、偏见和迷信的指挥，个人成为运用理性作自我决定的动因"[①]。在教师知识景观变构的过程中，反省的自我知识是教师身份性知识变构的关键，这种反省的自我知识能够为教师提供一种反思性的眼光和态度。具备了这种眼光，教师才会关注教师知识景观中那些日用而不知、习焉而不察的知识惯性并尝试改变；有了这种态度，教师才会有意识地反身求诸己，诊断自我和反思自我，产生自我更新的强烈需求。

第二节　多重话语交织下的教师知识景观

回顾月城初中教师知识景观的变构过程，我们可以发现，在变革初期，教师知识景观变构主要依赖外部力量的推动。随着变革深入，虽然教师尝试通过反思性行动践行所理解到的新知识，期望以此实现新知识内化，但过

[①] W.卡尔.建立一门教育科学的设想[C].//瞿葆奎.教育学文集：第1卷　教育与教育学.北京：人民教育出版社，1993: 728.

程中遭遇了诸多困难。其中最为核心,也最难以实现的是身份性知识的变构。教师受现实背景及其权威性知识的影响而难以深度自省和重构自我。对此,教师需要寻找或抓住一些重要契机或关键事件,这将会给教师知识景观带来去常规化的机会,敦促教师去寻找新的可能性的思维方式。此时教师必须尝试主动对话、反思新旧权威知识并做出个人抉择。如此,教师才能觉醒反省的自我知识,跳出惯常的思维方式对教育进行审视和思考,重新定义诸如"我是谁""学生是谁""教师是谁"等与自我知识相关的问题。[①]

本节,我们将视线聚焦于学校变革进程中的关键事件——中期评估,这一关键事件同时也是教师觉醒反省的自我知识,更新个人知识的重要时机。我们通过中期评估中教师的变革故事来呈现与探讨两方面内容:一是教师在集体教研中能否顺利使用新知识反思、框定和解决教学情境中的问题;二是教师面对多种知识及其话语时如何进行判断与抉择,最终能否完成自我重构。需要说明的是,这一部分虽然重点关注教师的变构故事,但展示了个体教师与群体教师之间的互构共生过程,能够以此推及月城初中教师的整体情况。

一、推动深层变构的重要时机

如前所述,在 NBE 变革知识以外,教师知识景观中交织或充斥着多种知识及其话语,对教师产生着复杂而又潜移默化的影响。如果教师仅仅权衡这些不同类型,甚至截然相反的知识,却不做出理性判断与最终抉择,那么教师知识景观将难以实现实质性的变构。当学校变革进行到重要节点时,多主体的不同话语带来的冲突与角力愈加明显,这也正是教师对不同

[①] 赵婧. "碎片化"思维与教育研究:托马斯·波克维茨教授访谈录[J]. 全球教育展望,2012,41(10):3-7.

知识及其话语做出理性判断与抉择的重要时机。NBE 变革进程中的关键事件——中期评估就为月城初中的教师提供了这一重要时机。在准备中期评估时,代表着不同知识的各类话语介入教师知识景观,构成复杂的知识网络,共同指向教师的实践。教师要对不同知识及其话语做出判断与抉择,并在此过程中反思与更新个人内在理论与自我知识。这是教师知识景观深层变构所必须经历的。

在讲述中期评估准备时的教师故事前,我们先对中期评估的目的与过程,月城初中进入中期评估时的整体背景作简要介绍。

对于变革而言,一个严格的外部评价制度必不可少。外部评价制度可以帮助学校对评价结果进行自我反思,并随之采取相应的改进措施,是一个良好的鼓励改革的机制。埃尔莫尔(Elmore)和西蒂(City)认为学校变革是一个起伏上升的过程,目前评测学校变革的工具往往是结果导向而不关注过程,且只能用来发现大变化,无法检测小变化。而学校变革却是由小变化不断累积而成,其中"学生学业成绩的变化远落后于教学实践质量的变化"[1]。变革效果一般会先在课堂中显现,而且不会如预期般显而易见,为了激励变革主体坚持挑战性的变革实践,必须进行过程性评价。"评价已发生了什么重要的变化……对参与变革的学校从整体到局部,从宏观到微观的变革状态的评价"[2]。此外,在教师知识景观变构中,旧现实的影响根深蒂固,新现实中随时可能会出现倒退(backsliding)趋向[3]。为了维护和巩固新的

---

[1] 迈克尔·富兰主编.变革的挑战:学校改进的路径与策略[M].叶颖,高耀明,周小晓,译.北京:北京大学出版社,2013:21.

[2] 叶澜,李政涛,吴亚萍.学校转型性变革中的评价改革:基于"新基础教育"成型性研究中期评估的探究[J].教育发展研究,2007(7):1-10.

[3] 彼得·伯格,托马斯·卢克曼.现实的社会建构:知识社会学论纲[M].吴肃然,译.北京:北京大学出版社,2019:197.

现实，必须提供相应的监管和治疗手段。在 NBE 研究中，日常变革活动中的自评与他评就是一种对变革的过程性监管和治疗，比如共生体教研活动中的诊断性评价、教师的阶段性小结和反思日志，学校每学期的规划和总结等。但学校变革作为一个复杂性系统，各层面可能存在发展不均衡情况，因此也需要阶段系统性评价，用以整体把握和诊断各层面发展的具体样态，明确下一阶段变革的方向。这种阶段系统性的整体评价就是中期评估。

中期评估"既指向教师个体，又指向学校群体的阶段性多层评价……在有关改革成效方面，作实验学校之间的发展系数与达标水平的比较"[1]，作为学校变革进程中的一个重要节点事件，具有承前启后的关键作用：

"中期评估的目的在于整体把握教育教学改革情况，总结和提升典型经验，形成阶段性成果并进行总结推广；通过评估选出一批优秀责任人、教师和研究群体，强化中坚力量，提升骨干力量的研究自觉性和研究能力；发现变革中存在的问题，为确定下一阶段的重点研究任务和策略提供事实依据。"[2]

中期评估的开启，标志着学校变革从第一阶段走向了第二阶段。根据学校制定的三年变革计划，完成变革的第一阶段通常需要三个学期左右，其重点是在学校各领域实现点状突破，并培育出第一批种子教师。在学校变革进入常态化，第一批种子教师在理念和行为上有了较为明显的转变后，学校变革便可以准备进入第二阶段。衡量学校能否进入变革第二阶段的关键就是中期评估。总体上，中期评估于教师知识景观变构的重要意义如下：

第一，促使教师知识从零散、局部性到综合、系统性的整体转变。变革

---

[1] 叶澜，吴亚萍. 改革课堂教学与课堂教学评价改革："新基础教育"课堂教学改革的理论与实践探索之三 [J]. 教育研究，2003（8）：42-49.

[2] 卜玉华. 变革力的生成：学校转型性变革的内生路径研究 [M]. 北京：教育科学出版社，2014: 209.

活动中的日常评价给教师知识实践带来持续和渐进式的改变,通过日常性评价和专题研究活动,骨干教师此时已经基本完成了点状突破,教师知识的需要实现更深层次和整体性的转变。中期评估作为一个节点式的集中评价活动,一方面能够放大经验的影响,使更多教师参与进来,另一方面能够促使教师个体进行深度自明和自我反思。

第二,帮助教师明确当下的变革状态,为未来变革发展指明方向,促进学校变革的持续和深入推进。学校变革是一个复杂系统,各系统间的发展并不是平行的,存在差异。深入了解学校变革现状和各领域间发展的程度,才能为下一阶段变革提供依据。中期评估是学校进行阶段性总结和反思的机会,让学校各层面都能对当前的状态实现深度自明,从而进一步放大变革先行者的经验,增强变革的积极性和内动力。

第三,促使教师对知识景观变构中一些价值问题的反思。首先,中期评估虽然有具体的指标和评价标准,但其评价内容指向变革的常态,是一种关注过程的价值取向,与教师所习惯的结果性评价有着根本性区别。其次,中期评估强调对具体个人的关注。为了促进主体对变革实践的整体认识和深化认识,中期评估要求教师和学校先自评,通过对自身变革现状的梳理,提升变革主体的自觉性。

整个中期评估大致分为三个阶段。中期评估前,学校管理层和各科代表教师对变革情况进行自评,填写自评表,撰写自评报告和专题总结等。中期评估当天,由 NBE 研究团队指导教师、区教研员或教育部门的代表、各共生体学校骨干教师组成评估小组。上午由被评估学校的主要科目(语、数、英、班队)的教师代表(第一至第三梯队的教师代表各一位)进行课堂教学,下午教师说课反思、教研组评课并汇报阶段性发展状态,评价小组进行现场评分。与此同时,学校的管理层也要汇报学校发展情况并进行现场答辩。中期评估后,学校要及时对评估结果进行总结反思,并规划下一阶段的发展。

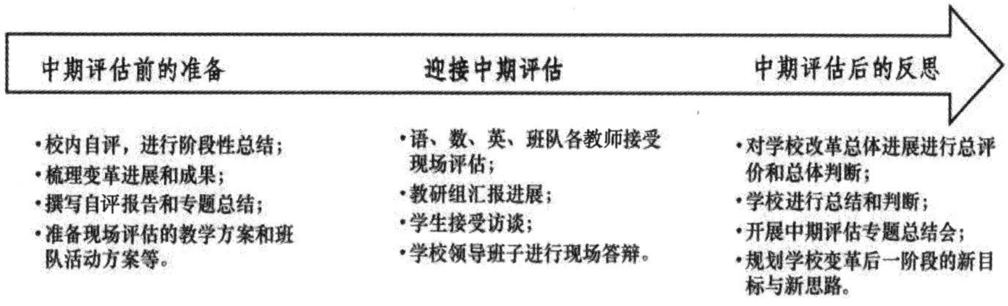

```
┌─────────────────────────────────────────────────────────────────────┐
│  中期评估前的准备          迎接中期评估           中期评估后的反思    │
└─────────────────────────────────────────────────────────────────────┘

・校内自评，进行阶段性总结；    ・语、数、英、班队各教师接受    ・对学校改革总体进展进行总评
・梳理变革进展和成果；            现场评估；                        价和总体判断；
・撰写自评报告和专题总结；      ・教研组汇报进展；                ・学校进行总结和判断；
・准备现场评估的教学方案和      ・学生接受访谈；                  ・开展中期评估专题总结会；
  班队活动方案等。              ・学校领导班子进行现场答辩。      ・规划学校变革后一阶段的新目
                                                                    标与新思路。

**图 5-2 中期评估的基本过程及具体内容**

南海区 NBE 共生体学校的中期评估定于 2019 年的 12 月进行。在梯队代表教师的人选上，月城初中教研组犯了难。根据变革的三年规划，在参与变革第一年，第一梯队的骨干教师要先实现点状突破，再逐步让第二梯队和第三梯队的教师卷入。月城初中第一梯队的骨干教师最初有 5 人：常副校长、薛主任、林秀玲、葛慧和赵淑华。因为常副校长和薛主任事务繁忙，在学校变革的第一学期，林秀玲、葛慧和赵淑华作为第一梯队的骨干教师，主要承担了变革活动中的研讨课授课任务，磨课和重建课则由第二和第三梯队的教师轮流负责。按照原计划，在变革的第二学期，正是骨干教师实现自我突破、走向成熟的关键阶段，但月城初中的骨干教师队伍发生了意料之外的变化。林秀玲在第二学期被学校任命为德育级长和班团队的教研组组长，她不得不将大部分精力放在德育管理和班团队工作上，对英语研讨活动的参与渐渐就有些力不从心。另一位骨干教师葛慧则因为被调到初三年级组而不再承担研讨课授课。一时间，骨干教师中能够持续参与变革活动的教师只剩下赵淑华。为了尽快重新确定骨干教师队伍，常副校长和薛主任先是鼓动教研组中的一些经验较为丰富、有一定阅历的教师参与变革活动，然而大多数教师都以"太忙了"或"把机会留给年轻人"等理由推让。常副校长不愿强迫教师参与，开始让教研组中的一些年轻教师上阵承担变革活动中研讨课的授课任务，希望能够在过程中确定一些好苗子。因此从参
```

与 NBE 变革的第二学期起，教研组在研讨课授课教师的安排上出现了明显的混乱。

表 5-3 2018—2019 学年英语教研课的安排表

时间	授课内容	研讨课教师
2018 年 3 月	初二下册 Module 2 Unit 2	林秀玲
2018 年 3 月	初一下册 Module 3 Unit 1	赵淑华
2018 年 4 月	初二下册 Module 7 Unit 2	葛慧
2018 年 4 月	初一下 Module 7 Unit 1	林秀玲
2018 年 9 月	初三上册 Module 2 Unit 2	葛慧
2018 年 9 月	初二上册 Module 3 Unit 1	林秀玲
2018 年 10 月	初一上册 Module 4 Unit 1	薛主任
2018 年 10 月	初一上册 Module 5 Unit 2	蔺老师
2018 年 12 月	初一上册 Module 10 Unit 1	孟老师
2018 年 12 月	初二上册 Module 11 Unit 2	赵淑华
2019 年 3 月	初一下册 Module 3 Unit 2	曾晨
2019 年 3 月	初一下册 Module 3 Unit 1	尹莉
2019 年 4 月	初二下册 Module 6 Unit 1	赵淑华
2019 年 4 月	初二下册 Module 6 Unit 2	林秀玲
2019 年 9 月	初三上册 Module 3 Unit 1	林秀玲
2019 年 9 月	初三上册 Module 3 Unit 2	赵淑华
2019 年 11 月	初一上册 Module 6 Unit 2	尹莉
2019 年 11 月	初二上册 Module 7 Unit 1	曾晨

从 2018 年至 2019 年研讨课教师的安排表（见表 5-3）中我们可以发现，参与变革的第一学期，授课教师一直是林秀玲、葛慧和赵淑华三位骨干教师，然而自 2018 年 10 月起出现了明显变动。为了补上葛慧和林秀玲因突发情

况无法参与变革活动所带来的空缺,蔺老师、孟老师、曾晨、尹莉等原定为第二和第三梯队的老师不得不提前参与授课。队伍的不稳定和安排的混乱,使得教研组中骨干教师的身份变得模糊,无法发挥变革引领者的作用。有些教师甚至不能确认自己属于第几梯队,自然也不能清晰理解自己在变革中的身份以及要承担的责任。变革的发展因此也受到了极大影响,因为授课教师一直变动,教师的授课风格和对新理念理解的程度各异,月城初中的课堂教学一直无法实现持续和深入的改变。相似问题总是在不同教师身上重复出现,英语课堂呈现一种左右摇摆的样态。蒲教授发现这一问题后,多次督促常副校长和薛主任发挥学科负责人的作用,尽快稳定队伍。在2019年3月的研讨活动中,蒲教授又一次郑重告诫月城初中教研组,"要将骨干教师的队伍稳定下来,有好些学校的课堂教学已经有了成熟的样态,但你们的(课堂)却还很不稳定,这跟你们教师一直变来变去关系很大"。然而这种混乱的状态一直没有得到改善。因此随着评估时间的临近,各梯队代表教师的人选成为摆在眼前的一大难题。常副校长最初的设想是由林秀玲(初二年级组)作为第一梯队的骨干教师、赵淑华(初三年级组)作为第二梯队的骨干教师、曾晨(初一年级组)作为第三梯队的骨干教师进行授课。但林秀玲因为担任德育级长,需要兼顾班团队,无法分身,而初二备课组大多数是非正式老师,没有可以承担课程的骨干教师。常副校长与薛主任商议了很久,最终决定在初一年级选择两名代表教师,来弥补初二年级无代表教师的状况。

最终各梯队代表教师的名单确定为:

第一梯队　初三年级　赵淑华

第二梯队　初一年级　葛　慧

第三梯队　初一年级　曾　晨

虽然是个别教师授课,但课堂却是由教研组共同建构出来的。这种情况下,教师代表已不再是课堂上唯一的实践者,其课堂体现了众多教师的意志,其课堂实践也是多个话语主体共同塑造的结果。因为中期评估也是对整个南海区 NBE 变革发展状态的一次阶段性评价,南海区教育局和各街道教育办公室对此也十分关注。随着地方权威主体的介入,不同权威性话语间的相互作用也开始浮现。身处多重话语交织的知识网络,教师要如何进行反思并做出抉择呢?接下来我们就进入教研组的备课研讨现场,审视教师在集体研讨中是如何对话不同类型的话语和进行反思的,在这个过程中教师个体与教师群体之间又是如何互动生成的。

二、新旧知识交锋中教师的多层反思

中期评估的"前移研究"要经历数周"备课—试教—研讨—再试教"的探究过程,用教师的话就是"教研组对同一节课不断地进行打磨"。这一"磨课"过程也被施瓦布(Schwab)称为课程探究中的集体审议[1],遵循一种实践逻辑:首先,授课教师根据自己的教学设计进行试教和说课反思,教研组的其他教师感知教学实践中的具体细节并赋予意义,接着在集体研讨时框定问题,即教师根据所感知到的细节和所赋予的不同意义对教学情境中的问题做出诊断,并转化为对话中有效的话语表征方式。然后,解决问题。教师讨论协商所框定的问题,并选出最佳解决方案。最后,教师根据所选方案进行教学实践,并针对产生的新问题进行新一轮的磨课(审议)。[2]磨课(集体审议)不仅可以促使教师对教学实践进行实际效果判断(事实判断),还可以促使教师通过反思进行价值判断和抉择。[3]整个过程充满了新知识与旧

---

[1] Schwab. The practical: A language for curriculum[J]. The School Review, 1969, 78(1): 1-23.
[2] 徐玉珍. 群体审议:教师参与学校课程决策的一个参考框架[J]. 华东师范大学学报(教育科学版), 1995(4): 23-34.
[3] 施良方. 课程理论:课程的基础、原理与问题[M]. 北京:教育科学出版社, 1996: 199.

知识、个体知识与集体知识间的对话与互动，教师可根据意义的协商和对教育教学的新理解做出最终抉择。这种新的理解就是教师个人知识更新的内容。在这过程中，能否顺利调用新知识对教学情境中的问题进行框定并提出解决方案，是教师知识景观变构是否成功的一个重要判断依据。

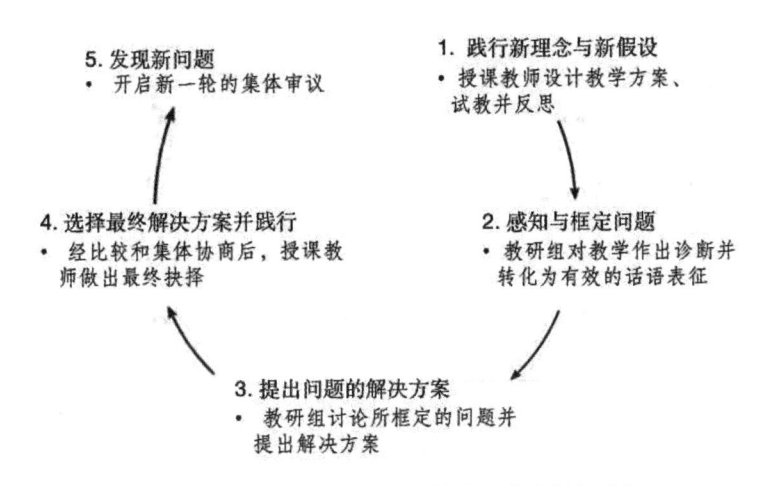

```
5. 发现新问题                    1. 践行新理念与新假设
 • 开启新一轮的集体审议          • 授课教师设计教学方案、
                                   试教并反思

4. 选择最终解决方案并践行        2. 感知与框定问题
 • 经比较和集体协商后，授课教      • 教研组对教学作出诊断并
   师做出最终抉择                    转化为有效的话语表征

            3. 提出问题的解决方案
             • 教研组讨论所框定的问题并
               提出解决方案
```

图 5-3　"前移研究"中的集体审议（磨课）过程

　　参与中期评估的三位教师代表分属于初一和初三教研组。在中期评估前一周，三位教师代表初步确定了教案，并各自进行了第一次试教。薛主任告诉研究者："两个教研组的试教情况不一，不过都需要再磨一磨课。"打磨的起点是教研组基于试教情况进行的问题感知与框定，这对于教师个人知识的更新十分重要。因为教师的视域往往具有"焦点觉知"[①]的特征，能"看"到的内容有限，授课教师在反思时常常围绕教学设计的意图及意图是否能实现的角度进行，而集体研讨中，因彼此知识各异，反思教学实践时会运用不同视角，能够帮助授课教师更全面地认识自己的课堂。

---

① "焦点觉知"概念最先由英国学者波兰尼（Polanyi）提出。他认为实践者在行动时会将注意力集中于自己所认为的关键环节，而其他的一些相关因素则处于知觉的边缘（附着觉知）。

下面研究者将重点呈现初三年级组对赵淑华课堂的打磨过程，具体呈现教师如何对教学情境中的问题进行框定和反思，个体教师与群体教师之间如何互动共生，教师能否顺利使用新知识，新知识的使用受到哪些因素影响。

（一）在"冲突"中初步框定问题

初三教研组共有 10 位教师，为了保障中考成绩的稳定性，教研组以经验丰富、资历较深的老教师为主。已有 27 年教龄的教研组组长康老师就是代表。骨干教师赵淑华和林秀玲因为都只有 10 多年教龄，在年级组中算中青年力量。赵淑华此次教授的是关于摄影比赛获奖作品的阅读课。磨课经历了数次集体研讨，此处研究者会择取一些重要的教师对话来呈现。

如下对话发生于第一次试教后的集体研讨，争议焦点是导入环节中对开放式问题的处理。在导入环节，赵淑华设计了开放式问题，让学生对获奖照片进行预测，这是赵淑华的新尝试。她希望借此激发学生对照片描述的学习兴趣，但因为师生对这种学习方式不熟悉，导致既定教学设计没能在预期时间内完成。对此，教师中出现了质疑声，这体现了新旧权威性知识之间的冲突。

研讨片段 1

第一次试教后，初三教研组普遍认为赵淑华的教学设计没有太大问题，只是没能在既定时间内完成教学，所以研讨之初将问题框定于"如何在既定时间内完成教学"，主要围绕教学过程中的细节处理给予了一些改进建议。先发言的是一位已有 20 余年教龄，颇有资历的老教师——郑老师。

郑老师："我先说吧。我觉得，一开始的那个开放性问题，设计是可以的，但是你把学生说出来的所有答案都写在黑板上完全没有必要，太花时间了，你要不就只写提示词。另外，有必要让那么多学生来回答吗？得到你想要的那几个问题的答案不就可以了？"

赵淑华:"只写提示词的话,学生根本不知道我的意图是什么。而且我觉得学生提出的问题很好,有好些问题我都没有想到,不写在黑板上很可惜。"

林秀玲:"是的,把问题完整写在黑板上,就是参照,学生后面对话时可以借鉴。"

郑老师:"你想要作参照,写提示词不也可以吗?比如说,学生那天问了个问题'Who are the winners?',你就可以用 winner 来代替,是不是?"

赵淑华摇了摇头,但没有说话。教研组其他教师开始小声讨论起来,多数教师赞同郑老师,但也有一些教师认为完整的问题才具有参照价值。现场一时有些混乱。

康老师:"大家还有没有其他建议,帮淑华想一想怎么才能缩短时间?"

李老师:"要不这样,事先准备几个贴板,把一些问题提前写好,学生如果提出新问题,你再写到黑板上。"

林秀玲觉得这个建议可行,赵淑华迟疑了一下,点了点头。

郑老师:"事先准备一些问题板,也行,你现在就可以想想到时候需要哪些问题,想好了提前准备。"

赵淑华:"是可以提前准备几个,但我觉得不用准备太多,试教的时候学生现场问出来的问题比我想象中要多要好。嗯……其实我觉得这个(环节)没问题的。上个月去北京听课,那个上课的老师在导入的时候就让学生针对 topic 问问题,而且还让学生自己上讲台写出来。不过那里的学生基础好,他们都写得很快,这个环节就不是很花时间。而我们的学生基础就不太好啊,又磨磨蹭蹭的,站起来都要半天,就比较耗时间了。但这个思路肯定没问题的,专家当时都肯定了。"

几位同去北京听课的老师点头:"对,确实是这样。"

康老师:"那要不你就写快一点。"

赵淑华："对，我觉得我书写确实比较慢。"

郑老师："那好吧，那你记得控制下时间。"

赵淑华："好，这个环节我会加快速度，而且中期评估那天上课的班比上次试教的班层次要好，所以应该不会花很长时间。"

从这段对话中，我们可以看到教师中出现了两种声音，分别代表了新旧知识。一种声音是"要精准把握课堂节奏以完整呈现既定的教学方案，开放式问题导入的环节没必要花太多时间"，另一种声音是"要关注课堂的动态生成过程，开放式问题导入能够有效激发学生的潜在经验，十分重要"。持前一观点的多是对传统模式极为熟悉的老教师，他们很容易受到旧经验影响而对新知识产生动摇，从而寻求一种将新知识与旧实践结合的解决方法。郑老师的"只写关键词"，李老师的"提前准备好问题"等建议，都是在自己固有经验基础上对方法或操作层面做出的简单改变。他们显然没有理解赵淑华设计开放式问题背后的教学理念。而持后一观点的多是认可新理念并愿意在实践中做新尝试的教师，比如身为骨干教师的林秀玲和赵淑华。不过他们显然还无法熟练使用新知识体系中的概念条件，都没能将自己的意图在对话中进行有效的话语表达，最终还是只能通过引用权威人物（专家）的话语来说服其他教师。总体上，我们可以发现此时教研组对教学的反思仍主要关注技术与操作上的细节，大多数教师强调既定教学设计的完成，所讨论的内容是如何在可控状态中更有效地达到预设目标。

（二）以新知识对问题重新框定

"行动中反思的本质就是能从习以为常的现象中'听'出或'看'出不同的东西来，也就是金恩所提出的'重新框定'。"[1] 受新知识体系影响，教师

---

[1] 康晓伟. 教师知识学：当代西方教师实践性知识思想研究[M]. 北京：北京师范大学出版社，2017: 98.

知识景观中传统的对技术性细节、知识目标的关注已经失去了绝对合理性，教学情境中的问题需要在新的参照体系中被重新框定。也就是说，教师要尝试用新知识审视教育问题。在共生体研讨活动中，带领教师重新框定问题的是高校研究人员，当高校研究人员不在场时，教研组组长应该承担起相似角色。但从上述对话中，我们可以发现作为教研组组长的康老师对NBE理念其实并不熟悉，多数情况下她只是起到维持秩序和控制流程的作用。而作为骨干教师的赵淑华和林秀玲，对于新范式下的课堂实践模式和背后认识体系的理解要远高于其他教师，所以她们在对话中发挥出了专业引领者的作用。下面林秀玲开始引导教研组教师对教学情境中的问题做出新的框定。

研讨片段2

在文本的分析与处理上，赵淑华采用了月城初中以往常用的一种方式：通过表格提取文本关键信息。教研组的一位教师认为赵淑华所设计的表格需要填写的内容太多，占用了太多时间。

狄老师："这个表格也太细了，一个个让学生去找（答案）再展示，这中间花的时间也很多。"

李老师："可以把答案设置成动画，点一下就出来，这样不会花多少时间。"

林秀玲："我想问一下，这个表格究竟是想做什么用的？光提炼文本信息吗？是不是应该还有其他用处？"

赵淑华："这个表格呢，我是想帮学生去归纳文本中描述照片的一些定语从句句型的，所以表格上有主题、获奖者和具体描写三个维度，先让学生根据这三个维度去分析课文，然后进一步归纳定语从句的用法。但是在上次试教过程中，我发现其效果并不好，最后学生还是不会用定语从句来描述摄影作品。"

林秀玲："这节课的<u>语法学习目标是定语从句</u>，我觉得你是想要借助表格来操练定语从句。我上次这样用表格<u>被蒲教授批评</u>了，她说这样框住了学生的思维，不够开放。"

赵淑华："可如果把表格去掉，文本的内容怎么提炼出来？蒲教授说要<u>教结构用结构，要给学生搭梯子嘛</u>，我就想用这个表格给学生一个操练定语<u>从句的示范</u>，学生看这个表格就知道描述照片要从哪些维度，用什么句型。"

张老师："但这个表格它呈现出来的也只是一些文本中的信息，怎么拿来操练定语从句呢？要不要加个 who 和 which 的例句在旁边？"

孟老师："我觉得这个是<u>这节课的教学重点</u>，不然学到最后学生还是不会用定语从句，你的<u>教学目标就完成不了</u>。"

林秀玲："是啊，而且我觉得你这样带着学生一段一段地去找信息，是<u>不符合'新基础教育'的要求的</u>。"

蔺老师："那天月城小学的课你看了吗？她那节课的文本也是这种总分结构。她先选了一段来做示范，示范完就放手让学生自己去找另外几段的信息。她那个模式就是蒲教授想要的，我觉得<u>可以借鉴一下</u>。"

这段讨论的开始，教师依旧将教学情境中的问题框定为"如何精准地把握教学步骤，以完成既定教学设计"，并围绕一些技术性细节和具体操作展开。当林秀玲就教学行为背后的意图提出疑问后，赵淑华和其他教师开始关注到试教情境中学生的学习状态、教学目标和文本分析等问题。此时，教学情境中的问题被重新框定，从"如何精准地把握教学步骤以完成既定教学设计"转向"如何基于学生的学习状态来实现教学目标和对文本进行分析"。我们可以看到，在研讨片段 1 中，因为问题框定在技术层面，对传统教学模式有丰富经验的老教师掌握绝对的话语权。然而当问题被重新框定，教师关注的焦点从技术层面转向实践层面后，旧知识体系下经验的合理性被悬置或被质疑。面对新知识体系，所有经验都存在被批判的可能性。相对年轻的教师（如张老师、孟老师等）的话语权和表达机会在提升。这增加了集体审议/磨课过程中个体教师的参与性，打破了"边缘性参与"[①]的束缚。

（三）反思的三种层次与不完全的变构

根据哈贝马斯对人类认知旨趣的技术性、实践性和解放性的三个层次的理论，格伦迪（Grundy）认为教师的反思也存在三个层次：技术性反思、实践性反思和解放性反思。[②]对技术性层面的反思关注既定目标的实现，以及实现预期目标的手段（具体操作）的有效性，并不关注教育中主体、主体间的交互性和对目标的价值追问，是一种手段与目的相分离的控制性反思。实践性反思关注学生的学习，指向行为背后的意图。教师进行实践性反思时不再那么关注知识目标的达成，而更关心育人价值的实现，更多思考除了知识以外，还能够带给学生何种意义。虽然外部权威性知识仍然是教师进行实践性反思的重要来源，但此时教师更强调自己和学生作为知识主体的自主性和创造性。解放性反思是教师反思中的最高层次。教师不再依赖于外部权威性知识，而是通过对自我身份和习以为常的教学理念的重建来实现知识的更新，教师的主体性得到进一步提升。

如果以格伦迪所提出教师反思的三个层次来重述初三教研组的集体审议过程，我们会发现：初三年级组的集体审议过程经历了从技术性反思到实践性反思的转向。教师从最初围绕一些技术性细节和具体操作来框定问题，到后来开始关注到试教情境中学生的学习状态，教学目标和文本分析等

[①] J. 莱夫，E. 温格. 情景学习：合法的边缘性参与 [M]. 王文静，译. 上海：华东师范大学出版社，2004.

[②] Grundy. Curriculum: Product or Praxis[M]. Philadelphia: The Falmer Press, 1987.

更深层次的教育问题。需要说明的是，虽然在变革中我们倾向于后者，但在实际教学与研讨中，这两个层面的反思都有其存在的合理性和必要。日常教学中，"指向学科知识和教学规律之认识的技术性反思永远不可能被排除"①，对效率和目标的追求使得教师必然会关注对课堂、时间分配和学生活动的把握。但具备学生意识的教师不仅关注技术层面的反思，还希望在教学中实现师生、生生之间有目的和有意义的互动沟通，所以从技术层面走向实践层面，就是教师在学生观和教学观上进行知识变构的具体表征。不过教师身份性知识的变构还是要在解放性层面的反思中才能最终实现。这是教师超越自我和所处现实的关键能力，意味着教师脱离了外部权威性知识的影响。在初三年级组的磨课中我们尚未看到这一类型的教师反思。

此外，在初三教研组的教师对话中，我们还可以发现，虽然重新框定问题时教师关注的焦点实现了从技术性到实践性的转向，但教师对如何解决问题依旧是一筹莫展，最终只好为了"符合'新基础教育'的要求"而选择去模仿和学习其他课中"蒲教授想要的"模式或教学方式。在研讨对话片段2中，我们看到了一个有趣现象：赵淑华和林秀玲在讨论设计表格的意图时，都引用了高校研究人员的话语进行表述。林秀玲引用的专家话语是"这样框定了学生的思维，不够开放"。赵淑华引用的专家话语则是"要教结构用结构，要给学生搭梯子"。为什么同一理论基础的不同方面会被教师表征为相互冲突的话语呢？一个重要的原因就是教师个人化或片面性理解所造成变革意义之流失。她们只抓住了专家某句话，并联系以往经验做出个人化理解，却忽视了蒲教授进行话语表征时的具体问题情境，破坏了理论的系统性。此即前文所述，教师往往以自己的个人知识作为意义资源对

---

① 李莉春. 教师在行动中反思的层次与能力 [J]. 北京大学教育评论, 2008（1）: 92-105, 190.

新理论进行诠释,造成变革意义流变或失焦。出现上述情况的根本原因,还在于教师知识景观尚未完成真正变构。虽然变革性知识已经介入,教师的身份性知识与专业性知识也开始逐渐发生变构,但至此变革仍旧未能触及月城初中教师知识景观最深层次的知识解构与建构。这种不完全的变构在教师面对现实教学情境时表现得十分明显:一是教师所使用的新知识是经过个人化、片面化理解的,无法为他们提供强有力的理论支持;二是教师即便能够使用新知识对教学情境中的问题做出新框定,却无法继续用新知识去解决问题。

第三节　自我建构中的教师知识景观

在初三教研组的磨课过程中,研究者发现月城初中的教师知识景观尚未实现完全的变构。教师面对教学情境中的问题时仍旧无法即时和顺利使用新知识,还是习惯依赖专家话语来解决问题。从话语表征的角度来看,就是教师依旧在使用外部权威性话语,而没有形成自己的内部说服性话语,没有实现解放性层面的反思。

"权威性话语"和"内部说服性话语"是俄罗斯学者巴赫金(Bakhtin)提出的概念。前者代表国家意识形态、社会文化或机构的声音,要求主体承认并接受,是一种超自我的文化;后者来自个体自己或所处社群,是在个体选择和实践的基础上对不同话语的再创造。[①]内部说服性话语是教师自己的话语,由教师通过加工所接受和掌握的他人话语,以及在与自己内心的对话中逐渐产生。内部说服性话语的意义结构处于开放和未完成状态,为教师

---

① Elbaz. Teachers' voices: Storytelling and possibility[M]. Greenwich: Information Age, 2005: 4.

反思提供创造与解放的空间,并在这些空间内重塑自己的个人知识。①

NBE 变革希望教师能够形成自己的内部说服性话语。内部说服性话语的形成本质上就是在解构旧知识的同时建构新知识,其中最重要的内容是自我知识的解构与建构。准备中期评估时,教师除了要面对不同类型的权威性话语外,还要面对来自教师知识景观多主体的不同声音。教师要围绕自己的教学情境,与权威性话语和各种声音之间展开对话,这是个体与群体、内部与外部、自我与他者的互动沟通,教师将在此过程中不断确认自己内心深处教育与自我的意义。

接下来研究者将进入初一年级组的教研现场,呈现和分析骨干教师葛慧对各种话语和声音或坚持或接纳或反驳的抉择,阐述教师尝试形成内部说服性话语的主要过程,以及在自我知识重构中遭遇了何种困难。

(一)来自外部的不同声音

相较于初三年级组,初一年级组成员以年轻教师居多,教研组内掌握话语权的主要人物是身为骨干教师的葛慧和学科负责人薛主任。葛慧是教研组内较有资历的老师,她曾被评为南海区名师,因此专业能力上也颇受认可。葛慧在备课后试教了一次,试教时南海区教研员章老师在现场,大家对试教的结果都比较满意,普遍认为葛慧的教学设计没有什么问题。但葛慧自己却不这么认为,在集体研讨的时候,她一开始就向大家表达了自己的教学思路和困惑。

"我这节课是本单元第二课时的阅读课,文本是一篇对同一时间世界各地人们正在做不同事情的新闻报道。我设计了一个大明向妈妈介绍世界各地旅游城市的任务主线,希望学生通过文本的阅读掌握现在进行时态的语法结构,理解新闻报道的基本结构,以及多场景多对象在做不同事情的语言

---

① 北冈诚司.巴赫金:对话与狂欢[M].魏炫,译.石家庄:河北教育出版社,2001.

表达。那么,在试教的时候,我感觉我的节奏有些乱,没能很好地完成自己的设想。最主要的问题出现在核心过程的推进,我是依托 worksheet 来一步步推进学生的阅读,但我发现学生最后在复述的时候是缺少逻辑性和结构性的。在这一点上我思路还不是很清晰,希望大家能给我些建议。"

从这段简短的说课和自我反思中可以看出,葛慧是一位对教学思路和环节设计有一定主见的教师。她将反思直接指向实践性层面,希望在此层面上框定问题。针对她的困惑,教研组的教师开始尝试对问题进行框定。在如下这段对话中,出现了不同主体的不同声音:

研讨片段 3

薛主任:"我觉得你这节课是很清晰的,就是整节课听下来感觉内容很多,而且你讲时差讲了好久,这样讲的话后面重点内容的时间会很短,是不是重点不突出了?"

葛慧:"可是教参里说有关时区的知识是最重要的。我个人理解,之所以重要,是现在进行时态一个关键的条件就是此时此刻,这篇文章讲的是同一时间世界各地人们正在做的事情,如果不把时差说明白,学生可能无法领会'此时此刻'的重要性。"

薛主任:"我倒觉得时差没必要讲那么久,还有一点就是,章老师上次听完你试教,不是说一开始就让学生去讨论 news report 的结构有点太抽象了吗?"

葛慧:"是的,章老师这么说过,我是想一开始让大家先讨论一下,上完课再做对比补充,这样学生就会更加关注 report 的结构,重点更突出。"

宁弈:"但一开始就问新闻报道应该有哪些结构,学生都有点蒙。章老师那次(研讨)也说这是一种自上而下的方式,应该先让学生通过阅读一步步理解探究,最后归纳 report 的结构。"

葛慧："这个……其实我也想过，report 这种文体，学生以前也接触过，不存在一点都不了解的情况。而且课后我也问过学生，他们觉得这个问题不算难。"

薛主任："可能还是重心太高了。你的指令语也很长，整节课听下来感觉老师讲的时间太多了，而且还有那个 worksheet，感觉就像在做练习一样。"

葛慧："其实我这个 worksheet 的设计是参考了上个月北京那节阅读课，在那节课上，那个教师也是用 worksheet 来引导学生进行深入阅读，我想在自己的课上也试一试。"

曾晨："我觉得 worksheet 的设计也该要有思路的，葛老师设计的第一题是先略读，找一些关键信息，第二题再一段段细读提取主要内容。两道题都是表格，都是在提取信息。"

葛慧："是的，不过第二题提取的内容要比第一题多，而且关注点在不同的表达方式上，还是不太一样。"

宁弈："北京那节课，我也看到了那个 worksheet，她有道题目设计的是判断正误，葛老师要不要把第二题也换成判断正误？"

葛慧："对哦，判断正误肯定要找依据，这样也需要深入阅读。不过这样不更像练习了吗？而且现在中考没有判断正误题，学生平时也不做这种题型。"

这段对话中，我们"听"到了来自多主体的声音，有代表地方专业权威的教研员章老师，有来自学生的声音，也有来自教研组中不同教师的声音。我们可以通过表 5-4 对此加以提炼：

表 5-4　葛慧备课研讨过程中出现的多种声音

话语主体	不同声音
教研员 章老师	"章老师那次（研讨）也说这是一种自上而下的方式，应该先让学生通过阅读一步步理解探究，最后归纳 report 的结构。"（转述）

（续表）

话语主体	不同声音
学生	"我也问过学生，他们觉得这个问题不算难。"（转述）
"公开课"教师	"那个教师也是用 worksheet 来引导学生深入阅读，我想在自己的课上试一试。"
学科负责人薛主任	"你讲时差讲了好久，这样讲的话后面重点内容的时间会很短。" "那个 worksheet，感觉就像在做练习一样。"
其他教师	"worksheet 的设计也要有思路的。"（曾晨） "一开始就问新闻报道应该有哪些结构，学生都有点蒙。"（宁弈）
教参	"教参里说有关时区的知识是最重要的。"（转述）
应试要求	"现在中考没有判断正误题，学生平时也不做这种题型。"

在这些话语中，教参普遍被认为是影响和塑造课堂的国家意识于文本上的话语表征，应试要求则是地方性知识背景的话语表征。对于教师而言，教参、教材等标准和应试的外部要求常常影响他们对实践的评判。但与应试要求相比，教参和教材对于实践的表征始终是模糊的，只能从大方向上给教师提供参考，所以教师可以超越它们做出自己的创造性理解。可以看到，葛慧虽然以教参为标准确定了教学的目标和重心，但她从语言学习角度，对教参将时区作为教学重点的原因做出了自己的解释。与之相比，应试要求是具体的和强制性的，教师一时难以简单超越。在这段对话中，还有另外两种外部权威性话语存在，一种来自代表地方专业权威的教研员章老师，另一种来自北京 NBE 研讨课的授课教师。因为研讨课教师的授课得到了高校研究人员的肯定，所以被月城初中的教师视为 NBE 理念在课堂实践中的正面案例。这两种权威性话语的主体虽然并不一致，但理念上是相似的。此外，我们也看到了来自教研组教师的不同声音，比如曾晨和宁弈基于葛慧的教学意图，参考正面案例给予她的建议等。面对多种声音，葛慧将如何判断和抉择？她自己内心的感受又是怎样的呢？

（二）教师的判断与抉择

面对来自不同主体的各种声音，葛慧陷入了纠结与挣扎。研讨过后的几天里，她一直愁眉不展。第二次试教时，葛慧调整了自己的教案，因为难以取舍，她选择尽可能全部采纳章老师、薛主任和宁弈等人的建议，可结果仍不如预期，甚至还不如第一次。课堂上出现了葛慧任教生涯中少有的混乱场面，无论教师还是学生，在过程中似乎都失去了主要方向。葛慧在试教结束后就离开了学校，没有参加接下来的研讨。薛主任告诉我："课没上好，葛慧的心情很差，说要回去冷静一下想想清楚。她是一个很有自己想法的人，我们得给她一些时间。"这时距离中期评估只有3天，考虑到葛慧内心的焦虑和所承担的巨大压力，薛主任和教研组其他教师都默契地不再追问。最终，葛慧没有采纳章老师和薛主任的建议，依旧着重讲解了时差，并在课堂开始就让学生讨论 report 的结构。但她接纳了曾晨和宁弈的建议，修改了 worksheet 的内容。中期评估当天，葛慧表现得很不错，得到了蒲教授等人的肯定。

中期评估后，研究者与葛慧进行了一次长谈，她向研究者完整叙述了在各种声音交织与角斗中自己的困惑与挣扎。从教师内部说服性话语形成的过程和影响因素分析的角度出发，研究者对葛慧的叙述进行了梳理与重构。接下来就让我们一起来听一听葛慧的内心独白。

首先是葛慧面对不同声音时的判断与抉择。

葛慧的内心独白：对不同声音的判断与抉择

试教与研讨后，最让我困惑和纠结的有三点：

第一点，要不要将时区的讲解作为教学重点之一。薛主任觉得这样重点不清楚，也有不少老师说我在上地理课。其实我有自己的想法，不全是因为教参里这么写了。主要是我想在这节课中凸显语言学习的意义和文化价值。之前蒲教授指导的时候说过，语言学习不能仅停留于知识，而要思考意义的问题，我很受启发。在备课的时候，我就想这一单元都跟文化有关，我要让学生意识到这一层价值，所以我不想放弃对时区的讲解。最后我还是坚持了。

第二点，就是章老师说我是自上而下的思维，认为我不应该一开始就让学生去讨论 report 有哪些结构，要在最后做归纳。这一点，其实我也是自我怀疑的，因为"新基础"一直说要重心下移，要有学生立场，我想自己这样是不是本末倒置了，不符合"新基础"的要求。可试教的时候我发现学生对 report 是了解的，他们不觉得这个问题抽象，反而觉得这样问，整节课任务很清晰，这给了我信心。我想，既然要有学生立场，那我就应该听一听学生的声音。

还有就是 worksheet 的设计。在北京听课的时候，我也是跟薛主任一样的感受：让学生跟着 worksheet 走，这不就是在做练习吗？可是蒲教授她们却肯定了那个老师的做法，我当时也不明白为什么。曾晨和宁弈的发言给了我启发，之前我确实没想到这一层面：原来那位老师是根据深入阅读的思路来设计 worksheet 的。后来我也跟你、宁弈和曾晨一起讨论过，可能阅读要有一个循序渐进的思路，先略读抓取关键信息，再精读分析中心句和主要内容，然后再归纳篇章结构。这样一讨论，我原来 worksheet 的设计确实比较杂乱无章。

在这段叙述中，我们可以看到困扰葛慧的主要是三个问题，每个问题都有最具影响力的几种声音。例如，在教学重点的设计上，薛主任和教研组多数教师代表着一种声音，这与蒲教授的声音产生了冲突。此外在这个抉择的过程中，教参是另一种隐形的话语力量，这些共同支持着葛慧做出最终判断。在教学环节的设计上，章老师的话语与学生的话语产生了冲突。基于 NBE 对学生立场的关注，葛慧最终选择听从学生的话语。在 worksheet 的设计上，虽然葛慧在叙述中认可北京研讨课教师、宁弈等人给她带来的启发，最后中期评估时也根据教师们的建议修改了worksheet，但在访谈时，葛慧承认自己"除了公开课以外，在日常课中应该不会再尝试这种worksheet的设计，因为这跟中考题型差太远，学生做这些练习作用不大"。可见在葛慧心里，最终的抉择依旧是倾向于应试要求，只不过为了完成中期评估而选择了NBE希望她做出的选择。这一"看不见的黑手"[①]是影响教师抉择的隐性却又极其关键和强大的力量，大多数时候，教师在日常教学中会选择让步或服从于这一隐秘而强大的力量。

回顾影响葛慧做出判断与抉择的因素，我们会发现新的教育理念（"要在这节课中凸显语言学习的意义性和文化价值"）、对学生立场的关注（"要听一听学生的声音"）、知识社群的影响（"曾晨和宁弈的发言给了我启发，之前确实没想到这一层"），这几类因素的影响最为重要，共同支持着葛慧在中期评估的准备中做出最后的选择。而地方性文化/背景中的权威性知识（"这跟中考题型差太远，学生做这些练习作用不大"）是葛慧内心所服从，并且会在日常实践中执行的知识/话语。

（三）教师自我知识的重构与困难

教师形成内部说服性话语的过程，本质上就是寻找自我、成为自己的过程。除了专业性知识外，还需要对身份性知识进行反思与重构，也就是教师对自我的追问和意义确认。那么葛慧是否最终完成了自我追问与意义确认，其间又遭遇了何种困难？让我们来继续听一听葛慧内心的声音。

[①] 王建军.合作的课程变革中的教师专业发展：上海"新基础教育实验"个案研究[D].香港：香港中文大学，2002.

葛慧的内心独白：对教师身份的反思与自我改变中的困惑

这次中期评估带给我的感触真的很大，我经历了从困顿、挣扎到领悟的过程，这个过程很艰难。其实参与"新基础"以来，我一直在不断经历这个过程。

我是一个自我要求比较高的人，没有接触"新基础"的时候，我也会通过其他方式在专业上充实自己。我毕业于佛山市最好的师专，区教研室的杨老师，名师工作室的罗老师，都跟我是一个学校毕业的，我们那所学校培养出来的教师现在都是各个学校的教育能手或中流砥柱，我也一直在提醒自己不要扯母校的后腿，提醒自己不能落后。前几年我刚读完语言学的专硕，这段学习经历让我能更加系统地思考英语教学，也是有了这个积累，对于"新基础教育"的理念我可能比其他老师更容易接纳。但语言学硕士对我而言，最多收获的是专业上的成长。自己感觉做教师这么长一段时间，直到参加"新基础"，才开始对什么才真正是一个教师有点感悟，感受到了身为教师的一种意义感。

其实我是一个比较乐于思考的教师，但意义层面的东西我以前很少关注，参加"新基础"之前我很少去想"教师的身份究竟意味什么"，教师究竟要对学生产生什么影响？我想肯定不仅仅是知识的。我儿子的教育让我反思了很多，他之前也在这里读书，刚升高中不久，对于他的教育我一直很遗憾[1]……就是我们教师其实一直受到考试啊上级要求啊这些影响，太急功近利了，总拿一些外在的东西去衡量学生，眼睛只盯着那些直观的数据。为什么我们没有教会孩子们要善良、宽容、理解别人、与别人友好相处？这些

---

[1] 讲到儿子的教育时，葛慧突然哽咽起来，好一会儿才调整好情绪。她没有在访谈中展开谈论儿子的教育究竟有什么问题，但薛主任私下说葛慧的儿子在初中时一直表现不错，进入高中后却发生了很大的变化，目前她跟儿子的关系比较紧张。

不是做人最根本、教育最根本的东西吗？所以我很接纳你们，新基础教育有这种独特的视角，或者说本身教育就应该是在这种理念下去主导的，就是要尊重学生，了解学生，不单纯要求学生在学业上得到成长。

虽然我现在意识到了这些问题，也不断地在反思要怎么才能做一个好教师。但是在日常教学中，我感觉自己常常是不合格的。有的时候，我发现不了自己的问题，就像上次你来听我的课，问我为什么总拿某学生作为课堂反例，我以前从来没觉得这有什么问题，可是你指出来以后我才意识到，我也是拿那些标准在衡量我的学生，我在心里给他们排序了。你不点破，我真的意识不到。我有时也困惑，这到底是为什么？而且，我发现有时即便知道怎么做更好，但是迈出真正改变的那一步很难。在中期评估那节课中，我始终有一个遗憾，当时课上有一个学生突然问到已经是凌晨一点了为什么还有人在工作？其实这就是学生在独立思考，如果那时我能再去引导一下，让学生知道原来有很多人在夜里也要工作，没有他们，我们的社会不会这么稳定，原来世界远比他们自己看到的要复杂得多，那么可能这节课对学生的价值与意义会更突出。但当时我却没有，因为这个突发情况在我意料之外，我不知道我当时做得对不对，那可是公开研讨课的现场，当时一犹豫，时机就错过了。可见人要改变自己，是多么困难的事情啊！

我们可以看到，对自我的认知和定位是葛慧自我反思与重构的起点。"教师首先是一个'人'，带着他们的个人特点或者说个性开始职业生活……在认清自我、接纳自我的基础上找准定位。"[1]葛慧认为自己是一个"自我要求比较高"的人，且"乐于思考"。基于这种自我认知和自我定位，她在变革中经历"从困顿、挣扎到领悟的过程"时才不会轻易放弃，愿意在变革中寻求成长的可能性。在葛慧的叙述中，我们会发现儿子的教育问题是促使她

---

[1] 王红艳.新手教师在学校实践共同体中的学习[M].重庆：重庆大学出版社，2012: 149.

进行自我反思的重要因素。这种在专业情境外的个体生活经历，是形塑教师个人知识的关键。儿子教育中出现的问题激发葛慧对"教师身份究竟意味着什么"和"教师究竟要对学生产生什么影响"等问题的追索，促使她在关注教师和学生生命成长的意义上去重新构建心目中理想的教师形象。个体的教育背景和生活背景（教师的个人生活史）为其带来独特的认知方式，因为受过良好的学术训练，具有系统的语言学知识基础，对语言意义的关注与实现成为葛慧区别于其他教师的独特视域。

在这段叙述中，葛慧同样提及了自我知识重构时遭遇的困难，即教师在日常教学中很难主动发现自己的问题并加以改变。让葛慧意识到这一点的契机，是研究者在某次听课时，发现葛慧在课堂上总是喜欢拿班级里一位后进生 A 作反例，开他的玩笑来活跃气氛，比如朗读时说"希望大家不要像 A 同学那样，读的时候拖拖拉拉，e—du—ca—tion"（葛慧模仿 A 拖长音读书，引得班里同学都笑了起来）；在让学生回答问题时，又调侃说"A 这次倒是想'表现'一把嘛"。课后，当研究者问葛慧为何习惯于拿 A 举例时，葛慧告诉研究者 A 同学是班级里成绩最差的学生，开他的玩笑、拿他作为反例似乎已经成了班级里师生的默契。在解释自己的行为意图时，葛慧才意识到自己内心仍旧在拿成绩等外在标准来衡量学生，没有关注到 A 同学性格中除成绩外的闪光点。她对此十分自责。而中期评估研讨课上未能及时对学生的疑问做引导，又让她意识到即便知道如何改进，有时也难以迈出改变自我的第一步或者能够及时把握住改变的那一瞬间。

从葛慧的自我叙述中，我们还发现她十分关注自己作为骨干教师的自我形象，比如"自我要求比较高""不愿意拖后腿"等。欧文·戈夫曼（Erving Goffman）认为个体在自我认知上具有一种形象管理的心态，个体会在别人如何看待自己方面采取积极的行动。也就是说，对他人评价会比较敏感，会采取各种形式的形象管理来迫使别人做出自己所期待的反应。大多数情况下这种形象管理是无意识的。① 对于教师,尤其是有一定经验和资历的教师而言,他们在乎其他教师、领导、专家的想法十分正常。形象管理心态将会使教师特别在意在具体行为上获得他人认同,这是教师容易受到外部条件和权威人物影响的原因之一,有时也会阻碍教师在自我改变上迈出关键一步。

综上所述,虽然在种种动因的作用下,葛慧对自我进行了解放性层面的反思,形成如"不要总拿外在的东西去衡量学生""要尊重学生,了解学生""要有身为教师的意义感"等反省的自我知识与内部说服性话语,但落实在具体教学情境中,葛慧的自我改造依旧是困难重重:一是在习以为常的教学情境中,教师很难自主发现其中的问题并加以改进;二是教师的自我改进需要足够动机、教育机智或有效契机,否则自我改变将会无比缓慢。可见,教师知识景观的变构中,身份性知识的变构是最难以实现的。如何才能实现教师身份层面某种长远的甚至根本性的改变?这可能需要在变革的深度和持续性问题上进行深入探讨,这也是下一章中要重点关注的问题,即实现教师知识景观深度变构的关键要素究竟是什么?

中期评估结束后,受新冠疫情影响,2020 年南海区的 NBE 变革活动停滞了半年,直到 2020 至 2021 学年,南海区的 NBE 变革活动才正常启动。2020 年 9 月,新学期第一次共生体研讨活动在月城初中举办。这次授课的教师是宁弈,她 2019 年入职,是目前教研组为数不多的硕士研究生之一。常副校长十分看好宁弈,认为她"专业素养高,形象气质又佳,是要重点培养的好苗子"。宁弈的表现也没有让常副校长失望,她的课堂教学受到了蒲教授的高度称赞。这次研讨课,葛慧作为宁弈所在教研组组长,在教学设计上给予了很多专业建议,也发挥出了骨干教师的作用。蒲教授看到教研组的表现,认为此时月城初中的变革已渐入佳境。蒲教授的评价让英语教研

---

① 欧文·戈夫曼. 日常生活中的自我呈现 [M]. 冯钢, 译. 北京:北京大学出版社, 2008.

成员组感到很兴奋，因为自参与变革以来，他们的发展缓慢又艰难，这次研讨课可谓他们突破瓶颈的标志。

然而到了10月，在共生体学校全都紧锣密鼓地准备第二次变革活动时，月城初中却突然决定退出NBE变革。这一消息让研究团队感到很困惑：此前无论月城初中还是南海区教育局，都未曾表达要中途退出。根据NBE变革的规划，参与变革的学校在中期评估后进入全面普查阶段，不仅骨干教师，而且学校全体教师都需要投入变革研究中，学校各领域各层面需要同步开展变革研究。全面普查阶段是学校整体转型变革完成前的关键阶段。为什么月城初中会在这个关键阶段选择退出呢？为了解学校退出的真相，研究者访谈了学校变革的不同主体，获得了不同的答案。接下来，本研究将分别从南海区教育局、NBE研究团队和月城初中三个方面呈现不同主体对学校退出变革原因的阐述。

首先是南海区教育局和月城街道教育办公室。

南海区教育局蓝主任："月城初中是有问题的。一个是传统的、应试教育的观念，转变不过来，做这个变革肯定会失败，观念是很根本的东西。第二个，领导班子，那个校长对变革的认知很重要，你看月城小学，为什么发展得比他们好？月城小学的校长认识到了NBE的价值，她觉得这是学校和教师发展的好机会，她一定要抓住，但月城初中的校长呢，就没有。"

南海区教育局教研员："这个可能跟行政领导的眼光和抉择相关，我们私下也交流过，就觉得校长的魄力还是不够。当然一个校长他任期就四年，任期要出成绩的，这方面他会有一个衡量。杭校长明年就第四年了，到这个节点上，他中考之类的，再不出点成绩的话，可能对他的仕途会有点影响。我们只是看教研教学，跟他想法可能不一样。中考成绩不突出，校长和中层干部可能就觉得底气不是很够，所以想把精力集中在这上面。"

月城街道教育办公室教研员："月城初中教师老龄化严重，而且领导班子执行力也不行，我之前就不推荐月城初中，它跟月城小学情况完全不一样，原有的问题是很多的。不过不管怎么说，学校有它自己的规划，初中嘛，毕竟有一个中考，中考压力严重地影响了学校班子的思路，这是很现实的问题。你中考成绩不好，家长对你也会有想法，区域里的口碑是很重要的。"

从南海区教育局和月城街道教育办公室几位关键变革主体的言语中，可以发现他们对月城初中退出 NBE 变革的归因主要有两方面：一是中考的现实压力，二是学校领导对变革的影响。对于前者，除蓝主任外，两位教研员都认为这是无法避开的现实阻碍，甚至在中考压力层面对学校的选择表示理解；对于后者，蓝主任和两位教研员的观点一致，都认为月城初中的行政领导，尤其是校长，对变革的理解和行动力影响学校变革的发展，而杭校长在这方面的表现显然无法让南海区教育局和月城街道教育办公室满意。那么 NBE 研究团队如何看待月城初中中途退出呢？作为学校变革的重要推进力量之一，虽然研究团队成员对月城初中退出 NBE 变革感到震惊，但事后他们还是根据月城初中变革过程中的表现，做了一些猜测和判断。

NBE 研究团队成员 A："月城初中最大的问题就是校长功利心重，看重一些表面上的成绩，你看杭校长在中期评估汇报的时候，一直在说参加 NBE 以来学校老师获得了哪些奖，发了多少论文，或者又出了几个竞赛尖子生。NBE 变革看重的从来不是这些，这是很短视的。拿这个去衡量变革，肯定不能让他满意，所以他会退出，想想也很正常。"

NBE 研究团队成员 B："其实这几所学校里面，月城初中的表现不算差，为什么中途退出呢？我猜啊，只是猜测，一个中考压力太大，另一个学校教师积极性还是不高。市里和区里那么看重中考成绩，这个压力学校避不开，学校教师的结构又不好，老教师太多，积极性调动不起来，一直是年轻教师打头阵。中期评估过后就是全面普查，全面普查看的可是所有教师的发展情况，那学校肯定觉得自己不行。"

从 NBE 研究团队成员的表述来看，他们对月城初中退出变革原因的猜测与南海区教育局和月城街道教育办公室的推测相似，都认为中考的现实压力、学校自身基础和校长对变革的认知对学校变革影响很大。不过，研究团队的成员清楚 NBE 研究是学校的深度变革，对学校自身要求很高，因此认为 NBE 变革对学校全面转型变革的阶段要求带给学校压力，可能也是一个重要原因。

南海区教育局、月城街道教育办公室和 NBE 研究团队是促使月城初中学校变革的外部合力，它们对学校退出变革原因的推测，总结下来主要有两点：一是月城初中所处的现实压力。这一压力主要源于所在区域对中考成绩的高度关注；二是月城初中本身的现实基础，比如学校教师结构偏老龄化、学校领导行动力不足、变革认知上的偏差等。这些现实基础决定了学校变革的深入程度。那么，学校层面的重要变革主体又将如何归因呢？让我们分别来看看学校校长、副校长、骨干教师和普通教师对学校退出原因的解释。

杭校长："我们学校为什么不继续，如果继续，以后成为新基础的基地校，那么我们就要向外辐射，对公办学校来说这很困难。我们怎么向外辐射？也就是要输出我们的骨干老师去对外帮扶，这对老师讲可能是个发展，但对学校整体工作推进来讲很麻烦的。你作为一个骨干老师，如果对外很多工作要你去做，那你学校里面的工作开展就会受影响，其他老师会对你有看法的。我们做什么都要以学校为本。为什么我选择在中期评估后退出，就是预感未来这个变革会给学校带来的更大的冲击。另外就是，教研活动太密集，老教师层面怨气很大。你也知道我们学校老教师是很多的，他们也说很辛苦，不想做。"

常副校长："南海区参加新基础项目的学校只有我们一所是初中，可以相互借鉴学习的机会真的很少，小学跟我们还是有很多不同，比如教法、学情,还有考试要求等,共生体研讨活动我们都是去听小学的课,虽然也有借鉴意义,但是很有限。如果能再多一所初中的话,或许我们就坚持下去了。就感觉孤立无援的,整个变革过程都靠自己慢慢摸索。其实它们小学,包括蒲教授,很难理解初中所面临的现实压力的(笑)。还有就是我们作为学校管理层,也不能不管教师们的意愿,最终做研究的人还得是老师嘛,那你说他们都不愿意做,我们也不能强迫对不对……"

骨干教师:"学校退出的事情我们也很吃惊,完全不知道,还在准备接下来的全面普查,突然通知我们新基础的活动先停一停,我们目前发展刚有点起色,摸到了点门路就半途而废的感觉。我不赞同学校这个决定,但确实也能理解。南海区,包括整个广佛一带,在中高考上太看重了,搞得学校就像流水线,压力很大,他们(领导层)可能要考虑这方面要更多。我觉得很可惜,新基础给我们老师和学生带来的变化还是很大的,它的理念是符合人的发展的,给了我很多教育教学上的启发。不过这也就是现实与理想之间的差距吧,作为一个普通的教师,我也只能尽力而为,做不了什么。"

普通教师(老教师):"学校退出,我们也早有预感,做得太累了。你说我们这些老教师,本来就快要退休了,还要我们必须去参加新基础,一有教研活动,一个月都闲不下来,以前的学校变革项目没有这么大的强度。而且我说实话,参加这个新基础,好多老师,尤其年轻老师,日常的工作都荒废了,班级管理啊抓成绩啊什么的,都没时间去做,没时间备课,总是围着研讨课转,这样下去教学成绩肯定下滑的,我估计这也是一个重要原因。"

从学校内部变革主体的表述中,我们能够感受到学校内部变革主体所面临更为复杂的现实处境,比如校长基于学校发展与变革效果对变革意义的诠释、教师在变革决策发生变化时的失语与被动服从,应试现实与变革理想间的差距、资历较深的老教师与学校管理层之间的复杂人际关系等等,都是隐藏于学校变革景观深处潜在且极具影响力的力量。正是在这种复杂力量的交织中，学校最终生成了不同于变革预想的现实结果。从变革主体的言论中，我们可以看到，他们都认可 NBE 变革给学校带来的影响，并且认为带来的都是好的影响。但当研究者问及当前课堂教学是否会采用 NBE 理念时，月城初中的教师却大多迟疑了，认为 NBE 理念更适合公开课而非日常课。

"新基础的理念是很有体系的，很适合打造一些精品课和公开课，我们教研组上周刚参加了街道的一次公开课展示活动，就用新基础的方法上的，很受好评。但日常课……怎么说呢？就是它有自己的进度安排，也有比较多的任务需要完成，按新基础的来恐怕是不太合适……"

"（教研）组长现在是鼓励我们继续学习新基础的，但没有硬性规定，也不像之前那样每个月要参加研讨活动要备课评课，感觉弦一下子松了。至于平时上课，就算是之前也没有要求我们要用新基础的方法上啊，以后估计就更看教师自己意愿了吧，我个人是比以前要更关注跟学生的互动了，我觉得这也算一种体现吧？"

他们认为 NBE 变革给学校及师生带来了好的影响，与此同时，这种好的影响却不会体现在日常教学上。月城初中教师知识景观生成了这种看似矛盾的结果，证明变革最终仍无法对教师知识景观的内在运行逻辑产生实质性影响。从学校关键变革主体的论述中，我们能够发现，退出变革后，NBE 变革理论成为月城初中专门对外呈示的一套重要知识体系，被月城初中的教师熟练运用于教师技能大赛、科研论文写作、对外交流与培训等。但这套知识体系却没有体现于日常教学实践中。日常知识与背景中的其他权威性知识又占据了教师知识景观内的主导地位。随着月城初中退出 NBE 研究校际共生体，变革活动逐渐在学校日常中消失，能够保障教师知识景观持续变构的外部环境与力量不复存在，在月城初中教师尚未完成自我知识重构，自我改变意愿并不强烈的情况下，NBE 变革带来的影响还能持续多久呢？

本章小结

本章主要阐述变革深入过程中，月城初中教师知识景观所发生的重要变化和呈现的复杂样态。主要探讨的问题是随着变革的逐渐深入，教师知识景观又发生了哪些重要变化，受到哪些因素的影响。

在变革深入期，变革复杂系统持续提供稳定的外部条件支持，教师知识景观的变构也在逐步深入。变革初期，在外部力量的推动和变革性知识的冲击下，教师开始反思"什么是好的教师知识"。随着变革的深入，教师进而思考如何践行所理解的新知识，如何通过行动中的反思不断更新个人知识，如何用新知识对教育进行审视和思考等关乎教师知识景观深层变构的问题。这些核心任务的完成，不仅需要持续而稳定的外部条件支持，而且需要教师发挥变革主体的自主自觉，为变构提供内部动力。内部动力是教师知识景观实现深层变构并生成意义的根本性力量。那么，月城初中教师是否完成了变革深入期教师知识景观的深层次变构呢？最终生成了何种意义？我们一起来看看月城初中教师知识景观在变革深入期的基本样态和所发生的重要变化。

如图 5-4 所示，随着变革深入，在反思知识惯性的基础上，月城初中教师开始尝试践行所理解的新知识，并通过行动中的反思来不断更新个人知识。为了促进理论与实践之间的相互转化，教研组进行了很多集体探索。然而过程中遭遇了很多知识转化的困境，比如教师的理念与行为无法同步改变，教师自我改造的意愿远不及对短期结果和可视化效果的关注等。地方背景中与应试相关的权威性知识，仍旧深深影响着教师对变革现实的判断，教师无法觉醒反省自我知识并重构自我，导致变构的内部动力难以形成。

在此情况下，教师尝试抓住关键事件（中期评估）这一重要时机，对现实背景中复杂交织的不同知识做出理性判断与抉择，并用新知识解决教育问题，以此完成个人知识的内化与自我更新。然而，在专业性知识层面，教师虽然能够在新旧知识的冲突中做出抉择，并用新知识来框定教学情境中的问题，却无法用新知识解决问题；在身份性知识层面，教师的自我重构虽然已有明确方向，但在具体行动时仍旧受困于旧权威性知识，难以突破旧我。

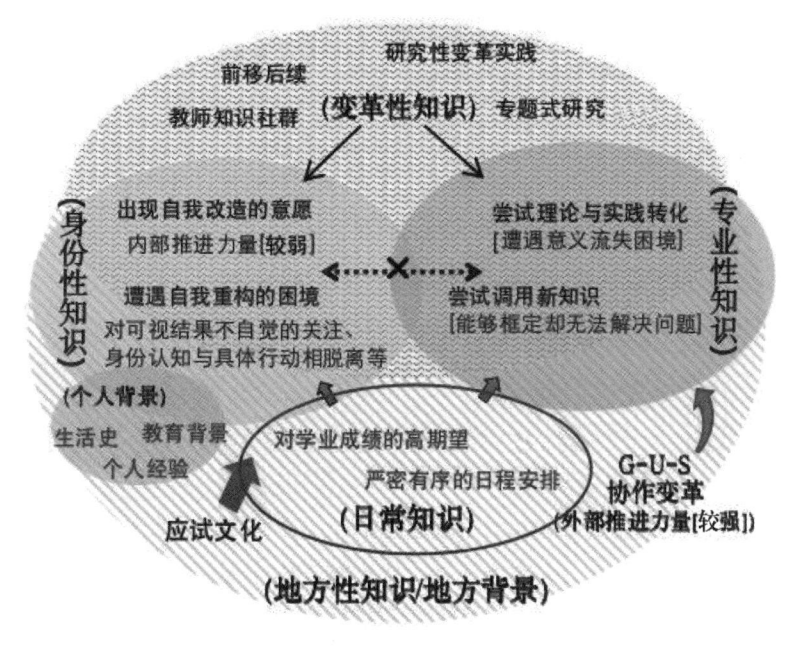

图 5-4　变革深入期月城初中教师知识景观在知识维度发生的重要变化

综上，现实背景中交织的多种知识，尤其是与应试相关的权威性知识，始终发挥着隐秘而巨大的影响力。虽然变革支持系统为教师知识景观的变构提供了持续而稳定的外部推动力，但由于教师转变的内部动力无法形成，最终月城初中教师知识景观仍旧未能完成深层变构。

中期评估后不久，月城初中就退出了 NBE 变革，其教师知识景观在生态和知识维度再次发生变化，形成了不同以往的新样态（见图 5-5）。具体表现为：首先，在生态维度，月城初中退出校际共生体后，成了知识社群外独立、孤岛式的存在。其次，在知识维度，变革性知识消失后，之前隐藏于背景中的日常知识等，再次占据教师知识景观中的主要位置，之前发生了一定变构的身份性知识和专业性知识都出现了倒退（backsliding）趋向。NBE变革理念经历了融合和改造后，成为学校对外呈示的一套重要知识体系，但无法对教师知识景观的内在运行逻辑造成实质影响。可见，在仅仅依靠外部力量推进，无法形成内生力的情况下，月城初中的教师知识景观最终未能实现完全变构，其生成意义是短暂的。

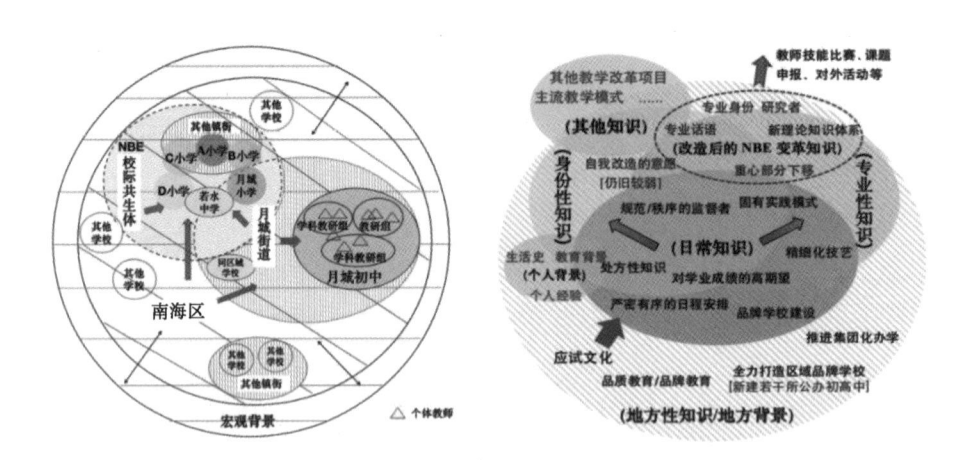

图 5-5 退出变革后月城初中教师知识景观的新样态

面对这场未竟变革，作为变革研究者，可能需要进一步探讨与反思如何才能实现教师知识景观某种长远的甚至根本性的改变。下一章将回顾总结教师知识景观变构与生成的整个过程，从意义层面探析结果何以生成，在此基础上反思教师知识景观实现理想变构的关键要素。

第六章　教师知识景观变构的特征与实质

第一节　教师知识景观变构的特征

前文描述了学校变革进程中教师知识景观变构的基本样态、主要变化和遭遇的具体困难，但尚未从整体角度论述教师知识景观变构与生成。虽然在追问学校退出变革的原因时，不同主体都认可 NBE 研究给学校带来好转，但究竟教师知识景观的变构生成了何种结果，是否真如教研员、校长和教师所言发生的都是好的变化？整个过程的回顾能够帮助我们找到答案。本节首先整体勾勒教师知识景观的变构脉络，再通过表格与具体案例描述的方式，阐述各阶段教师知识景观变构的核心内容、主要特征和影响因素。

鉴于教师知识景观具体变构过程在前文已做详尽叙述，为避免重复，此处将概括性描绘学校变革进程中教师知识景观在生态与知识层面的变化（见图 6-1）。

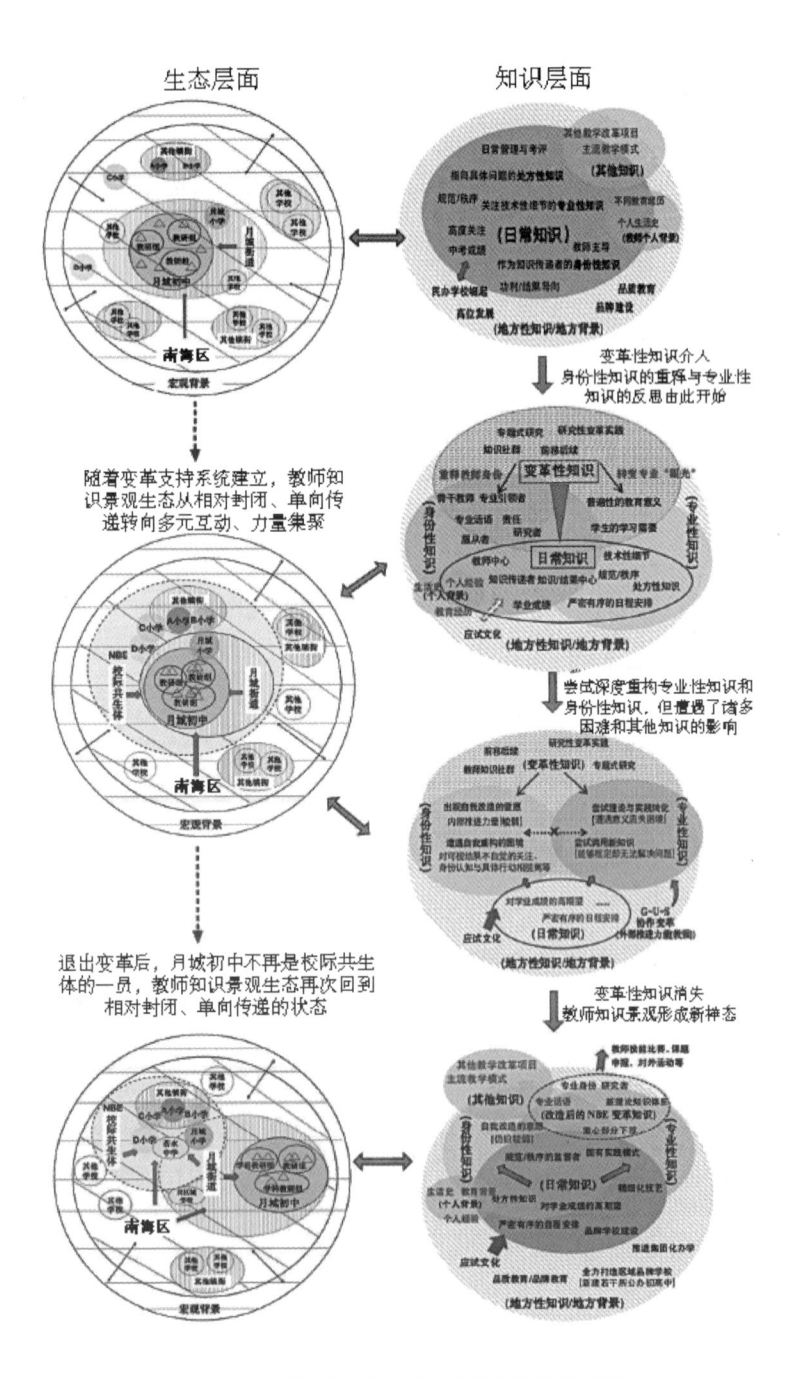

202　变构与生成：学校转型中的教师知识景观

图 6-1　月城初中教师知识景观变构的总过程

回顾整个过程，从变革初期到变革的逐渐深入，教师知识景观的变构主要经历了三个阶段：初步变构与内外张力的显现，多重困境中以反思性行动推进变构，以及深层变构中意义的短暂生成。为了增强理解的直观性，这一部分先从一般意义上总结各个阶段的核心内容、主要特征与影响因素，再以月城初中的教师知识景观变构过程为例，为各阶段诠释提供更为具体的例证。

一、学校变革带给教师知识景观张力

随着学校变革的开启，教师知识景观的初步变构也拉开了序幕。在此阶段，首先需要建立能够为变构提供稳定环境的支持系统，促使教师知识景观生态转向多元互动、力量集聚的状态。在外部力量推进下，变革生活与日常生活开始动态交织发展。变革性知识对教师日常生活的冲击，带来了两方面的影响：一是打破了教师知识景观原有秩序，变革性知识与日常知识、确定性与不确定性、旧观念与新要求等内外张力与冲突由此开始显现；二是促使教师意识到知识惯性的存在，开始反思"什么是好的教师知识"。这个过程中，高校研究人员的专业引导，教师知识社群中的互动交流，行政力量的支持等，起到了重要推进作用。不过，教师此时对变革持有被动服从的心态，对自我变革身份的理解主要源于外部要求，缺少作为变革主体的自主自觉（详见表6-1）。

表 6-1 教师知识景观的初步变构与内外张力显现

核心内容	重要特征	影响因素
◆ 变革支持系统的建构 · NBE 校际共生体的建立 · 变革机制与制度的建立 · 新参照体系的建立 ◆ 教师知识景观的初步变构 · 整体生态发生改变 · 教师身份被重新界定，教师意识到知识惯性的存在	◆ 内外张力与冲突显现 · 变革性知识与日常知识 · 不确定性与确定性 · 旧观念与新要求等 ◆ 教师变革心态从观望转向被动服从，尚未发挥自主性	◆ 外部推进力量（主要的） · 高校研究团队的专业指导 · 区域专业力量与制度的支持 · 学校行政力量与制度的推行 ◆ 变革性知识的"冲击" · 变革生活与日常生活动态交织发展，打破了原有秩序与确定性 · 共生体研讨中的对话与言说，促进了教师缄默知识的外显化 · 新参照体系引发教师对"什么是好的教师知识"的思考

此阶段月城初中教师知识景观的变构情况。

2017 年年底，月城初中开始了 NBE 变革，教师知识景观的变构也随之开启。

首先发生变化的是月城初中教师知识景观的整体生态。南海区 NBE 校际共生体和变革制度的建立，为月城初中教师知识景观提供了制度化、规范化的变构环境，教师知识景观生态发生了从相对封闭、单向传递到多元互动、力量集聚的转变。南海区教育局、月城街道教育办公室和 NBE 研究团队形成的变革合力，成为第一阶段推进教师知识景观变构的重要外部力量。当然，变革活动与日常生活的动态交织发展，也打乱了月城初中原本整齐、规范和有序的日常知识和教师习以为常的节奏与周期，给教师知识景观带来了不确定性。日常知识与变革性知识、确定性与不确定性、旧观念与新要求等多种内外张力开始显现。

其次是知识维度发生重要变化。在身份性知识层面，通过高校研究人员直接诠释、引导和正面示范，教师对自己作为变革实践者与研究者的身份和责任有了初步认知，并且意识到专业话语的重要作用，开始尝试使用新的话语体系进行表达。在专业性知识层面，多主体参与的合作教研中，教师观点的碰撞、交流与对话，使得缄默和内隐的知识浮出水面。教师开始反思长期以来形成的、集体所默认的习惯性做法，对"什么是好的教师知识"的理解在转变。最为显著的表现就是评课时教师的关注点从个人化的问题情境，转向了更具普遍性意义的教育问题。但此阶段月城初中教师知识景观的变构主要靠外力推动，教师仅明确"我必须（应该）做什么"，对于"我需要（能）做什么"的自我追问与意义的确认还不够，对 NBE 变革有一种服从者心态。在此阶段，虽然变革性知识与日常知识间的冲突显著，但因为外部力量的强制推行，变革性知识占据教师知识景观的核心位置，日常知识逐渐隐藏于变革背景下。

二、多重困境中以反思性行动推进知识变构

随着学校变革的发展，教师知识景观的变构也在迈向深入。此阶段，教师进一步思考如何践行所理解的新知识，并通过行动中的反思来化解内外张力带来的冲突和更新个人知识。总体上，此阶段教师知识景观的变构仍主要靠外力推进，不过教师已经开始产生自我改造的意愿，这将成为变构持续推进的重要内部动力。但受到现实背景及其权威性知识影响，教师的反思性行动也遇到了诸多知识转化方面的困境，比如教师理念与行为的改变无法同步，难以深度自省和重构自我等，教师知识景观的变构也因知识转化困境的存在而发展缓慢。

表 6-2　多重困境中以反思性行动推进知识变构

核心内容	重要特征	影响因素
◆ 理论与实践之间的相互转化 ·教师尝试践行所理解到的新知识,并以反思性行动不断更新个人知识	◆ 内外张力关系仍存 ·新参照系与"习惯做法" ·期望结果与现实结果 ·内部改革意愿与外部压力等 ◆ 教师开始出现自我改造意愿,但并不够强烈 ·教师自我改造的意愿远不及对可视变化和短期结果的高度关注	◆ 外部力量为主,内动力较弱 ·外部力量仍起主要推进作用 ·教师自我更新的需求成为内动力的主要来源,但目前影响较弱 ◆ 遇到知识转化的困境 ·理念与行为的改变难以同步 ·教师难以深度自省和重构自我,地方背景中的应试文化深深影响教师对变革现实的判断

此阶段月城初中教师知识景观的变构情况。

2018至2019学年是月城初中NBE变革逐步深入的阶段,教师知识景观的变构也进入第二阶段。在反思知识惯性的基础上,月城初中的教师开始尝试将所理解的新知识转化为行动,并通过行动中的反思来不断更新个人知识。在专业性知识层面,为了促进理论与实践之间的相互转化,教研组进行了很多集体探索,比如进展制度化理论学习、拟订课堂观察表、尝试单元整体教学等。然而在此过程中,理念与行为改变的不同步给教师知识的转变带来了多重阻碍。教师总是无法实现真正符合变革期望的课堂教学,变革意义发生了流变。在身份性知识层面,此阶段教师虽然产生了自我改造意愿,但这种意愿远不如对短期结果和可视变化的渴求。地方背景中的应试文化深深影响着教师对变革现实的判断,他们身处其中,难以自察和深度自省,导致变构的内部动力难以形成。在上述诸多困境影响下,月城初中教师知识景观的变构进展缓慢。

三、深层变构中的自我重构与意义生成

教师知识景观变构的第三个阶段关乎意义生成的最后结果。此阶段不

仅需要外部条件稳定而持续的支持,还要求教师能够发挥变革主体的自主自觉,为深层变构提供内部动力。在此阶段,教师需要在学校变革中寻找一些适当契机(或关键事件)走出知识转化的困境。此时多种知识及其话语构成的复杂网络,会共同指向教师的专业实践,教师必须在个体与群体、内部与外部、自我与他者的互动沟通中对不同知识进行判断和抉择,并使用新知识反思教育问题,以完成个人知识的更新与自我重构。这个过程中,教师知识景观中新的意义也在逐渐生成。教师知识景观能否激发内部生长力将决定最终的意义生成结果和持续性。

表 6-3 深层变构中意义的短暂生成

核心内容	重要特征	影响因素
◆ 寻找时机(或关键事件)对交织的 不同知识做出判断与抉择,并用新知识解决教育问题 · 教师要在集体研讨中用新知识反思并解决教育情境中的问题,实现个人知识的内化与更新 · 教师要在个体与群体、内部与外部、自我与他者的互动和对话中做出判断与抉择,完成自我重构	◆ 新旧之间的张力与冲突 · 新参照体系与旧权威性知识 · 新我与旧我 · 理想与现实 ◆ 教师知识景观逐渐生成新意义 · 教师知识景观能否形成内生力,决定了最终生成何种意义及其持续性	◆ 外部力量与内动力共同推进 · 外部力量持续性推进 · 主体必须发挥自主性,产生内部驱动力 ◆ 知识转化的困境仍旧存在 · 教师能够用新知识框定教育情境中的问题却无法解决问题 · 教师的自我重构虽然已有明确方向,但在行动时仍旧受困于旧权威性知识,难以突破旧我

此阶段月城初中教师知识景观的变构情况。

2019年年底,月城初中迎来NBE变革中的关键节点——中期评估。此时月城初中教师知识景观的变构,因上一阶段的知识转化面临的困境而发展缓慢,中期评估是月城初中能否突破瓶颈、走出困顿的关键。中期评估时,多主体同时介入教师知识景观,不同知识及其话语构成的复杂知识网络共同指向了教师的专业实践,教师必须在对话与意义协商中做出最后的抉择。这是教师内化新知识和重构自我的重要时机。在专业性知识层面,月城初中的教师开始尝试在集体研讨中用新知识判断并解答教学情境中的问题，这是旧知识解构和新知识建构过程中极为重要的一步。在身份性知识层面，教师试图围绕自己的教学情境对多种知识及其话语进行比较、对话与抉择，从而形成内部说服性话语，实现解放性的自我反思，这是自我重构的一个重要方式。然而，月城初中的教师最终却未能实现这两个层面的变构：在专业性知识层面，教师虽然能够在新旧知识的冲突中选择用新知识来框定教学情境中的问题，却无法使用新知识解决问题；在身份性知识层面，教师在自我重构上虽然已有明确方向，但在具体行动时仍旧受困于所处背景中的权威性知识。这导致教师知识景观内生力始终难以形成，在仅仅依赖外部力量推进的情况下，月城初中的教师知识景观一直难以实现深层次的变构。

2020年9月，月城初中的校长及中层领导突然宣布退出NBE研究。学校变革戛然而止，月城初中教师知识景观生态也由此发生重要变化。首先，月城初中退出了NBE研究校际共生体，成了知识社群外独立、孤岛式的存在。其次，随着变革性知识消失，日常知识与背景中的其他权威性知识又占据了景观内的主导地位。NBE变革理论此时成为教师知识景观专门对外呈示的一套重要知识体系，被月城初中的教师熟练运用于教师技能大赛、科研论文写作、对外交流与培训等，但这套知识体系却无法对月城初中教师知识景观的内在运行逻辑造成影响，教师的日常实践又出现了固有教学理念与模式的印记。随着变革终止，教师知识景观变构的外部环境不再，制度化的变革环境、强有力的理论刺激、合作教研的文化氛围等也随之消失，无法再为教师的转变提供外部推进力，在缺乏内部动力的情况下，教师知识景观的变构出现了倒退趋向。

至此，我们已明晰了教师知识景观变构所需经历的主要阶段、各阶段特征和影响因素，并以月城初中教师知识景观的变构经历做了具体的例证。需要说明的是，上述三个阶段是从学校变革发展的角度对教师知识景观变构整体趋势的描述,并不代表教师知识景观的变构就是一种直线式的必然发展过程。主要是因为:首先,变革本身所具有的不确定性和偶然性特征也影响着教师知识景观的变构。具体到每一阶段,教师知识景观的变构都可能存在摇摆、困滞,甚至倒退。其次,教师知识景观作为一个复杂整体,其变构涉及构成、条件、主体认知、意义等多层面的本质性变化,这些层面的变化紧密关联且相互作用,不存在先后关系,也不是某种先解构再变构的直线式发展逻辑,而是"解构—建构"协同并行、多层面互生互成的动态变化与发展过程。

不过,通过对教师知识景观的变构脉络的论述,我们可以对月城初中教师知识景观变构最终生成的结果做基本判断:月城初中的教师知识景观在第二阶段和第三阶段均未能完成该阶段的变构内容,教师的个人知识最终也没有实现内在更新。经历学校变革后,月城初中的教师知识景观形成了不同于以往的新样态:日常知识与地方背景的权威性知识再度占据教师知识景观的主导地位,之前发生了一定变构的身份性知识和专业性知识出现了倒退趋向。NBE 理念经过教师知识景观内部的融合与改造,成为能够满足教师所处现实背景的需要,却又不会对教师知识景观内在运行逻辑产生实质性影响的一种新知识。

第二节 教师知识景观变构的实质

意义与行动在教师日常生活情境中的结合与动态发展(即变革"是什么"和"如何发生"),是我们审视教师知识景观变构的重要线索。通过整体过程的回顾,我们已经基本判断出月城初中教师知识景观未能实现深层次变构的现实结果。为了使讨论更加深入,研究者将在意义层面对变构结果何以生成进行分析。

在变革开始之前，教师知识景观具有明显的"地方特性"[1]，其内在的运行逻辑深受所处地方知识脉络的影响[2]。在变革开始后，学校变革理念获得了"合法性"[3]，占据了景观的核心地位，成为变革参与主体的基本共识，这一知识体系独立于地方背景之外，是一种更为抽象、正式和具有普遍价值指向的知识表征。[4] 按照理想预期，根据新的参照图式，教师会在学习、实践与反思中经历不同阶段与层次的知识变构，最终实现自我知识的重构与内在理论的更新。但知识具有文化的关联性与背景性[5]，同时也具有连续性。于月城初中的教师而言，NBE 理论是一种外来的知识体系，当这一知识体系进入到教师所处的地方性情境时，即便它已获得了制度上的合法性，在变构过程中也需要经历知识主体的意义澄清、确认与诠释，这一过程蕴含着主体与景观间、不同主体间的复杂的互动与相互作用。纵观变构的整体图景，我们不难发现，月城初中教师知识景观在变构中出现了意义流变的现象，即 NBE 研究所诠释的原初意义在从表层到底层逐渐变构的过程中发生了消解、融合或改造等。

对此，我们首先要阐释 NBE 研究所倡导的变革意义是什么，其中教师知识景观应该实现怎样的变构，对这些问题的解释构成了我们理解教师知

---

[1] 克利福德·吉尔兹.地方性知识：阐释人类学论文集 [M].王海龙，张家瑄，译.北京：中央编译出版社，2000：273.

[2] 克利福德·格尔茨.烛幽之光：哲学问题的人类学省思 [M].甘会斌，译.上海：上海人民出版社，2017：144-148.

[3] 此处的"合法性"指的是 NBE 研究对学校变革的设想被决策者（如地方教育局、学校等）所认同和接受，至少取得了政治或制度上的合法地位。

[4] 某种程度上，我们可以将其理解为理论性知识，虽然其本质源于实践，但经过了高度的抽象化和概念化，解决的是教育中的一般性问题。

[5] 克利福德·吉尔兹.地方性知识：阐释人类学论文集 [M].王海龙，张家瑄，译.北京：中央编译出版社，2000：15.

识景观变构的原初意义。以此为基础,我们可以更加清晰地洞察变革背景下教师知识景观内部发生的意义流变现象。

NBE研究认为,学校变革的意义体现于整体内涵的发展和内生力的增强。[1]以往的变革总是强调"革"旧立新,NBE研究则更强调"变"的过程。"变革"的本质在于赋予旧的东西以新的生长可能性,是内在生命力的体现。[2]通过在变革实践中的创造成事成人,是学校生长力增强的真实途径。教师知识景观的变构也是如此。教师知识景观不仅是一个复杂生态系统,同时是一个多主体共生的生命场。在教师知识景观的变构中,外部支持为变构提供了持续和稳定的环境中介,但深度的变构体现于景观内部生长力的激发,这种变构的内生力源于教师知识景观中主体对内在发展、自我生命价值实现的需求与意义确认,这也是NBE变革背景中教师知识景观变构的根本性意义所在。在教师知识景观变构中实现上述根本性意义,需要重点考虑条件和人的因素,其中后者是前者的目的。条件的因素涉及教师知识景观作为复杂生态系统的构成、组织形态、制度等基本问题,变革性知识主要回应此类问题。变革性知识介入后,景观内复杂的人、事、物等关系将会被转化为景观内部生命力得以生成的有利条件,为教师知识景观的变构提供持续稳定的外部支持。具体而言,这将涉及价值—行动—制度三个层面的变化:价值层面指向变革的性质、目的和理念等,是对变革的上位理解;行动层面指变革的具体推进机制和主体的实践;制度层面不仅与刚性规章制度相关,而且指向文化理解意义上的制度环境,内涵复杂的权力关系。三者之间具有紧密互动关系:价值形塑行动,行动践行价值,制度为行动提供保

---

[1] 叶澜. 变革中生成:叶澜教育报告集[M]. 北京:中国人民大学出版社,2019:232.
[2] 卜玉华. 变革力的生成:学校转型性变革的内生路径研究[M]. 北京:教育科学出版社,2014:10.

障,同时制度带有价值取向,其根本目的在于激励人、发挥人的主动性与创造性,并最终体现于主体行动中。因此价值—行动—制度共同构成了互动互生、相互回应的变革支持系统。但变革支持系统的成型不代表真正目的的实现,作为多主体共生的生命场,如何实现景观内主体的生命成长与自主创造,是教师知识景观变构中关乎人的因素的核心问题。"人"是教师知识景观中的第一要素,只有调动人的内在力量,才能完成教师知识景观最深层次的变构。可以说,人的因素不仅是教师知识景观变构需要考虑的重要内容,也是变构的最终目的。这种对条件与目的共同关注,并且强调由条件走向目的的变构思路,在 NBE 研究对成事与成人的关系论述中得到充分体现。

如图 6-2 所示,成事与成人不仅体现教师知识景观变构中的两种不同价值取向,前者关注可见、外显和短期的结果,后者关注主体发展的内在价值和动态发展过程。同时,成事与成人也是实现教师知识景观变构意义的内在路径,二者之间的关系可以用"在成事中成人,以成人促成事"来表述,是一种相互依存和转化的关系。"在成事中成人"是"以成人促成事"的前提、基础。也就是说,在成事的同时促使人的更新性变化,人是景观内最重要的,能够提供持续性发展力量的关键因素。如果不能完成人的根本性变化,一旦变革结束,教师知识景观的变构就会出现倒退或停滞的现象。

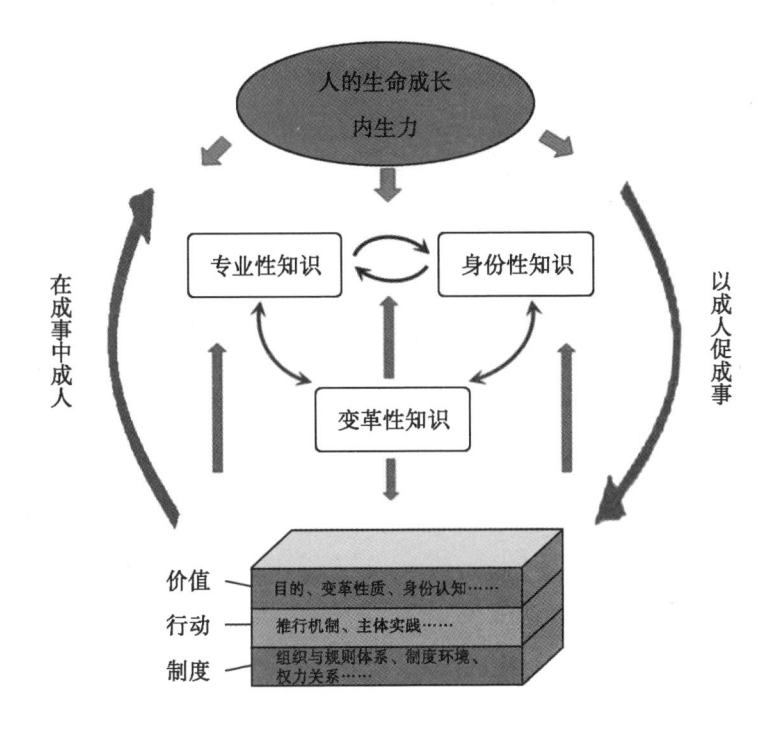

图 6-2 "新基础教育"对教师知识景观变构的理想诠释

以上内容构成了我们理解教师知识景观变构的原初意义，是教师知识景观变构的价值导引。那么，这种原初意义在变构过程中具体发生了何种流变？何以如此？接下来，就从价值、行为、制度三个层面来分析和解释教师知识景观变构中的意义流变现象。

一、变革主体功利化取向的意义诠释

对于任何变革项目而言，参与主体能够就变革的性质、内涵和主要路径等问题达成基本共识，是变革得以持续而深入进行的前提。在变革开始前，研究者发现月城初中的几类关键主体在愿景的阐述上呈现明显的功利化和结果取向（详见第三章），与 NBE 变革的原初意义相悖。为了促使关键主体在基本问题上达成共识,变革开启时,NBE 研究团队要求学校制定一份三到五年的发展规划,明晰变革的目标定位与具体实施路径。然而,月城初中教师知识景观变构的现实结果表明,关键主体对变革意义的诠释与 NBE 研究是不一致的,总体仍旧是功利化和结果取向。这种功利化的认知主要体现在关键主体对变革性质、变革价值取向和变革角色认知三方面的理解上。

(一)对变革性质的理解偏差:把改革当作改良

我们不妨先来看一段月城初中变革故事中的小插曲①,这则插曲生动地呈现了不同主体对变革性质的不同诠释。

为表示对 NBE 变革项目的重视与认可,在每次变革性实践活动开始之前或结束之后,南海区教育局都会盛情邀请 NBE 研究团队聚餐,一方面"略尽地主之谊,好好招待一番"②,另一方面简单了解各学校变革项目的推进情况。此种场合,区教育局的教研员、学校校长和中层干部等均是常客,街道教育办公室的教研员偶尔参与。在一次聚餐时,这几类主体曾有过一段有意思的谈话。

蓝主任:"NBE 变革对于南海区的重要性,真是不言而喻。我们很高兴能有这样一个契机,这对于南海区教育向更高质量发展,是一个重要的转折。"

某校长:"是啊,NBE 项目带给学校很多发展的机会。"

研究团队成员:"也不全是我们的功劳,共生体学校目前的改革发展,也离不开区里的推进与支持,当然最关键的力量在于学校和老师。"

费主任:"学校的改良很困难。既要保留原来的好,也要改变原来的不好,尤其是我们这里,想要在原有的基础上变得更好,并不容易。"

---

① 以下内容主要来自研究者的田野笔记。
② 在某次 NBE 研究团队成员推辞时,蓝主任对就餐缘由的解释。

研究团队成员:"改革嘛,既然想要实现彻底的转型,肯定要经历一番痛苦挣扎的过程,这确实不是容易的事情。"

费主任(笑):"是啊,真是一条痛苦挣扎的教育改良之路。"

在这段对话中,我们会发现,月城街道教育办公室的费主任一直在强调改良而非改革,他所设想的学校变革是"在原有基础上变得更好",与NBE研究团队成员口中"彻底的转型变革"并不一致。餐后,当研究者问费主任改良与改革有何不同时,费主任告诉研究者:"准确地说,不能说是改革,改革意味着很大的变动,我们期望的是改良,在原来的状态上让它更好。改革不是我们能够把握的,短时间内也不可能实现。"

这里,就出现了重要主体对变革性质的不同解释。于费主任而言[①],学校变革是不触及根本的温和改良;NBE研究团队则将学校变革视为脱胎换骨的整体转变。改良不变整体结构,不必进行价值层面的变革,只需要做局部要素或问题的改善即可,但改革却不是。除了去旧布新以外,NBE的改革还要求从观念到行为进行整体转型性变革。显然,费主任对NBE变革根本性质的理解出现了偏差。这种理解上的偏差不仅出现在费主任个人身上,在反思变革退出原因时,我们可以看到月城初中的杭校长退出NBE变革的一个关键原因是"预感到未来这个变革会对学校带来更大的冲击",可见,杭校长的观点与费主任相似,认为学校变革不应该带给原有现实太大冲击。这种变革性质理解上的偏差,将会促使关键主体在变革进程中出于维护和保存原有现实的目的,而不断修正变革目标与现实基础之间的差距,造成宏大变革目标(变革原初意义)的逐步消解,而且他们更倾向于从一般意义或与以往所熟悉变革项目的共通性出发理解"此"变革项目,以便能够在

[①] 月城街道是南海区的中心,在中高考层面获得的荣誉足以和广州市、佛山市的其他高水平区域持平,因此费主任很有"底气",自认教育基础很好,不需要做大的改变。

更短的时间内做更多的事情或者获得更大的效率（益）。这是导致教师知识景观的变构难以持续和深入的一个重要原因。

此外，在这段对话中，我们可以看到区教育局的蓝主任将 NBE 变革视为南海区教育发展的契机，而学校校长更多关注 NBE 变革能够带给学校的发展机会。可见不同主体站在不同的立场上看待变革，这决定了他们对变革价值取向的不同认知。

（二）对变革价值取向的狭隘化和功利化理解

对变革性质的理解偏差，以及主体所持的不同立场，使得月城初中学校变革中的关键主体在变革价值取向上呈现一种狭隘化和功利化的理解，其中一个重要表现是将变革视为提高成绩与知名度的工具，高度关注变革所带来的可视化结果（如绩效、成绩的提升等）与衍生效果（如奖项、荣誉等）。就此，研究者对月城初中中期评估时教师、校长及教研员的现场发言和访谈进行了文本分析，以词频统计的方式归纳出几类主体对变革关注上的差异，结果如下[①]：

[①] 之所以选择这几类主体，是因为他们都是会对变革发展产生重要影响的关键主体。虽然高校研究人员也是关键主体之一，但他们的话语表述与上文 NBE 研究的话语体系基本一致，此处就不再重复呈现。此外，研究者对学生也进行了访谈，但就访谈结果来看，学生对于学校的变革项目关注度并不高，与 NBE 研究相关的词汇频次很低，故此处不呈现。

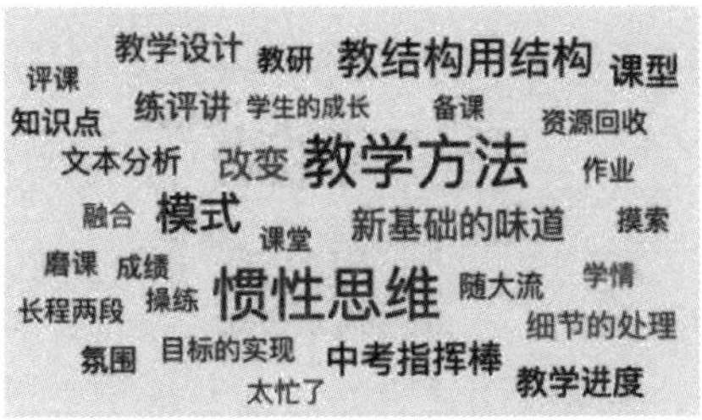

第六章 教师知识景观变构的特征与实质 217

教师访谈文本的高频词云图

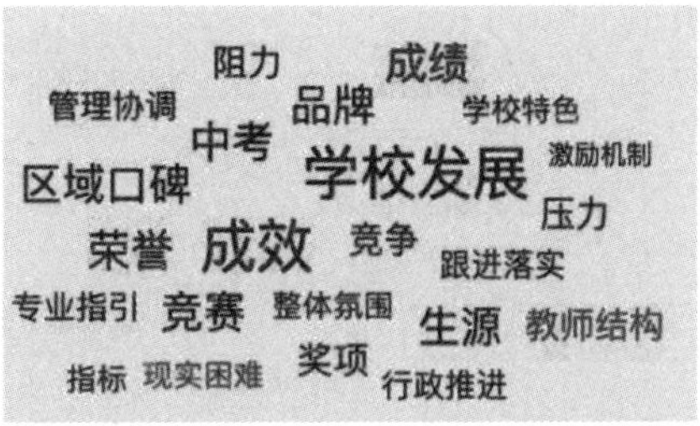

校长及中层领导发言和访谈的高频词云图

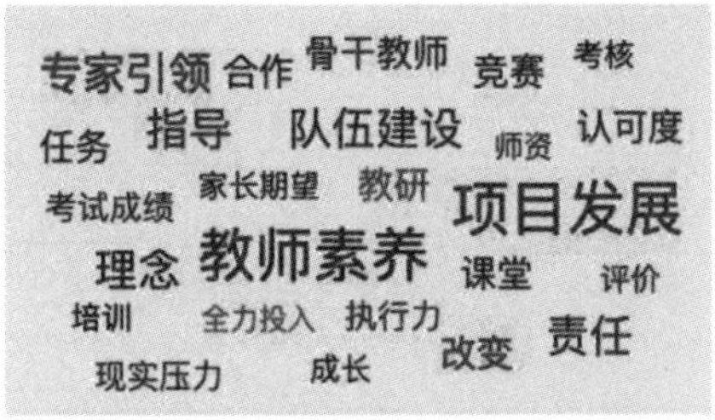

教研员发言和访谈的高频词云图

图 6-3 中期评估时几类关键主体发言和访谈的高频词云图对比

我们会发现,教师谈及 NBE 变革时,高度关注变革过程中的具体操作和细节,对"模式"和"方法"最感兴趣,相较于理论指引,他们更期望得到"处方式"的指导,明确他们应该怎么做,或者热衷于观摩已经熟悉这一理论体系的其他教师是怎么做的,体现出强烈的行动导向。在第四章中,教师对范本、正面案例的渴求就体现这种关注取向。这种对处方性知识的关注,我们或许可以在月城初中的日常"学校语法",以及教师琐碎和忙碌的节奏与周期中找到答案。高度确定性和碎片式的日常生活,要求教师具备能够在短时间内解决问题的技巧和经验,处方性知识能够明确告诉教师"应该(需要)怎么做"。教师对细枝末节的高度关注往往会导致他们无法从整体上把握学校变革,"见木不见林"[①],造成变革意义的流失。此外,我们从教师访

[①] 在研讨时,蒲教授常常用"见木不见林"来形容教师"执着于具体细节,无法从整体上把握教学"的倾向。这种倾向也出现在教师对变革的意义诠释中。

谈的高频词云图中能够看到现有知识背景的影响，与"教学方法""教学模式"出现频次相差无几的是"惯性思维"和"中考指挥棒"，深受现实背景影响而无法实现知识转化的困境，也是变革中意义流变的一个重要表现。

较之教师，学校校长和中层领导更多关注NBE变革能够为学校带来什么，他们将NBE研究视为一次重要机遇，希望借助专业的力量实现学校的发展，因此格外关注变革的成效。不过他们所期望的发展多指NBE变革带来的衍生效果，比如能否提升学校在区域内的口碑，可不可以给学校带来奖项、成绩等方面的荣誉，对NBE研究所期望的学校内涵层面的发展反而关注不多。从词云图中，我们看到校长同样关注现实背景的影响，但与教师不同，校长是从学校发展层面关注变革项目会不会影响学校在考试、竞赛等方面的竞争力。总体上，学校校长和中层领导最为关注变革的"效果"和"影响力"。

而在教研员的高频词云图中我们可以看到，教研员的关注取向是复杂的，既有对NBE变革的理论内涵、教师发展和转变的关注，也有对竞赛、考核等指标可视化结果的关注，呈现一种内在的矛盾与拉扯。究其原因，在于区域与街道教研员对NBE研究的认同程度不一。区教研员较之街道教研员，更加关注NBE研究的理论内涵，认可自己在变革项目中的专业身份和责任等。街道教研员与校长的关注取向很相似，更加关注现实背景的影响以及NBE研究能够为街道带来的具体效果。区教研员和街道教研员关注取向的不一致，不仅消解了NBE研究团队、区教育局和街道教育办公室在变革支持上的合力作用，也模糊了教研员在过程中作为变革推动者的重要专业身份。

（三）变革者去主体化的自我身份认知

这种去主体化的自我身份认知主要出现在教师身上。NBE研究十分强调教师在变革中的作用，认为教师是变革中极为关键的行为主体，教师主体性的发挥是学校变革内生动力的重要来源。在学校变革中，无论是高校研究人员、教研员，还是校长，于教师而言，都只是指导者或建议者，真正的行动主体是教师。因此教师与其他主体之间应该是基于变革的平等对话关系，而不是权力意义层面的上下级关系。但在月城初中的变革故事中，我们可以看到教师对自己的身份认知存在去主体化现象，比如他们将自己形容为服从者（详见第四章第一节），认为参与变革是为了完成学校任务，而非出于自身意愿。这种去主体化的自我认知，导致教师仅满足于明确或完成"我必须（应当）做什么"的外部要求，而对"我需要（能）做些什么"的自我追问与意义确认还不够。

在此情况下，当面对多种声音时，教师会习惯性寻求权威的帮助，或者受到权威性知识的直接影响，难以发挥主体力量。比如葛慧在中期评估时对不同声音做判断，专家和教研员的声音显然被她界定为一种权威的声音，是影响其抉择的关键要素，而地方性文化/背景中的权威性知识则成为影响她自我改变的隐性而难以动摇的力量，这显然偏离了 NBE 研究一再强调的变革指向主体自身变化与成长的价值立场。

综上所述，在月城初中的变革中，关键主体在变革意义的诠释上与 NBE 变革的原初意义产生了偏差。富兰认为，"变革最棘手的问题是变革参与者如何在其习以为常的现实情境中找到变革的真正涵义"[①]。我们可以看到，变革主体在意义诠释上产生的偏差，一方面影响了主体对自己在变革中角色与责任的认知，比如校长及中层领导高度关注变革的效果而无法认清自己作为变革第一责任人的身份，导致变革的推进力度和受重视程度都受到了负面影响；而教师的去主体化认知将自己放在被指导者或实施者的角色中，在变革关系中处于弱势地位，不利于自主性的发挥。另一方面，变革意义诠

---

① Fullan. The meaning of educational change[M]. Toronto: OISE Press, 1982.

释的偏差影响了主体对变革结果的判断,在月城初中的变革故事中,我们会发现无论是校长还是中层领导,对变革意义的解读都是偏功利和结果取向的,NBE 研究关注主体内在发展的变革方式自然无法满足他们对可视化结果和衍生效果的需求。这也是杭校长最终选择退出 NBE 变革的一个重要原因。

二、雨打池塘式的变革策略

在行为层面,与 NBE 研究所预期的学校变革日常推进方式不同,月城初中的学校变革总体呈现为雨打池塘式的总基调(见图 6-4)。

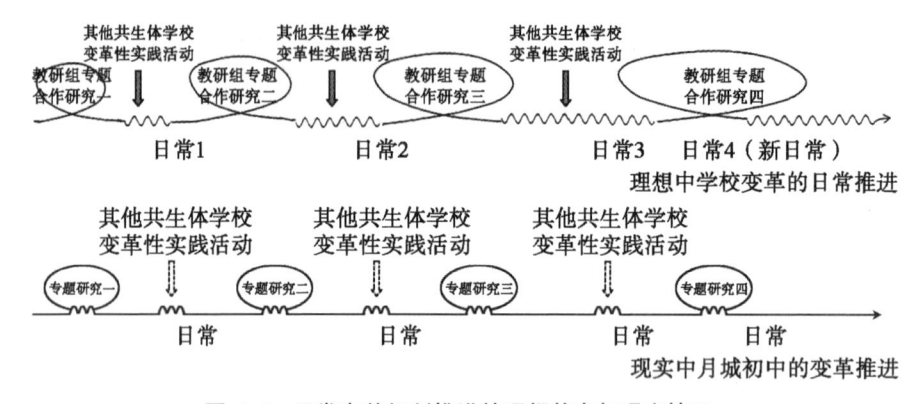

图 6-4 日常变革机制推进的理想状态与现实情况

如图 6-4 所示,NBE 研究倡导的学校变革,并非完全摒弃或简单替代原有日常生活,而是通过研究性变革实践的日常推进机制,促使学校各主体去改革现存的学校话语,使得教师知识景观内出现新的发展可能性,稳中有变,变中有新,逐渐形成学校生活的新日常和教师知识景观的新稳态。具体而言,理想中学校变革机制的日常推进是:研究性变革实践与学校日常生活动态交织发展,其中学校教研组的专题合作研究给教师知识景观带来直接冲击,而共生体学校的变革性实践活动则给学校日常话语带来持续波动。在稳定、持续而又不断深入的冲击与波动中,学校生活充满内在的发展动力,不断进行意义更新与生成，教师知识景观形成新稳态。然而在现实情况中，NBE 变革虽然给月城初中的日常生活带来了一定的冲击与波动，却没能触及现实的最深处。学校日常语法对教师知识景观的影响根深蒂固，教研组的专题合作研究于教师知识景观而言仿佛水面上的涟漪，在变革性实践活动结束后，很快趋于平静，无法引起持续的波动和最终能够改变现实基础的"共振反应"。NBE 研究团队的成员蒲教授曾经这样描述月城初中学校变革的整体样态："月城初中的学校变革看起来就像雨打池塘，一阵雨来（指 NBE 研究活动），池塘产生一点波动，雨过之后，池塘又恢复了平静。"

具体而言，这种雨打池塘式的变革基调有如下几个特点：

（一）变革行为缺乏日常性和连续性

在月城初中的变革故事中，我们发现 NBE 变革只是学校日常生活中的插曲，无法持续地贯穿于学校日常生活之中。林秀玲曾形容月城初中教师的状态如同水面上的小舟随波逐流。在 NBE 变革活动开展前，教研组教师会集中全力备课磨课，一旦活动结束，他们又会回到"原定航线"，仍旧按照原来的行为方式教书育人。国内学者李云星发现面对变革给日常生活带来的冲突，教师往往会采用隔离策略，将冲突局限在特定空间与时间内，以确保其他时空条件下的稳定与平衡。[①] 这一论述在月城初中教师的访谈中得到了验证：

"日常课一般不按'新基础'的来，新授课可能会用一些'新基础'的方式。我们有自己进度的，要有复习和练习课，毕竟还有个中考的指挥棒在嘛，也不能不考虑现实。所以日常课可能'新基础'的味道就没有了，感觉'新基础'吧，就……不怎么适合日常课。"

---

① 李云星. 学校变革中的冲突与观念生成：一项教育人类学田野考察 [D]. 上海：华东师范大学，2013.

"每次你们'新基础'的活动,我们也都跟着看也参加啊,但是(活动)之后也没什么,又不要求你做什么改变,可能骨干教师跟我们会不一样吧?不过我们也没时间做什么改变了,平时的日常工作都忙得不得了,上边一会儿一个通知,净给老师'找事'(笑),我们是天天被赶着往前走。"

这里的"日常课"就是按照原有教学模式进行的课。从教师的言语中我们会发现,在教师眼里,"新基础教育"和学校日常生活是"两种逻辑"。在有变革活动时,为了应付学校的要求,他们会在行动上尽可能表现"新基础"的味道,但这却不是他们日常实践中真正的做法。如图6-4所示,NBE能够带给学校日常生活的影响是间断式的,缺乏一种连续性的影响。

这种连续性和持续性的缺乏也体现在学校主要变革主体上。在第五章的表5-3中,我们呈现了英语教研组一学期的NBE教研活动授课安排。从安排表上,我们会发现骨干教师的队伍是不稳定的,通常由"没任务的比较有时间的老师来承担"。这样的安排使得教师变革自我的过程不具有持续性,对骨干教师而言,无法得到持久成长的机会。NBE变革"培育骨干力量来对外辐射"的原初意义被消解了。

(二)变革主题的碎片化与表面性

这是指教师群体缺乏对变革内容的系统化设计,无法根据变革要求和学校教学发展的现实基础,合理地策划变革专题的主题。同时,教师常常停留于某一节课的理解,无法从一节课推及所代表的一类课的价值,无法透过现象看到教育改革的内在本质。在NBE变革中,以课型为抓手开展专题研究是推动教师快速成长的方式,为教师知识景观的变构提供了内容上的连贯性和深度,能够帮助教师充分认识知识的前后衔接与转承,在专业性知识上实现集中突破。这种集中突破能够很好地弥补变革活动在时间跨度上的不足。可以说,以课型为抓手的专题研究就是一种类结构的研究图示,教师通过这种类结构的迁移把握教学复杂的要素关系,形成理解教学实践的基本眼光。[1]这对于教师知识景观的变构十分重要，但月城初中教师显然没有形成这种"眼光"。以学校英语学科为例，中期评估汇报时，教研组这样解释他们所进行的变革专题研究：

  我们依托课例，在发现问题的过程中指导教师进行了以下各专题研究：课型研究，教学目标定位，教材文本分析解读，板书结构化，学结构—教结构—用结构，教师教学互动观察，学生参与及互动生成，教学过程结构和推进逻辑，如何说课、听课和评课，整体模块教学，拟定教学观察表，撰写学生课堂学习力诊断报告，撰写课堂教学互动质量诊断报告，撰写课例研究报告等。[2]

  从教研组的总结中，我们可以看到英语教研组的变革主题具有碎片化和表面性的特征。碎片化体现在教研组没有从整体综合的角度把握变革主题，而是在过程中出现了哪个具体问题，就针对该问题进行研究。这种方式使得变革主题之间缺少关联性和系统性，变革主题是一个个孤立的点，没有在整体系统的意义上连成线或面，自然也就无法成体系。表面性体现在教研组没有关注到变革主题间的内在关系，这证明教师没有意识到研究主题背后的教育意义。从教育意义上来看，变革研究主题之间存在着密切的内在关联，比如教研组将教学区分为四个主题：目标定位、教材文本解读、教师教学互动、学生参与，这显然割裂和分解了整节课的教育价值与意义。

  综上所述，缺乏日常性与持续性的变革行为、表面性与碎片化的变革主题等构成了月城初中雨打池塘式的变革基调，使得教师知识景观中存在着"变革生活"与"日常生活"的区分，而且日常生活的底色要远远重于变革生活，最终造成无法从根本上动摇教师知识景观现实的结果。面对这种结果，

---

[1] 卜玉华. 课型研究：架起理论与实践之间的桥梁 [J]. 人民教育，2016（Z1）：51-55.
[2] 引自《月城初中"新基础教育"研究中期评估报告》。

研究人员最终只能发出无奈喟叹："我们至今也无法深入池塘的底部，他们（指学校校长、教师等）的内心对我们依旧是封闭的。"

三、多重力量博弈的制度环境

通过价值层面和行为层面的分析，研究者发现变构意义流变的结果与参与主体、学校本身都有直接关系，但这些并不是造成此种结果的唯一或者最主要的原因。学校是典型的强制度组织，在思考教师知识景观变构的深度与持续性问题时，我们不能不考虑其所处的制度环境，即法律制度、文化期待、社会规范、观念制度等人们所"广为接受"的社会事实。[①] 以法国哲学家米歇尔·福柯（Michel Foucault）的观点来看，教师所处的社会现实构成了复杂的权力之网，其间所蕴含的知识/权力互动建构着主体的行动意义。在这一部分，我们将分析的目光延伸到更为广阔和复杂的制度环境中，尤其关注其中的权力互动关系。

（一）地区教育行政部门间疏离的专业互动关系

在南海区，中小学校同时受区教育局和镇街教育办公室管辖，共生体学校的校长将二者称为学校的"两个婆婆"。在职能的设定上，区教育局因为面向全区200多所中小学校，所以主要从宏观层面负责辖区教育的统筹、指导与监察工作；街道教育办公室与属地学校的日常交往更加紧密，主要负责指导和检查属地学校的具体办学情况、学校建设和教师研训工作。在面对学校时，"两个婆婆"是一个行政整体，都是学校需要应对的领导部门，直接关系着学校在区域内的日常评比与整体发展。但二者内部却又存在着一种泾渭分明的疏离感，这主要体现在专业层面的互动上。虽然行政职责上区教育局有指导和监察镇街教育工作的权力，但现实中，月城街道教育办

[①] 周雪光. 组织社会学十讲[M]. 北京：社会科学文献出版社，2003: 72.

公室并不十分信服区教育局的指导，二者之间甚至存在攀比心理。这种互动关系，在南海区教育局和月城街道教育办公室行政人员的访谈中都有所体现：①

  南海区教育局行政人员："我们跟月城街道之间……就举个例子，像我见月城街道教育办公室领导的频率，我三年就见到过一次局长。月城街道它有很多自己政策的优势在里面，其实它自己也不怎么需要依靠我们区层面，没有偏远镇街那么急迫那么需要。这个挺有趣的，我观察了一下，其实月城街道对我们区，跟我们南海区对市的关系很相似，因为我们南海区对市的教学贡献还是挺大的，成绩很突出，所以我们很多时候不需要特别依赖市里的一些政策支持，甚至有些东西我们做在他们前面，他们有些东西还没想到，我们就已经做到全国了。"

  月城街道教育办公室行政人员："我们街道就是具体执行的，大政方针还是区里出，但基本上……比如现在街道正在设计新学年的计划，就主要根据我们自己的思考来的，我们街道内的中小学肯定按照街道的方案和计划来执行，也不可能每个镇街一定要按照你南海区的要求去做，它也管不了我们那么多，因为它区层面的重点是在高中这块，初中小学是在我们自己，所有的教科研是依靠我们这个层面去做。其实南海区呢，之前我们有很多做法，南海区是看我们搞了，搞得很不错，它也就跟着搞，好多是学我们的。我们现在主要对标的是深圳南山区，这是我们下一步要努力的方向。"

  从两位行政人员的口中，我们可以发现南海区教育局和月城街道教育办公室在专业互动关系上的疏离，二者各自为政。南海区教育局因为管辖范围广，教育管理的重心在高中层面，中小学校层面就只能采取救急的方式，

---

① 因为在访谈时，两位行政人员均认为这些内容比较敏感，希望能够隐去个人信息。出于研究伦理的考虑，此处研究者将不透露受访谈者的性别、职务等身份细节。

有针对性地指导和扶助一些教育资源稀缺、基础薄弱的偏远镇街。月城街道因其地理、经济和教育基础等方面的优势，在专业指导的需求上就不那么强烈，街道内部有自己的行政管理逻辑。这种疏离的专业互动关系也体现在NBE变革的推进上。在月城初中NBE变革的过程中，除了最初几次活动，研究者几乎没有见到过镇街教育办公室的人员参与。这种情况在较为偏远的西川镇就不存在，南海区参与NBE变革的6所学校中，有两所学校属于位置偏远，教育基础比较薄弱的西川镇。西川镇教育办公室将NBE变革视为推动镇教育发展的一次重要机遇，与区教育局和NBE研究团队的交往关系也更加紧密，几乎每次NBE变革活动，镇教育办公室的教研员都全程参与，以积极的态度学习NBE变革理论，在NBE变革的支持力度上要远大于月城街道，两所共生体学校的变革也获得了较好的进展。而月城街道教育办公室与区教育局却因为专业互动关系上的疏离，无法形成变革合力。

（二）强调竞争与应试文化的地方教育生境

在阐述变革愿景时，区教育局局长曾描述南海区教育目前处于高位发展状态，这里的高位指的是中高考成绩与学科竞赛上的优势。相较于学校变革，如何将中高考成绩保持在广东省乃至全国的高位稳定水平，在南海区是更受重视的议题。为了保证高位稳定的水平，南海区采取指标考核与日常评价相结合的方式，将指标和评价的要求落实到各个镇街，再由各个镇街根据具体情况落实到各个学校。这种方式往往会导致层层加码，最终压力全部落在了学校层面。教研员章老师曾举例："比如有些潜能测试，我们只想了解辖区的总体情况，然后跟踪两年或三年，再做阶段性的对比，但是我们一旦做出一些小的举措，镇街层面就会很紧张，就会将这个作为评价施压给各个学校"。月城街道作为南海区教育资源的核心，是完成每年高位目标的重要主力。在中考层面，南海区公认的评判初中教学质量的标准就是屏蔽生数量和重点高中上线率。为了完成指标与评价要求，月城街道制订了严格

的标准与程序来监测属地中学的办学质量:①

一个是教学评估,评估核心素养的培养情况,这个其实就是尖子生和竞赛生的专门培养,我们也称之为'潜能生';另一个就是综合评价了,这个很复杂,包括合格率、优秀率、特优率等指标,通过这个把握各个学校在教学成绩上的具体情况。一般街道会先给一个平均数,然后宏观调控,根据属地内中学以往的教学情况,给予每个学校不同的分数区间。如果最终成绩在这个区间内,那就算基本完成指标了。当然,每年也有学校完成不了指标,也有学校进步很快,超额完成指标,对此街道有相应的奖惩制度,这些跟校长和教师的职业发展是直接相关的。

不仅地方教育行政部门,教师、校长以及家长,甚至学生自身,都已经适应并通过自身的实际行动建构和强化这种应试文化。于区教育组织而言,考试成绩、指标考核等已经与教师的奖金职称,校长的名誉和升迁,学校的口碑和地位,以及区域教育的政绩,甚至地方教育经济紧密联系在一起。对于学生与家长而言,为了能够获得升学机会,他们只能妥协,或奋力在当前应试生境中博得一席之地。在这个意义上,多方主体以应试教育为纽带组成了一个相对稳固的利益联盟。② 在此背景下,应试文化所带来的根深蒂固的知识惯性,成为教师知识景观内教育实践的主要面貌,育人的目标被遮蔽,应试的价值在教学活动中被无限放大,带来负面的育人和价值导向,使得教师成为精细化技艺的操作者。不仅如此,应试文化的形成也加剧了地方教育生境内的竞争,因为升学率是评价学校教学质量的唯一标准,占有一定的优质生源与师资意味着在应试战场中抢得先机。区域内的学校就成为教育资源上的竞争对手,尤其在民办初中异军突起之后,公办初中无论是在财力

---

① 此处根据被访者的要求,隐去性别、职务、访谈时间等具体细节。
② 吴康宁.制约中国教育改革的特殊场域 [J].教育研究,2008(12):16-20.

还是人力上都无法与民办学校抗衡，只好在公办学校内部进行竞争与资源抢夺，这显然进一步恶化了地方教育生态。总之，充斥着竞争、博弈的地方教育生态，使得短期和可视化结果成为评价的主要标准，直接影响了变革的顺利进行。这也是为何月城初中的校长及中层领导忽视变革的内涵、目标及意义，却高度关注变革所产生的具体效益的重要原因。

综上所述，在学校变革的过程中，我们所能够感知的往往只是教师知识景观的冰山一角。虽然变革的介入给现实带来了冲击，引发了水面一阵阵涟漪，但水下还有诸多隐性的力量。它们在变革活动中选择隐身或暂时失语，却在教师日常生活中持续发挥影响力，不断消解或抵消变革的原初意义。真正影响景观样态的正是这些深藏于水面之下的，多重知识/力量间的相互作用。变革想要对教师知识景观产生实质性影响，仅仅依靠外部力量显然不够，还需要从内部生发真正能撼动整座冰山改变的动力。

余论　教师知识景观变构的理想之路

一、重塑关键主体角色，激发变构内生力

国内学者叶澜曾指出："在发展过程中，人会形成自我意识，他不仅有能力能动地改造和建构外部世界；人，而且唯有人，更有能力能动地改造和建构自己内部的精神世界，并且选择和把握自己发展的方向。"[1] 教师知识景观不仅是智力景观，更是道德和伦理景观，其本质内涵在于人与人之间的互动互生，只有人发生了真正的变化，教师知识景观才能实现最深层次的变构。因此在教师知识景观变构中，最关键的是主体身份性知识的重塑与内在更新。在此，研究者将选取教师知识景观变构中的几类关键主体，对他们的角色定位及与变革的关系做深度反思。这一议题是教师知识景观变构中最重要的价值与意义所指，也是变构内生力最终得以形成的关键。

1. 教师知识景观变构中的主体力量：作为自觉变革者的教师

教师知识景观变构中最为重要的主体力量，自然是作为自觉变革者的教

---

[1] 叶澜. 教育概论 [M]. 北京：人民教育出版社，2006: 105.

师。在教师知识景观的变构中,教师不仅是变革对象,更是变革主体。主动将变革指向自身,激活主体自我发展意识和反省的自我知识,是体现教师主体力量的关键。如此,变革于教师而言,就不再是被动服从或应付,而是教师作为自觉变革者的自主行动。

如何理解教师作为变革者的自主自觉?梁漱溟曾指出,"真正的主动,皆就有生命者而且富有生命者言之",主体的生命自觉在"争取主动的争取上见之"①。"主动争取"意味着不受限于客观存在的旧因素,自主对客观条件加以改造并不断创造新因素。于教师而言,身处复杂而充满不确定性的变革场域,其自主自觉就体现在能够运用自己的实践智慧,在坚持变革原初意义的基础上处理各种复杂的知识/权力关系,并做出自己的判断与抉择。荷兰学者格特·比斯塔(Gert J. J. Biesta)认为教师成为自觉变革者的过程,就是教师在教育实践中的自我主体化,主体化"是对已有秩序的补充……重新界定了经验世界……解构并重构怎么做、怎么存在和怎么说之间的关系"②。可见,作为自觉变革者的教师会将变革视为自己主体化发展的重要契机,借此反思所处的社会现实,并实现自我的改造与重塑。这种反思现实、重塑自我的思维方式,会成为教师重新审视现有秩序合理性的新眼光。

2. 建构学校变革文化的关键角色:作为变革第一负责人的校长

教师知识景观变构想要产生持久而全面的,一种长期性的、能够影响主体当下及未来生存方式的结果,势必要在学校文化层面变革。③ 在月城初中的教师知识景观变构中,我们可以看到虽然外部条件具备,行政力量和专业力量一直在持续推进,但因为学校文化一直未能发生内在转变,教师知识景

---

① 梁漱溟.人心与人生[M].上海:上海人民出版社,2005: 28-30.
② 格特·比斯塔.教育的美丽风险[M].赵康,译.北京:北京师范大学出版社,2018: 123-124.
③ 刘晓静,向晶.学校变革:一种文化的视角[J].现代基础教育研究,2011,4(4):42-45.

观始终未能完成最深层次的变构。文化涉及人的生存方式及其意义，只有人发生真正改变，教师知识景观才能发生根本性改变。

在学校新型文化的形成中，校长及其领导团队是建构变革文化的关键。作为变革第一负责人，校长的变革理念和价值取向等直接影响学校变革文化的形成与发展。在月城初中的变革故事中，我们会发现，校长对变革价值的理解是功利和结果取向的。在这种价值取向引导下，校长将 NBE 变革视作一项任务去完成，将自己定位为变革的管理者，只关注既定目标的实现，而不关注人的价值实现与成长。学校自然无法激发变革主体的潜能与主体力量，无法形成变革自觉文化。在当前变革时代，学校新型文化的形成需要的是教育家型的校长[①]。这种类型的校长在面对变革中多方力量博弈，能够从主体生命成长的角度做出符合教育规律的价值判断与抉择。这类校长也具有足够的教育智慧，能够应对当下家长、社会或外部硬性指标带来的现实压力，并采取各种方式回避或拒绝那些能够短期获利，实则不利于学校长远发展的模式与路径。

3. 教师知识景观变构的专业推进力量：大学研究人员与教研员

最后是变革中专业人员的角色定位问题。在教师知识景观的变构中，大学研究人员和教研员都是重要的专业推进力量，二者具有紧密的协作关系。

变革理论介入教师知识景观所面临的重要问题就是转化，关键在于如何将外在的知识、价值观念等转化为教师的内在精神[②]，使之成为教师认识教育和实践的参照系，实现理论与实践在教师身上的内在统一[③]。作为专业推进力量，大学研究人员是促进理论与实践相互转化的重要他人，他们不仅提

[①] 卜玉华. 变革力的生成：学校转型性变革的内生路径研究[M]. 北京：教育科学出版社，2014：67-71.

[②] 叶澜. 教育研究方法论初探[M]. 上海：上海教育出版社，1999：330.

[③] 叶澜. 大学专业人员在协作开展学校研究中的作用[J]. 中国教育学刊，2009（9）：1-7.

供变革所必需的新理论参照系与思维方式，而且帮助教师在过程中发现、诊断传统观念及行为的问题所在，并提供理论与实践层面的改进建议。

但从月城初中的变革故事中我们可以看到，若不经历一些中间环节或利用适当的转化媒介，变革理论很难被教师直接领悟。在访谈中，就有教师曾表述，"教研员更接地气，我们有时不太能 get 到专家的意思，教研员会再跟我们补充解释：这样我们对接下来要往哪里走就更清楚些"。可见，在变革项目中，因地方性背景与知识脉络具有相似性，较之高校研究人员，教研员更贴近教师，这也是教研员不同于大学研究人员的角色定位：作为地方的专业推进力量，教研员需要在教师知识景观变构中承担"意义中转者"[1]的重要作用。例如，在变革初期，教研员一般需要对变革意义进行"在地化"诠释，将教师所不熟悉的新知识体系转换成他们所能够领会和共享的"共同语言"，这对于教师认同变革理念至关重要。当然，意义诠释的过程中难免会出现理解或阐释上的偏差，甚至有扭曲原意的可能，此时又需要大学研究人员以理论研究者的身份，对教师发展状况进行及时诊断。而教研员对教师转变困境中现实原因的清晰把握，又有助于大学研究人员用"文化持有者的内部眼界"[2]理解和分析变革现状。这些充分体现大学研究人员和教研员在转化过程中的紧密协同关系。

这里，我们需要格外关注专业人员是否具有"文化持有者的内部眼界"。"文化持有者的内部眼界"由英国人类学家布隆尼斯劳·马林诺夫斯基（Bronislaw Malinowski）提出[3]，强调的是理解者对被理解者所处文化背景、特定意义系统的感知。教师知识景观所具有的地方性特征，不仅是指其

---

[1] 彼得·伯格, 托马斯·卢克曼. 现实的社会建构：知识社会学论纲 [M]. 吴肃然, 译. 北京：北京大学出版社, 2019: 194-195.
[2] 王海龙. 对阐释人类学的阐释 [J]. 广西民族研究, 1998（4）：45-54.
[3] 马凌诺斯基. 西太平洋的航海者 [M]. 梁永佳, 李绍明, 译. 北京：华夏出版社, 2001.

具有宏观社会意义上的，带有地方文化特色的知识内容，还包括微观层面上的，围绕知识生产而进行的主体互动与行动。在这个意义上，不深入知识生产的具体场域，就无法从根本上理解知识从微观世界到宏观世界的逻辑及其建构。[1] 以此反思月城初中教师知识景观的变构，我们会发现，作为南海区 NBE 校际共生体中唯一的初中，月城初中教师的知识景观在文化背景、意义结构等方面的特殊性没有得到充分重视。NBE 研究团队采用同质化的方式处理月城初中与其他小学的学校变革，在某种程度上忽视了月城初中教师知识景观的地方性特征，"文化持有者的内部眼界"缺失了。对此，作为变革专业人员和教育研究者，如何看待教师当前观念形态的现实基础及其合理性，如何在变革中处理地方性与普遍性之间的张力，二者之间存在何种更深层次的互动或转化关系——这些都需要在教师知识景观变构的研究中做进一步深入讨论。

二、理性处理张力关系，促进教师深度自省

在月城初中的教师知识景观变构中，我们可以看到，变革给教师的日常生活带来了很大的不确定性，改变了原有秩序，打破了教室内外的边界，给教师的专业生活带来了各种张力。例如，变革性知识与日常知识、旧观念与新要求、新参照系与"习惯做法"、期望结果与现实结果、教师内部改革意愿与外部评价压力等等。总体上，张力反映了应然与实然之间的差异，教师个人知识与外部规定之间的矛盾冲突，以及教师作为变革自觉者和课程创制者，与变革执行者和知识传递者之间的角色对立。大多数学者将这种张力视为消极存在，认为变革引发的张力增加了教师知识景观中的紧张、冲突与压力。而且张力的表现多种多样，可能存在于教师与学校管理者之间，教

---

[1] 姚国宏. 权力知识研究：一种后知识话语的理解[M]. 上海：上海三联书店，2017: 159.

师与专业人员之间，也可能存在于教师与学生之间。

不可否认，张力的存在的确增加了教师知识景观的复杂性，但在教师知识景观的变构中，如果能理性看待和处理张力，也可以将其转化为一种不可或缺的活力或动力。一方面，张力的存在不断提醒专业人员应该关注教师所处的文化背景和特定意义系统，即教师知识景观所具有的地方性特征。这就是前文提及"文化持有者的内部眼界"，因为变革理念进入到教师知识景观后，必然涉及转化。理性看待教师当前观念形态的现实基础及其合理性，在变革中有效处理地方性与普遍性之间的张力，实现二者之间更深层次的互动与转化，是专业人员发挥重要他人作用，从而实现教师知识景观深度变构的重要路径。另一方面，张力的存在会迫使教师直面自己，深入反思自己在教师知识景观中的位置与角色。[①]新旧知识间的张力及其对教师专业生活的冲击，会更容易点出教师固有教育观念及其习惯做法的问题所在，从而使教师更加清晰意识到知识惯性的存在并逐渐形成反思性的眼光和态度。具备这种反思性的眼光和态度，教师才能够察觉所处背景的一些习以为常的问题，自主反思目前评价体系内教学观、学生观、知识观等不合理之处，成为真正具有独立思考能力和教育智慧的课堂创制者与变革自觉者。

三、建构多元教师知识社群，形成共生式叙事

教师知识社群是教师能够积极表达自我，声音可以被无条件倾听，主体间关系真实而且彼此信任的共同体，是超脱学校内外部权力范围的教师安全成长场域[②]，也是教师化解与处理张力的重要空间。在教师知识社群内，

---

① Clandinin. Handbook of narrative inquiry: Mapping a methodology[M]. Thousand Oaks, CA: SAGE Publications, 2006: 35-80.

② Clandinin, Connelly. Teachers' professional knowledge landscapes[M]. New York: Teachers College Press, 1995: 137-141.

教师可以自由叙述自己的原初经验，商榷其意义。知识的沟通围绕经验的共通性而不是外部要求或权威性规定进行。在月城初中的教师知识景观变构中，我们可以看到，变革复杂系统的关键组成部分，就是在共同变革理念基础上建构的 NBE 研究校际共生体。在教师知识景观变构中，校际共生体有助于教师在更广泛意义上进行知识表达与分享，在对话与交流中促使教师的缄默知识外显化，对教师反思知识惯性，突破集体意识的桎梏至关重要。

在月城初中教师知识景观的变构经历中，我们可以发现，教研组（学科组）是教师在专业生活中互动最为密切的基本单位。但是，在 NBE 研究中，这一基础组成单位却没能充分发挥其知识沟通与意义共享作用。月城初中的教研组（学科组）虽然也设置了不同的教师梯队，遵循骨干先行的变革理念，但在日常学校工作中仍旧遵循自上而下的层级式管理模式。在这种行政管理主导的教师社群中，教师很难发挥自己的叙事权威和引发叙事共鸣。叙事权威是由教师自己对某一特定情境中的自身经验进行解释的权利，是教师知识的表征和呈现，并在与他人的关系中通过意义的建构而得到发展，而且也会受到他人叙事权威的制约或强化。[1] 在教师知识社群中，每个个体的叙事权威都应该得到认可和发展。在实证主义范式中，传统的培养和发展个体的方式，使人更加注重地位、权威，而忽视并牺牲了从经验建构和发展出的个人知识。在官方既定的或外部强加的专业知识面前，教师的叙事权威遭受到挫败或者被压制。比如在变革活动中，月城初中的教师对高校研究人员、教研员等主体在专业上的高度信任与依赖，在某种程度上就压制了教师自身叙事权威的发挥。

对此，应该建构多元教师知识社群来激发教师的叙事权威和共鸣，形成

---

[1] Lyons, LaBokey. Narrative inquiry in practice: Advancing the knowledge of teaching[M]. New York: Teachers College Press, 2002: 115-129.

共生式叙事。多元教师知识社群，是指教师根据变革或发展需要，和不同主体同时组成多个知识社群。在 NBE 研究中，月城初中的教师可以根据变革进程中所研究的不同专题或主题，灵活组织或建构不同的知识社群。此时的教师知识社群不再受行政力量或管理系统的干涉，而取决于共同目的或经验的共通性，组织形式灵活，而且突破了教研组（年级组）界限，确保更大范围内教师之间进行平等的知识共享。不同知识社群内教师间的对话、讨论和反馈，有助于教师获取审视和解释自己经验的新视角，而且能够引发教师间的叙事共鸣。在研讨活动中，葛慧在共生体研讨时提及自己因为时间不够自动删去某环节时，就引发了在场一线教师的共鸣。这种共鸣有助于建立群体信任，促进意义化的经验分享，背后关于抉择和道德的追问，也会促使教师对彼此经验的一致性进行自我反思和关联。例如，教师会开始审视：经验的共同性和一致性在教师的发展和个人知识中起到了什么作用，什么样的因素对教师的判断与抉择产生了什么样的作用等，以此促使他们将经验关联起来，达成缄默知识的外显和转化。

参考文献

一、中文文献

（一）中文著作

[1] 安德烈·焦尔当, 裴新宁. 变构模型：学习研究的新路径[M]. 杭零, 译. 北京：教育科学出版社, 2010.

[2] 安迪·哈格里夫斯, 迈克·富兰. 专业资本：变革每所学校的教学[M]. 高振宇, 译. 上海：华东师范大学出版社, 2015.

[3] 彼得·伯格, 托马斯·卢克曼. 现实的社会建构：知识社会学论纲[M]. 吴肃然, 译. 北京：北京大学出版社, 2019.

[4] 北京师联教育科学研究所编. 教育与教育学基本理论发展与论著选读[M]. 北京：中国环境科学出版社, 2006.

[5] 布尔迪厄, 华康德. 反思社会学导引[M]. 李猛, 李康, 译. 北京：商务印书馆, 2015.

[6] 北冈诚司. 巴赫金：对话与狂欢[M]. 魏炫, 译. 石家庄：河北教育出版社, 2001.

[7] 巴兹尔·伯恩斯坦. 教育、符号控制与认同[M]. 王小凤, 等译. 北京：中国人民大学出版社, 2016.

[8] 陈向明.质的研究方法与社会科学研究[M].北京：教育科学出版社，2000.

[9] 卜玉华.变革力的生成：学校转型性变革的内生路径研究[M].北京：教育科学出版社，2014.

[10] 卜玉华.现代转向：叶澜学校变革思想研究[M].北京：人民教育出版社，2022.

[11] D.简·克兰迪宁，F.迈克尔·康纳利.叙事探究：质的研究中的经验和故事[M].张园，译.北京：北京大学出版社，2008.

[12] 陈向明主编.质性研究：反思与评论.重庆：重庆大学出版社，2008.

[13] F.迈克尔·康纳利，D.琼·克兰迪宁.教师成为课程研究者：经验叙事：第2版[M].刘良华，邝红军，等译.杭州：浙江教育出版社，2004.

[14] 吉纳·E.霍尔，雪莱·M.霍德.实施变革：模式、原则与困境[M].吴晓玲，译.杭州：浙江教育出版社，2004.

[15] 格特·比斯塔.教育的美丽风险[M].赵康，译.北京：北京师范大学出版社，2018.

[16] 霍恩比.牛津高阶英汉双解词典：第8版[M].赵翠莲，等译.北京：商务印书馆，2015.

[17] J.莱夫，E.温格.情景学习：合法的边缘性参与[M].王文静，译.上海：华东师范大学出版社，2004.

[18] 克利福德·古尔兹.地方性知识：阐释人类学论文集[C].王海龙，张家瑄，译.北京：中央编译出版社，2000.

[19] 克利福德·格尔茨.烛幽之光：哲学问题的人类学省思[M].甘会斌，译.上海：上海人民出版社，2017.

[20] 康晓伟.教师知识学：当代西方教师实践性知识思想研究[M].北京：北京师范大学出版社，2017.

[21] 李春玲.理想的现实建构：政府主导型学校变革研究[M].杭州：浙江大学出版社，2007.

[22] 梁漱溟.人心与人生[M].上海：上海人民出版社，2005.

[23] 米歇尔·刘易斯-伯克，艾伦·布里曼，廖福挺.社会科学研究方法百科全书：

第3卷［M］.沈崇麟,赵锋,高勇,主译.重庆：重庆大学出版社,2017.

[24] 马凌诺斯基.西太平洋的航海者［M］.梁永佳,李绍明,译.北京：华夏出版社,2001.

[25] 迈克尔·富兰.变革的力量：续集［M］.中央教育科学研究所,加拿大多伦多国际学院,组织翻译.北京：教育科学出版社,2004.

[26] 迈克尔·富兰,彼得·希尔,卡梅尔·克瑞沃拉.突破［M］.孙静萍,刘继安,译.北京：教育科学出版社,2009.

[27] 迈克尔·富兰.教育变革的新意义：第4版［M］.武云斐,译.上海：华东师范大学出版社,2010.

[28] 迈克尔·富兰主编.变革的挑战：学校改进的路径与策略［M］.叶颖,高耀明,周小晓,译.北京：北京大学出版社,2013.

[29] 迈克尔·格伦菲尔.布迪厄：关键概念：原书第2版［M］.林云柯,译.重庆：重庆大学出版社,2018.

[30] 迈克尔·波兰尼.个人知识：迈向后批判哲学［M］.许泽民,译.贵阳：贵州人民出版社,2000.

[31] 迈克尔·扬.知识与控制：教育社会学新探［M］.谢维和,朱旭东,译.上海：华东师范大学出版社,2002.

[32] 迈克尔·扬.把知识带回来：教育社会学从社会建构主义到社会实在论的转向［M］.朱旭东,文雯,许甜,等译.北京：教育科学出版社,2019.

[33] 内尔·诺丁斯.培养有道德的人：从品格教育到关怀伦理［M］.汪菊,译.北京：教育科学出版社,2017.

[34] 施良方.课程理论：课程的基础、原理与问题［M］.北京：教育科学出版社,1996.

[35] 唐纳德·A.舍恩.反映的实践者：专业工作者如何在行动中思考［M］.夏林清,译.北京：教育科学出版社,2007.

[36] 吴黛舒."新基础教育"教师发展指导纲要［M］.桂林：广西师范大学出版社,2009.

[37] 王建军.学校转型中的教师发展［M］.北京：教育科学出版社,2008.

[38] 吴良镛.人居环境科学导论[M].北京：中国建筑工业出版社，2001.

[39] W.卡尔.建立一门教育科学的设想[C].// 瞿葆奎.教育学文集：第1卷 教育与教育学.北京：人民教育出版社，1993.

[40] 王红艳.新手教师在学校实践共同体中的学习[M].重庆：重庆大学出版社，2012.

[41] 许慎.说文解字[M].徐铉，等校.上海：上海古籍出版社，2007.

[42]《现代汉语辞海》编委会.现代汉语辞海：第1卷[M].北京：光明日报出版社，2002.

[43] 英国培生教育出版有限公司.朗文当代高级英语辞典：英英、英汉双解：新版[M].北京：外语教学与研究出版社，2004.

[44] 英国柯林斯公司.柯林斯高阶英语双解词典[M].北京：商务印书馆，2008.

[45] 项飙.跨越边界的社区：北京"浙江村"的生活史[M].北京：生活·读书·新知三联书店，2000.

[46] 尤尔根·哈贝马斯.交往行为理论：行为合理性与社会合理化：第1卷[M].曹卫东，译.上海：上海人民出版社，2004.

[47] 姚国宏.权力知识研究：一种后知识话语的理解[M].上海：上海三联书店，2017.

[48] 叶澜.教育研究方法论初探[M].上海：上海教育出版社，1999.

[49] 叶澜."新基础教育"探索性研究报告集[M].上海：上海三联书店，1999.

[50] 叶澜，白益民，王枬，等.教师角色与教师发展新探[M].北京：教育科学出版社，2001.

[51] 叶澜."新基础教育"发展性研究报告集[M].北京：中国轻工业出版社，2004.

[52] 叶澜."新基础教育"论：关于当代中国学校变革的探究与认识[M].北京：教育科学出版社，2006.

[53] 叶澜.教育概论[M].北京：人民教育出版社，2006.

[54] 叶澜主编.基因[M].桂林：广西师范大学出版社，2009.

[55] 叶澜，李政涛，等."新基础教育"研究史[M].北京：教育科学出版社，

2010.

[56] 叶澜.方圆内论道：叶澜教育论文选[C].北京：中国人民大学出版社，2019.

[57] 俞孔坚,李迪华.景观设计：专业、学科与教育[M].北京：中国建筑工业出版社，2003.

[58] 约翰·布林克霍夫·杰克逊.发现乡土景观[M].俞礼坚,等译.北京：商务印书馆，2016.

[59] 杜威.民主·经验·教育[M].彭正梅,译.上海：上海人民出版社，2009.

[60] 中国大百科全书总编辑委员会.中国大百科全书：建筑、园林、城市规划[M].北京：中国大百科全书出版社，1988.

[61] 佐藤学.学校改革：学习共同体的构想与实践[M].于莉莉,译.北京：北京师范大学出版社，2020.

[62] 佐藤学.学习的快乐：走向对话[M].钟启泉,译.北京：教育科学出版社，2004.

[63] 张向众,叶澜."新基础教育"研究手册[M].福州：福建教育出版社，2015.

[64] 周雪光.组织社会学十讲[M].北京：社会科学文献出版社，2003.

（二）中文期刊

[1] 卜玉华.教师职业"叙事研究"素描[J].教育理论与实践，2003（6）：44-48.

[2] 卜玉华.有效课例研究的基本特征及其认识论原理：兼析中国教学研究特色形成的问题[J].教育学报，2019（5）：35-44.

[3] 卜玉华,齐姗.学生思维发展与英语教学对话结构的改进：话语互动的视角[J].教育科学研究，2019（11）：64-69.

[4] 陈向明.实践性知识：教师专业发展的知识基础[J].北京大学教育评论，2003（1）：104-112.

［5］F.迈克尔·康内利，D.琼·柯兰迪宁，何敏芳.专业知识场景中的教师个人实践知识［J］.华东师范大学学报（教育科学版），1996（2）：5-16.

［6］韩曙花，刘永兵.西方教师知识与教师专业发展研究述评［J］.外国教育研究，2011（11）：62-67.

［7］姜勇.论教师的个人知识：教师专业发展的新转向［J］.教育理论与实践，2004（6）：56-60.

［8］康纳利，克莱丁宁.叙事探究［J］.丁钢，译.全球教育展望，2003，32（4）：6-10.

［9］李化斗.惯习与理性的张力：布迪厄社会本体论的"模糊逻辑"［J］.重庆邮电大学学报（社会科学版），2012（2）：42-46.

［10］李里峰.从"事件史"到"事件路径"的历史：兼论《历史研究》两组义和团研究论文［J］.历史研究，2003（4）：144-153，192.

［11］李政涛.生命自觉与教育学自觉［J］.教育研究，2010（4）：5-11.

［12］李政涛.教育研究的叙事伦理［J］.教育研究，2006（10）：18-21，26.

［13］李树华.景观十年、风景百年、风土千年：从景观、风景与风土的关系探讨我国园林发展的大方向［J］.中国园林，2004（12）：32-35.

［14］李飞.从"解冻"到"重冻"：对学校变革中教师教育观念转化的认识［J］.思想理论教育，2010（4）：15-20.

［15］李莉春.教师在行动中反思的层次与能力［J］.北京大学教育评论，2008（1）：92-105，190.

［16］刘永凤.教师个人知识的内涵、构成与发展［J］.教育研究，2017（6）：101-106.

［17］裴新宁.学习究竟是什么：焦尔当·安德烈教授访谈录［J］.全球教育展望，2008（01）：13-20.

［18］裴新宁.让学习成功：变构模型及其教学应用［J］.教育生物学杂志，2013，1（4）：263-270.

［19］刘晓静，向晶.学校变革：一种文化的视角［J］.现代基础教育研究，2011，4（4）：42-45.

[20] 李昱蓉.具身学习：立足学科核心素养的学习方式［J］.当代教育科学，2017（9）：7-10.

[21] 康晓伟.论康纳利和克兰迪宁的教师个人实践性知识思想［J］.外国教育研究，2016（5）：90-98.

[22] Marlene Scardamalia，张建伟，孙燕青.知识建构共同体及其支撑环境［J］.现代教育技术，2005（3）：5-13.

[23] 马健生.教师：何以成为教育改革的阻力［J］.教育科学研究，2003（10）：15-17.

[24] 牛利华，邹萌.教育改革中的教师阻力：成因及教育应答——以中外已有研究为基点［J］.外国教育研究，2010，37（10）：18-21.

[25] 牛利华，郑晓坤.教育改革中的教师阻力：方式选择、归因及对策［J］.教育理论与实践，2014，34（19）：38-42.

[26] 庞庆举，李政涛.大中小学合作推进学校整体变革的路径研究：以"新基础教育"27年研究为例［J］.中国教育学刊，2021（10）：57-61.

[27] 秦铮.结构惯性理论研究脉络梳理：基于组织生态学视角［J］.景德镇学院学报，2021（2）：94-99.

[28] 秦佑国."LANDSCAPE"及"LANDSCAPE ARCHITECTURE"的中文翻译［J］.世界建筑，2009（5）：118-119.

[29] 孙元涛，位静.论学校变革与教师发展的协同共进［J］.江苏教育，2019（86）：27-31.

[30] 孙元涛.从"捉虫"效应与"喔"效应说开去：关于大学与中小学合作研究的理论分析［J］.上海教育科研，2006（12）：8-10，7.

[31] 王紫雯，叶青.景观概念的拓展与跨学科景观研究的发展趋势［J］.自然辩证法通讯，2007（3）：90-95，112.

[32] 王宁.代表性还是典型性？：个案的属性与个案研究方法的逻辑基础［J］.社会学研究，2002（5）：123-125.

[33] 王海龙.对阐释人类学的阐释［J］.广西民族研究，1998（4）：45-54.

[34] 吴康宁.制约中国教育改革的特殊场域［J］.教育研究，2008（12）：16-20.

[35] 项蕴华. 身份建构研究综述 [J]. 社会科学研究, 2009 (5): 188-192.

[36] 徐青, 韩锋. 西方文化景观理论谱系研究 [J]. 中国园林, 2016, 32 (12): 68-75.

[37] 辛涛, 申继亮, 林崇德. 从教师的知识结构看师范教育的改革 [J]. 高等师范教育研究, 1999 (6): 12-17.

[38] 谢立中. 结构—制度分析, 还是过程—事件分析?: 从多元话语分析的视角看 [J]. 中国农业大学学报(社会科学版), 2007 (4): 12-31.

[39] 徐玉珍. 群体审议: 教师参与学校课程决策的一个参考框架 [J]. 华东师范大学学报(教育科学版), 1995 (4): 23-34.

[40] 杨小微. 转型性变革中的学校领导 [J]. 教育研究与实验, 2005 (4): 23-27.

[41] 杨小微. 新课程实施中若干问题的反思 [J]. 教育研究与实验, 2007 (4): 20-23.

[42] 袁静, 姚陆锋, 郑春东. 知识惯性与组织学习 [J]. 科学管理研究, 2005 (1): 81-84.

[43] 叶澜. 在学校改革实践中造就新型教师:《面向21世纪新基础教育探索性研究》提供的启示与经验 [J]. 中国教育学刊, 2000 (4): 58-62.

[44] 叶澜. 实现转型: 新世纪初中国学校变革的走向 [J]. 探索与争鸣, 2002 (7): 10-14.

[45] 叶澜, 吴亚萍. 改革课堂教学与课堂教学评价改革: "新基础教育"课堂教学改革的理论与实践探索之三 [J]. 教育研究, 2003 (8): 42-49.

[46] 叶澜, 李政涛, 吴亚萍. 学校转型性变革中的评价改革: 基于"新基础教育"成型性研究中期评估的探究 [J]. 教育发展研究, 2007 (7): 1-10.

[47] 叶澜. 大学专业人员在协作开展学校研究中的作用 [J]. 中国教育学刊, 2009 (9): 1-7.

[48] 叶澜. 大中小学合作研究中绕不过的真问题: 理论与实践多重关系的体验与再认识 [J]. 教育发展研究, 2014, 33 (20): 1-5.

[49] 叶澜. 社会教育力: 概念、现状与未来指向 [J]. 课程·教材·教法, 2016, 36 (10): 3-10, 57.

[50] 叶澜. 与教师有关的四种关系 [J]. 内蒙古教育, 2019 (7): 6-8.

[51] 杨善华. 感知与洞察: 研究实践中的现象学社会学 [J]. 社会, 2009, 29 (1): 162-172, 227-228.

[52] 杨锐. 论"境"与"境其地" [J]. 中国园林, 2014, 30 (6): 5-11.

[53] 杨帆, 陈向明. "去情境化"与"再情境化": 教师理解变革性实践的话语表征机制 [J]. 北京大学教育评论, 2013 (2): 132-145, 191.

[54] 俞孔坚. 论景观概念及其研究的发展 [J]. 北京林业大学学报, 1987 (4): 433-439.

[55] 赵明仁, 黄显华, 袁晓峰. 场域—习性理论视角下影响教师教学反思的因素分析 [J]. 课程·教材·教法, 2009, 29 (6): 81-86, 96.

[56] 赵万里, 李路彬. 日常知识与生活世界: 知识社会学的现象学传统评析 [J]. 广东社会科学, 2011 (3): 198-205.

[57] 邹斌, 陈向明. 教师知识概念的溯源 [J]. 课程·教材·教法, 2005 (6): 85-89.

[58] 张绍杰. 任意符号系统和自然符号系统: 索绪尔与韩礼德语言哲学思想探索 [J]. 东北师大学报, 2003 (2): 80-85.

[59] 赵婧. "碎片化"思维与教育研究: 托马斯·波克维茨教授访谈录 [J]. 全球教育展望, 2012, 41 (10): 3-7.

(三) 学位论文

[1] 鲍梓婷. 景观作为存在的表征及管理可持续发展的新工具 [D]. 广州: 华南理工大学, 2016.

[2] 鞠玉翠. 教师个人实践理论的叙事探究 [D]. 上海: 华东师范大学, 2003.

[3] 何林. 日常生活世界的意义结构: 许茨《社会实在问题》研究 [D]. 哈尔滨: 黑龙江大学, 2005.

[4] 李云星. 学校变革中的冲突与观念生成: 一项教育人类学田野考察 [D]. 上海: 华东师范大学, 2013.

[5] 吴涛. 变构学习模型研究 [D]. 上海: 华东师范大学, 2010.

［6］王建军.合作的课程变革中的教师专业发展：上海市"新基础教育实验"个案研究［D］.香港：香港中文大学，2002.

［7］王秀芳.教师知识的现状、问题及对策研究：以济宁市两所小学为例［D］.兰州：西北师范大学，2011.

［8］王雅舒.布迪厄的实践观及现实价值［D］.沈阳：辽宁大学，2012.

［9］许芳杰.教师现场学习力的研究［D］.上海：华东师范大学，2019.

二、外文文献

（一）外文著作

[1] Bardwick. Danger in the comfort zone[M]. New York: American Management Association, 1991.

[2] Burns, Stalker. The management of innovation[M]. London: Tavistock, 1961.

[3] Clandinin, Connelly. Teachers' professional knowledge landscapes[M]. New York: Teachers College Press, 1995.

[4] Green, Camilli, Elmore. Handbook of complementary methods in education research, [M].Mahwah, NJ: Routledge, 2006: 375–385.

[5] Clandinin. Handbook of narrative inquiry: Mapping a methodology[M]. Thousand Oaks, CA: SAGE Publications, 2006: 35–80.

[6] Lyons, LaBoskey. Narrative inquiry in practice: Advancing the knowledge of teaching[M]. New York: Teachers College Press, 2022: 115–129.

[7] Elbaz. Teachers' voices: Storytelling and possibility[M]. Greenwich: Information Age, 2005.

[8] Grundy. Curriculum: Product or Praxis[M]. Philadelphia: The Falmer Press, 1987.

[9] Lakoff. Women, fire, and dangerous things: What categories reveal about the mind[M]. Chicago. University of Chicago Press, 1990.

[10] Jackson. Discovering the vernacular landscape[M]. New Haven: Yale University Press, 1984.

[11] Kennedy. Inside teaching: How classroom life undermines reform[M]. Cambridge, MA: Harvard University Press, 2005.

[12] Lyons, LaBoskey. Narrative inquiry in practice: Advancing the knowledge of teaching[M]. New York: Teachers College Press, 2002.

[13] Naveh, Liebermann. Landscape ecology: Theory and application[M]. New York: Spring Science & Business Media, 1984: 5.

[14] Ewing. The practice side of planning[M]. New York: Macmillan Harper & Row, 1968.

[15] Wilson, Groth. Everyday America: Cultural landscape studies after J. B. Jacksons[M]. Berkeley and Los Angeles: University of California Press, 2003.

[16] Willis, Schubert, et al. The American curriculum: A documentary history[M]. Westport, CT: Greenwood Press, 1993.

（二）外文期刊

[1] Antrop. Background concepts for integrated landscape analysis. Agriculture Ecosystems and Environment, 2000, 77(1–2): 17–28.

[2] Braun, Clarke, Using thematic analysis in psychology[J]. Qualitative Research in Psychology, 2006, 3(2): 77–101.

[3] Craig. A meta-level analysis of the conduit in lives lived and stories told[J]. Teachers and Teaching: Theory & Practice, 2002, 8(2): 197–221.

[4] Connelly, Clandinin. Stories of experience and narrative inquiry[J]. Educational Researcher, 1990, 19(5): 2–14.

[5] Clandinin, Connelly. Teachers' professional knowledge: What counts as "personal" in studies of the personal[J]. Curriculum Studies, 1987, 19(6): 487–500.

[6] Connelly, Clandinin He. M. F. Teachers' personal practical knowledge on the professional knowledge landscape[J]. Teaching and Teacher Education, 1997, 13(7): 665–674.

[7] Clandinin, Murphy, Huber, et al. Negotiating narrative inquiries: Living in a tension-filled midst[J]. The Journal of Educational Research, 2009, 103(2): 81–90.

[8] Clandinin, Connelly. Teachers' professional knowledge landscapes: Teacher stories-stories of teachers-school stories-stories of schools[J]. Educational Resercher, 1996, 25(3): 24–30.

[9] Conle. Resonance in pre-service teacher inquiry[J]. American Educational Research Association Journal, 1996, 33(2): 297–325.

[10] Craig. The relationships between and among teacher knowledge, communities of knowing, and top-down school reform: A case of The Monkey's Paw[J]. Curriculum Inquiry, 2001, 31(3): 303–331.

[11] Craig. Story constellations: A narrative approach to contextualizing teachers' knowledge of school reform[J]. Teaching and Teacher Education, 2007, 23(2): 173–188.

[12] Collins. The micro contribution to macro sociology[J]. Sociological Theory, 1998, 6(2): 242–253.

[13] Fullan. Professional culture and educational change[J]. School Psychology Review, 1996, 25(4): 496–500.

[14] Freeman. Renaming experience/reconstructing practice: Developing new understanding of teaching[J]. Teaching and Teacher Education, 1993(9): 485–493.

[15] Fenstermacher. The knower and the known: the nature of knowledge in research on teaching[J]. Review of Research in Education, 1994(20): 3–56.

[16] Gary Sykes. Inspired teaching: The missing element in effective schools[J]. Educational Administration Quarterly. 1988, 24(4): 461–469.

[17] Guskey. Staff development and the process of teacher change[J]. Educational Researcher, 1986, 15(5): 5–12.

[18] Hatton, Smith. Reflection in teacher education: Towads definition and implementation. Teaching & Teacher Education, 1995 11(1): 33–49.

[19] Huber M., Huber J., Clandinin. Moments of tension: Resistance as expressions of narrative coherence in stories to learn by[J]. Reflective Practice, 2004, 5(2): 181–198.

[20] Huber J., Whelan. Beyond the still pond: Community as growing edges. Reflective Practice, 2001, 2(2): 221–236.

[21] Janas. Shhhhh, the dragon is asleep and its name is resistance[J]. Journal of Staff Development, 1988, 19(3): 13–16.

[22] Schwab. The practical: A language for curriculum[J]. The School Review, 1969, 78(1): 1–23.

[23] Latta, Kim. Narrative inquiry invites professional development: Educators claim the creative space of praxis[J]. Journal of Educational Research, 2009, 103(2): 137–148.

[24] Ling, Niyozov. Negotiating teachers professional identity in a changing Chinese society[J]. Education and Society, 2008, 26(2): 69–84.

[25] Lewison, Holigay. Control, trust and rethinking traditional roles: Critical elements in creating a mutually beneficial university-school partnership[J]. Teacher Education Quarterly, 1997, 24(1): 105–126.

[26] Lieberman, Ann and McLaughlin, Mibrey W. Networks for Educational Change: Their Powerful and Problems[J]. Education Digest, 1992, 58(4): 63–67.

[27] Monod, Jacob. General Conclusions: Teleonomic mechanisms in cellular metabolism, growth, and differentiation[J]. Cold Spring Harbor Laboratory Press, 1961, 26: 389–401.

[28] Olson. Conceptualizing narrative authority: Implications for teacher education[J]. Teaching and Teacher Education, 1995, 11(2): 119–135.

[29] Olson, Craig. Opportunities and challenges in the development of teachers' knowledge: The development of narrative authority through knowledge communities[J]. Teaching and Teacher Education, 2001, 17(7): 667–684.

[30] Seaman, M. Birds of a feather? Communities of practice and knowledge communities[J]. Curriculum and Teaching Dialogue, 2008, 10(1–2): 269–279.

[31] Tooke. Betweenness at Work[J]. Area, 2000, 32(2): 217–223.

[32] Tyack, Tobin. The "grammar" of schooling: Why has it been so hard to change? [J]. American Educational Research Journal, 1994, 31(3): 453–479.

[33] Westbury. Reconsidering Schwab's "Practicals": A response to Peter Hlebowitch's "Generational ideas in curriculum: A historical triangulation."[J]. Curriculum Inquiry, 2005, 35(1): 89–101.

[34] Waddell, Sohal. Resistance: A constructive tool for change management[J]. Management Decision, 1998, 36(8): 543–548.

[35] Yu, Lau. Understanding education reform: Insights from stories of the changing school context. Planning and changing, 2006, 37(3-4): 219–233.

[36] Yuhua Bu, Xiao Han. Promoting the development of backbone teachers through University-School Collaborative Research: The case of New Basic Education reform in China[J]. Teachers and Teaching, 2019, 25(2): 200–219.

附　录

一、访谈提纲

访谈提纲（校长及中层领导）

①请先介绍一下自己的基本情况。比如毕业于哪里、什么时候来到这所学校等个人成长历程。

②学校当时为什么想要加入"新基础教育"？你最初对"新基础教育"项目的理解是什么样的？你觉得自己在这个项目中扮演了什么角色？

③现在"新基础教育"这个项目已经推进了三年，你能不能谈一下学校的整个变革历程，或者说一些自己的感受？其中发生了哪些重要事件和故事？

④学校（包括你自己）对目前项目的进展是否满意？是否符合最初的期待？接下来打算做什么样的调整或者有什么计划吗？

⑤就你自己而言，什么样的课堂是好课堂？怎么衡量一所学校的教学水平？如何评价一所学校的变革是否成功或者变革对学校的意义呢？

访谈提纲（教师）

①请先介绍一下自己的基本情况。比如毕业于哪里、什么时候来到这所学校等个人成长历程。

②参加学校"新基础教育"项目，你有何感想和收获？可以讲一讲其中的故事，或者描绘出一个阶段的发展图、关系图等。

③到目前为止，你对"新基础教育"的理解是什么？可以尝试用一些关键词来表达。

④在参与"新基础教育"的过程中，哪些事件或因素对你影响最大？有无遗憾？接下来打算怎么做？请举一些具体的例子。

⑤在这个过程中（入职以来或者参与"新基础教育"以来），有没有某些顿悟时刻？能不能分享一些相关故事？

⑥就个人而言，感觉学校生活、专业生活有什么改变吗？

⑦如何看待自己在"新基础教育"中的角色？对比学校以前推进的改革项目，你觉得自己这次的角色有什么不一样吗？

访谈提纲（学生）

①你知道学校最近参加的"新基础教育"项目是做什么的吗？如何知道的？

②你觉得学校自从参加"新基础教育"以来，你们班级或者你的老师有什么变化吗？能不能举个具体点的例子？

③"新基础教育"对你自己有没有什么影响？学校参加与不参加"新基础教育"，区别大吗？

④你眼中完美的学校、老师或课堂是什么样的？你觉得学校目前离你眼里的理想模样还差在哪里？

访谈提纲（地方教育行政人员/教研员等）

①能否介绍下区/街道基本的教育情况，以及参加"新基础教育"的初衷？

②你觉得新基础教育"项目与区/街道以前进行的变革项目有什么异同？

③就你个人而言，最初你对"新基础教育"项目的理解是什么样的？现在这个理解有变化吗？你觉得自己在这个项目中扮演什么角色？

④"新基础教育"项目推进至今，能不能谈一下目前的发展情况？有遇到什么阻碍吗？如何解决的？请举一些具体例子。

⑤目前区/街道对项目的进展是否满意？是否符合最初的期待？接下来打算做什么调整，或者有什么计划吗？

⑥就你自己而言，什么样的课堂才是好课堂，什么样的老师才是好老师？怎么来衡量一所学校的教学水平？如何评价一所学校的变革是否成功或者变革对学校的意义呢？

二、田野笔记片段

2020年10月22日葛慧老师的课堂教学片段

默写结束，葛老师让学生们互相批改，有的是三人一组，有的两人一组。葛老师在讲台上提醒学生一些批改的要点，比如注意拼写错误、红笔圈出等。过了大约5分钟，葛老师让默写全对的学生站起来，其间坐在讲台右边的学生想要插话，葛老师指着他说"你不要说"，虽然声音不大，但因为没有什么表情反而显得很严厉。她数了数一共6名学生全对，说："50分钟早读，结果只有6名同学全对，你们要想一想原因在哪里。"她让全对的学生坐下，没有默写正确的课后继续默写。

葛老师带着学生一个个过单词，确认单词的读音和拼写特点（比如合成词的结构、词性等）、常用短语等。在葛老师讲话的时候，在窗边罚站的女生一直在和坐窗边的男生说话，有时还会接葛老师的话，但一直都比较小声。她似乎一点也不介意自己站在窗边听课这种尴尬，身体摇摇晃晃，有时还会把身趴在窗沿上（也有可能是站得久了有些累）。

…………

葛老师又继续叫了第三排的两名女生，她们女生读得也不错。她叫的学生集中在教室左侧区域。两名女生坐下后，葛老师说："希望大家读的时候不要拖拖沓沓，不要像×××那样。"这个学生的名字葛老师已经提好几次了，每次都是当作反例被提及，她提的时候学生们都会心一笑。最后葛老师又让全体学生分角色站起来朗读，最后一排一个男生机械地跟着旁边的男生站起坐下，但一直没关注大家读了什么，有时还会弄错角色。下课铃响了，葛老师继续提醒学生几个需要停顿的地方，然后自己示范，又带学生读了一遍，过了5分钟才正式结束早读。

2019年11月4日教研组研讨片段

在研讨中，组长葛老师不断强调大家要抓紧时间，把教学进度赶上。

曾晨叹气："我感觉自己总在赶进度，老觉得课堂时间不够用。"

研究者："是不是因为大测，这几周才这么着急赶进度？"

几位教师纷纷摇头："一直是这样。"

这学期刚从实验学校转来的洪露面露困惑："我们以前一周也差不多这样的课程安排，但没有感觉这么着急，来到月城初中后，感觉大家一直在赶进度。"

曾晨："你们有单独的单词课吗？"

洪露："没有啊，单词就融合在新授课里讲掉，为什么要分开讲啊？"

…………

研讨结束后，我拉住宁弈老师，表示希望下午去她班上听课。她听到我要去听课，表情很无奈："我的课很闷的。"她简单介绍了自己带的两个班级，说班级学生基础都不好。一个班纪律不好，上课需要花很多时间去维持秩序。另一个班不知道孩子们在想些什么，提问经常得不到回应。"我以为是我个人的原因导致课堂很闷，后来跟其他老师聊，发现她们也一样。"她笑着跟我说，"所以应该不是我的原因吧。"我们约定了下午第一、二节听课。

2020年10月15日与章老师访谈前的情景记录

　　与章老师确定访谈时间，是在南海外国语学校举办的青年教师技能大赛间隙。中午休息时碰到他，我提到想要与他约个访谈时间，他立刻拿出手机看最近的时间安排，并告诉我要尽快确定，不然后面更难定。他给我看了他近期的日程安排，几乎已经排满，最终我们敲定了今天访谈。因为他下午就要去外地出差，所以可供访谈的时间只有大约两个小时。

　　我按照约定提前来到教育局，章老师非常热情地来到楼下入口处接我。他依旧是衬衫加西装的装扮，我见过他那么多次，从没见过他穿休闲装或随意的衣服，一直非常正式。他引我到办公室旁的一间会议室，说这里比较安静。我看到他的办公室似乎还有一位老师一起办公，估计是怕打扰同事。我们在会议室坐定后，章老师礼貌地给我拿了杯水，打开了空调，并询问我月城初中的安排是否周到，有没有需要他帮助的地方，等等。我对他细致礼貌的关心表示了感谢。

　　一番寒暄后，与章老师的访谈正式开始……

三、访谈转录片段

葛慧的访谈转录（片段）

时间：2020年10月21日　地点：副校长办公室

研究者：你这种，我觉得应该是有一种教育情怀和教育理想。你是一直都有这种信念，还是说在这个过程当中因为一些什么样的事情生成的？

葛慧：可能我自己一直就是这样。我20岁就出来做老师了，可能我性格上就是……我觉得与人为善是一个根本，包括对我的学生都好。就是在必要的场合之下，你要分清楚你的身份，比如课上你是学生，但是课间或者是课后，师生之间可以比较自由地去探讨。所以就说，包括我以前刚来这边工作的时候，成绩好或成绩不好的学生，都喜欢跟我待在一块。

还有一个就是，我儿子……我就觉得我对儿子的教育出了问题，我觉得……很有感慨……（哽咽，停顿了一会）我就是希望，我们每一个老师不要把师威摆在第一位，应该把这个东西一分为二。原则性的东西是需要的，但我们在生活中，就应该多了解一下，因为每一个孩子都承载着家庭的最大的希望……（再次哽咽）我每次都在想，如果我儿子每天面对的老师都是那种高高在上，或者总是用有压迫感的方式教育学生，我觉得这对孩子的性格，或者对他以后的整个人生观、价值观，会起一个反向作用。我希望自己是一个善良的人，我也希望我所教过的孩子都是善良的人，希望他们能够分辨是非。成绩这个东西，真有天赋在里面，我只能说在我的能力范围内让他们能够学得比较好，但是少掉了内在驱动力，外部再怎么去做，这个作用都是不大的。我感觉，"新基础教育"这一个理念，首先这个理念是非常符合时代要求，非常尊重个体。从老师到学生，都是作为一个个体去看待，而不是流水线上的一个产品。我就觉得我们现在的，尤其是我们南海区对高考这一块的指标……整个佛山一带，它太产业化，不能给予我们这些学生人文上的、价值观上的教育，就是为成绩而学习。那一天蒲老师来指导，吃饭的时候，我们校长他要结束这个新基础……我当时就觉得太过于看重成绩。

赵淑华的访谈转录（片段）

访谈时间：2019年12月9日　　**地点**：学校会议室

研究者：以前上课的时候，在做这种教案的时候，会对孩子们的状态有这样一种期待吗？

赵淑华：以前没有的，这个在"新基础教育"之前是没有的。为什么？因为以前我们总是想考试会考什么，所以说一备课就是这个知识点会怎样考，重不重要，然后怎么样把握，反正一上完课就想着，这个知识点学生掌握了没有，反正就是不会想他们会有一个什么样的……因为以前，我们备课都是把知识点句型、考点作为备课的重点，所以就没有想到这一方面。阅读课的话也很少，除非是公开课。平时上课，就是把课本的知识点给它处理了，然后就是进行一个模块主题写作，给学生一个中考的相关话题去写。

这样子教，很轻松的，不会很深入地去怎么样。感觉以前那种上课的模式，跟学生的互动确实少了一点，总是老师在讲学生在听。我以前在课堂上很少提问。现在要求我们老师在课堂里面要有这个互动生成嘛，这对老师的要求是很高的，在口语上也要求很高。这对我也是一个很大的挑战，因为工作了10多年，这个专业水平方面，特别是口语方面的啦，我觉得自己是在退步的。参加了"新基础教育"之后，我们就要求自己尽量用英语去上课，在课堂上也会设置更多的问题。

比如说，现在上课，我很喜欢问学生一些问题，让他们带着问题去学习。

研究者：是的，从以前到现在的转变，会有点难，需要一个慢慢摸索的过程。你当时为什么会愿意接受这样的挑战，去做骨干教师？

赵淑华（笑）：学校要求了，那我们就要去尝试，是吧？毕竟我们学校，虽然现在生源不是很好，但是在整个南海区公办学校里面还是很不错的嘛。每个学校都有改革尝试的，比如说有些学校会有那个什么高效课堂，什么"练—评—讲"之类的。学校开展这个"新基础教育"，那肯定会要求我们大家都去学习，虽然说刚开始的时候不知道它是什么，但是我觉得既然它存在了这么久，而且在那么多的地方能够实验成功，那应该有值得我们去学习的地方。你说是不是？对于我自己来说，这个时代是在变化的，我们要跟着时代的变化去改变自己，是不是？只有这样才能够跟得上这个时代的脚步嘛。我个人是非常缺乏理论知识的。接触了"新基础教育"之后，我就开始看理论书。我觉得我自己的成长是比较快的。

杭校长的访谈转录（片段）

访谈时间：2020年11月3日　　地点：校长办公室

研究者：您在做这个项目的过程中，有没有对"新基础教育"做一个全面了解？

杭校长：在做的过程中，我也在学习，但是我学习的时间真的不够。我们的行政事务是特别多的。今天上午，你看得到的，我基本没闲着。南海区的初中校长，想沉下心来做教研，基本上是不可能的。我们的行政性事务特别特别多。我主要还是在学习这本《新基础教育研究手册》，但是我觉得我学得还不够透彻，可能我个人的悟性不够。这研究手册，我有空就会拿来看，但想抽出一大段时间来读就比较难。叶澜教授等人的一些活动，还有叶澜教授的讲话，我都会去看，去研究。一般来说，只要我在学校，"新基础教育"的磨课活动等，我都会去参与。还有就是，专家来指导的时候，我肯定会全程参与的。在教学方面，我觉得这个"新基础教育"的理念相当好。现在，有些科目做得比较好，但是有些科目就不太理想。英语还是比较理想的，语文也还可以。我们的数学就推进得不太好。

研究者：为什么呢？

杭校长：一个可能是因为我们的数学老师整体年龄偏大一点，好多是接近退休的。一部分接近退休的老师，对这个工作是抵触性很强的，也会对一些骨干教师造成一点影响。另一个就是原来的教学观念还是比较根深蒂固的。像数学，他们每次上完"新基础教育"模式的课以后，就觉得没有那个巩固的时间。平时我们上课，新授课上完会有十多分钟的习题巩固，他们觉得，"新基础教育"的专家没有这方面的要求，也不允许这样的。他们上完课之后心里没底（担心学生掌握得不够好），就向校长要求课后再给时间去巩固。这就跟我的初衷相违背，我们还在想办法去改变。

研究者：这些老教师他们对教学改革的看法是什么？

杭校长：老教师主要可能受到以前"练—讲—评"教研活动的一个总体推进的影响，他们并不看好改革。因为当时"练—讲—评"搞了以后，整个学校的成绩就一落千丈，所以他们对这些……还是比较侧重于传统的，不想搞这么多事。另外，他们也接近退休年龄了，他们就提要求，不去上这样的研讨课。我说可以，但是你们必须支持。他们口头上是支持的，但是我知道可能行动上还是不够的。

研究者：那整体来讲，你觉得这个项目推进的过程顺利吗？

杭校长：整体磕磕碰碰，还不是太理想。我们的老师总体上来说还是比较自负的。他们比较难接受新思想、新方法，总是按照原来那一套来做。像刚才说的数学，我们用新理念去引导他们的时候，他们总是说这里有缺陷，那里有缺陷，总是不放心。我们在学校层面的主导性是不足的，因为我们对老师的绩效等各方面的约束比较少。整体上，吃大锅饭的现象还是比较严重。老师的主观能动性比较难调动起来。

研究者：那有没有想过一些办法？

杭校长：现在就只能行政性指引了，或者说行政性的命令。现在我要求初一整体推进"新基础教育"项目。原来我们是骨干推进，其他人基本上游离于这个研究之外。这个学期，我们各个研究团队都开了会，要求全部整体推进，以小组构建形式，用"新基础教育"的理念去构建课堂教学。我不管你上不上那个汇报课，都要去这样做。我们行政管理人员去跟进落实。

南海区教育局蓝主任访谈（片段）

时间：2018 年 10 月 24 日　　地点：某酒店大厅

研究者：刚才蓝主任讲到了变化，其实我做访谈有发现这样一个问题，就是很多老师说他们教学过程的确发生了变化，但领导层的变化不是很大。蓝主任，根据您的经验，您觉得领导层有多少变化？比如说校长？

蓝主任：校长的变化，怎么说呢？有多种原因，首先最主要的问题就是校长的观念没有真正的扭转过来。举个例子，××小学，当时我跟蒲院长商量把它换掉，不让这个学校承担"新基础教育"研究项目了，换成××小学。我提出来之后，副局长就拉着我去谈这个问题。我要换，后来是蒲院长不准我们换。这给他们敲响了警钟，因为一旦被换了，他的校长基本上就死定了。就是他干完这一届，我们不会再让他做校长了，因为我们不认可，交给他的重大项目都完成不了。压力变成了动力，他就开始了学习，他现在就调动学校的优质资源，聚焦这方面的研究。有的校长找各种理由，是主观能动性的问题，是思想认识问题。我讲讲月城初中的问题。领导班子，尤其是校长的认知不转变，月城初中这种传统的应试教育教学观扭转不过来，做这个事情就会失败。为什么月城小学现在成了"新基础教育"项目的领头羊？它那个校长到了哪个学校，哪个学校就非常厉害。她刚到月城小学的时候，面临的最大问题是什么？是要把这一批年轻人尽快培养成为专业水平比较高的高素质教师，从而推动学校发展。"新基础教育"这个机会来了，她抓住了，她说"新基础教育"其实帮了她很大的忙，就是把老师的培训任务完成了。趁着这个机会，借着这个力，学校的老师培养起来了。这就是校长的认知，她认识到了"新基础教育"的价值，二月城初中的校长呢，就没有。

南海区教育局教研员章老师访谈（片段）

时间：2020年10月15日　地点：区教师发展中心二楼办公室

研究者：区教育局和镇街教育办公室有没有一些比较常规的模式，帮助教师成长和发展？

章老师：没有专门说帮助他们成长，就是那个规划其实不明显，因为每个学校的需求不一样。我们有常规的教研，也就是视导，还会有针对薄弱学校和偏远地区学校的蹲点教研。这些教研跟视导都是按照学校的需求来的。比如，有些学校希望跟一些比较拔尖的学校交流，我们就会联系同课异构或者是学科组长备课的培训交流之类的。

研究者：平时跟镇街的教研员联系会比较紧密吗？

章老师：比较紧密，因为很多工作需要他们帮忙配合，包括日常评卷的工作，都是他们推荐或组织自己镇街的老师来协助我们的。像蹲点教研的活动，我是要去借兵的。我们会请月城街道的一些名师去偏远一点的镇街做教研交流，我们会给这些老师颁发证书，也会给予一些指导。

研究者：有老师说，镇街的小学教研员很多其实不是英语专业出身的。

章老师：兼学科的会比较多，初中也有这种情况。有些镇街教研员是兼好几科的，但是做得好的大的镇街，像月城，是有专门的初中英语教研员的。我想，这应该也跟街镇单独设置针对中考成绩的激励评价机制有关。现在很多街镇是有自己的教育财政资金的，不是我们这边划拨下去的，他们会自己设定一些评价标准。

研究者：他们评价的标准基本上还是看最终的中考成绩，是吗？

章老师：对。除了这个，我们区也有一个评价系统，包括那个竞赛的，有点类似于以前的学科竞赛，就是培养尖子生的。但是现在不提倡这种竞赛了嘛，我们就说是培养潜能学生的。这一块，每个镇街都很看重，因为全区的一些指标的评价依据就是这个学校培养出了多少英语很好的尖子生。

那个屏蔽生，也是一项指标，除了中考，还有一些我们全区比较正规的检测，也可以作为一个评价指标，每个学校都非常重视。

研究者：这几天，月城初中不是在做大测，这个也会被纳入平时的考核，对吧？

章老师：没错，有的镇街会。我们有时候也遇到这样的问题：我们并不想让评价考核层层加码，给学校太多压力。像有一些考试，我们只想了解整个区的总体情况，然后跟后面两三年的情况做个对比。可是，我们一旦做出这样一个举措，各街镇教育办公室就会比较紧张，因为他们总觉得最终会有一个评价。街镇一紧张，就会加大力度给学校施压，有时候就会变了样。还有，镇街的教研力量跟区里还是有点区别。比如，我们想要做一个九年级统测，进行一个潜能学生的跟踪，很多街镇直接从七年级就开始做这种测试准备，直接用考试代替了就培养教学。

研究者：月城街道在考试这一块，算是松还是？

章老师：月城算是比较紧。

研究者：因为它在市中心？

章老师：有几个方面的因素，面向的那个方向（考试成绩）都是一样的。一方面，街镇的领导比较看重成绩，学校竞争也是很看重这一块。在市中心的月城这个片区，很多学生其实从小学就已经开始上各种补习班，竞争意识都很强的，也比较适应这种氛围。有一些地区，课外的补习机构没有很多，就没有补课的风气，家长还会有一些反对补课。但月城这边如果说学校要加点什么内容，或者要做一些什么样的选拔，家长会积极配合或争取。

南海区月城初中学生访谈（片段）

时间：2019 年 12 月 11 日　地点：学校图书室

研究者：你们知道学校的"新基础教育"项目吗？怎么知道的呢？

学生A（初一语文班长）：新基础，就……老师平时会跟我们说的。学生B（初三物理课代表）：学校有活动的时候也会贴横幅啊什么的。学生C（初二英语课代表）：我们班上过"新基础教育"的课，好几次。

研究者（对C）：那你觉得"新基础教育"的课有什么不一样吗？

学生C（初二英语课代表）：我觉得，它比较注重对学生的这些……就是让我们自己讨论，让我们自己参与进去。我觉得跟平时不同。平时老师说得比较多。我们平时会花一些时间在练习上面，然后，还要花一些时间，就是进行一些平时的课业的那些解读，所以说，可能新基础还是不一样的。

研究者（对A与B）：你们上过"新基础教育"的课吗？

学生A（初一语文班长）：没有……不过老师平时会跟我们说，因为有"新基础教育"活动的时候，要调课什么的。

学生B（初三物理课代表）：我们以前上过，数学、语文都上过。有时候我们班还专门被调过去上"新基础教育"的课，不过这学期还没有。

学生C（初二英语课代表）：我们也被调过课，不过好像是试课，后面没有其他老师听课的那种。

学生B（初三物理课代表）：没有其他学校的老师，但会有我们学校老师。

学生C（初二英语课代表）：对对，是这样的。

研究者：刚刚C说了对"新基础教育"课的印象，A和B，你们可以也说说吗？也可以说说你们对新基础的一些理解？

学生A（初一语文班长）：我们没上过这种课……就是每次"新基础教育"活动的时候，会有很多其他学校的老师过来，我们老师就要调课什么的。"新基础教育"就是学校的一个活动吧。

学生B（初三物理课代表）：我觉得，上"新基础教育"的课，老师就比较侧重于让我们自己去发现那个方法怎么使用，就让我们自己去发现。

平常的话，可能就不会花那么多时间，就会直接告诉我们这个题的答案是什么，没有这个探索的过程。

学生C（初二英语课代表）：我觉得"新基础教育"比较能够激发我们的积极性。平常上那么多节课，可能有点累，这种方式能提高一下积极性。但是每节课都让我们去探索去讨论，好像也有点难。

学生A（初一语文班长）：我们班上"新基础教育"的课就不积极，可能因为我们刚上初一，还不怎么熟悉。

学生B（初三物理课代表）：就是没养成好的习惯。有的时候，越是喜欢回答问题的同学就会越积极。我个人认为，回答问题的确对这个学习是有帮助的。但是从老师的角度来看……我希望，老师在适当的层面能够差别对待。举个例子，像那个上课的时候，有一些课程，对优生来说可能就比较容易，对差生又不太……就又接受不了。所以我觉得，这个还是有点难以描述的……

学生C（初二英语课代表）：就是很难满足所有学生的需求。有时候，老师讲的我们都已经掌握了，但是为了照顾一些学生，还要不断重复讲。

学生B（初三物理课代表）：对，尤其是对一些……怎么说，因为我们，我们在成绩上会有一些差别，所以老师就……对我们这些成绩比较好的同学，可能就会有一些适当的什么，说白了就是加作业之类的情况，成绩好的同学反而压力更大了。

学生C（初二英语课代表）：所以我觉得初二分班挺好的，肯定是要分的，分了才能让我们各得其所。你想，一个优等生……本来可以做难题的，却天天做那些简单题，那肯定是没意思的。

学生B（初三物理课代表）：而且，对于不同的人来说，分班可以让我们能有不同的发展，毕竟不是每个人都要成为那种最最顶尖的科学家什么的。